CLASSIQUES
DE LA RENAISSANCE
EN FRANCE

Série d'éditions publiées
sous la direction de
M. A. SCREECH, D.LITT
Professeur de français
University College London

S. R. PUBLISHERS LTD
JOHNSON REPRINT CORPORATION
MOUTON ÉDITEUR
1970

GEOFROY TORY
CHAMP FLEURY

FRENCH
RENAISSANCE
CLASSICS

*Series published
under the editorship of*
M. A. SCREECH, D.LITT
*Professor of French Literature
University College London*

S. R. PUBLISHERS LTD
JOHNSON REPRINT CORPORATION
MOUTON PUBLISHERS
1970

GEOFROY TORY

CHAMP FLEURY

Introduction par

J. W. JOLLIFFE

S. R. PUBLISHERS LTD
JOHNSON REPRINT CORPORATION
MOUTON ÉDITEUR
1970

Reprinted 1970
by courtesy of the Trustees of the British Museum
from the edition of Geofroy Tory and Gilles Gourmont
printed in Paris 1529
(British Museum Press mark 60.e.14)

The original copy
in the British Museum's collection
measures $9\frac{1}{2}''$ × $6\frac{2}{8}''$

S. R. Publishers Ltd.,
East Ardsley, Wakefield,
Yorkshire, England

Johnson Reprint Corporation
111 Fifth Avenue,
New York, N.Y. 10003, U.S.A.

Editions Mouton & Co. n.v.
Paris–La Haye

PRINTED IN SWITZERLAND

Introduction

Nous reproduisons dans ce volume le texte de l'édition qui se trouve au British Museum sous la cote 60. e. 14. et qui fut publiée à Paris, en 1529, par Geofroy Tory et Gilles Gourmont.

Le dévouement à la littérature et à la civilisation classiques qui amena finalement l'abolition du latin en tant que moyen de communication entre savants et entre nations, apparaît comme l'un des paradoxes de la Renaissance. Tous les nationalismes linguistiques se développent en parallèle avec l'amour des temps passés, et ceux qui célébraient les vertus de la langue française et s'élevaient contre le fait qu'elle renfermait trop de tournures latines, n'étaient cependant pas les rivaux de ceux qui puisaient leur inspiration à des sources purement classiques. Ils aimaient le passé mais désiraient tout à la fois hâter le développement de l'époque où ils vivaient.

Le patriotisme du *Champ fleury* de Tory et de la *Deffence et Illustration* de Du Bellay est éclectique, et Tory, tout comme Du Bellay, désirait employer la culture classique en vue d'arriver à une sorte de fermentation de la culture française ; la langue vernaculaire était pour eux, comme pour Luther, un puissant moyen de communication.

Tory nous présente, mieux que Du Bellay, une ample gamme de ses goûts et de ses intérêts artistiques ; chez lui l'élément visuel n'est pas une simple décoration mais constitue la raison d'être principale de son livre. Il n'y a aucune discontinuité entre les lettres conçues en tant que formes, créées pour donner au maximum l'idée de beauté et d'harmonie, et les sons et idées que ces signes sont censés représenter : le signe et son sens ne sont que deux aspects d'un seul tout.

Dans le dessin même des lettres, l'homme, la représentation du corps humain, est pris comme mesure, comme exemple, et résume les tendances centripètes qui gouvernent le monde et qui veulent que tout savoir et toute science convergent sur l'homme en tant que noyau central de tous les domaines.

Dans le domaine du langage et des communications Tory recherchait aussi une extension rationnelle des études sur l'homme, et de l'étude des arts et des sciences qui lui doivent

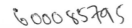

leur existence et qui sont en un sens son propre reflet, car c'est dans ce domaine que se trouve la plus forte évidence de la distinction entre l'être humain et les autres créatures. *Champ fleury* est une source importante de renseignements philologiques grâce aux commentaires et aux exemples que nous y donnent Tory ; il n'était pas simplement un observateur, mais il était aussi un défenseur actif des réformes de l'orthographe et de la ponctuation qui allaient être accomplies durant les cent cinquante années qui suivirent sa mort.

Presque tout ce que nous connaissons sur Tory nous vient des ouvrages qu'il écrivit, qu'il édita, traduisit ou publia. Il nacquit à Bourges, vers 1480. Il alla en Italie au début du XVIe siècle et fit des études à Rome et à Bologne. A son retour, il enseigna au collège du Plessis à Paris et publia, principalement pour Henri Estienne, une série d'éditions de textes latins, de Pomponius Méla en 1507 à Bérose en 1513. Dans son édition du *De re aedificatoria* de L. B. Alberti, qui date de 1512, on peut remarquer le développement de l'intérêt qu'il portait aux arts visuels, intérêt qui le poussa à apprendre à dessiner et à repartir en Italie, pour y étudier les Beaux-Arts cette fois-ci.

A son retour, ce furent ses activités dans le domaine des arts graphiques qui l'emportèrent pendant quelque temps ; il dessina les ornements et les illustrations de livres d'Heures publiés à partir de 1525 et qui marquent une révolution dans la production du livre en France. A cette époque il avait déjà conçu *Champ fleury*, et les dessins de cet ouvrage furent sans doute composés durant cette période.

Après *Champ fleury*, qui date de 1529, la dernière phase de ses activités créatrices, mais non de ses activités en tant qu'éditeur, indique la continuation de deux tendances qui étaient évidentes dans cet ouvrage, à savoir : ses tendances pro-grecques et sa défense ardente de la langue française. Il traduisit en français une *Vies des Césars* de «G. B. Egnazio» en 1529, et des textes grecs de Cébès et de Xénophon, du Lucien de Samosate et du Plutarque. Il y a quelque chose de légèrement ironique au fait que tous ses propres livres, sauf *Champ fleury*, soient écrits en latin.

L'importance de la place qu'il faudrait lui attribuer dans l'histoire de l'imprimerie n'est pas évidente ; il est certain qu'il y trouvera une place, mais on ne peut encore assurer si ce sera en tant qu'imprimeur, graveur de poinçon, auteur-éditeur-réalisateur d'ensemble de livres, ou graveur. Il est douteux qu'il ait eu une influence sur le dessin des caractères d'imprimerie, et celle qu'il eut sur le style de décoration des livres fut de courte durée. Il vécut à l'époque où l'imprimerie française commençait à utiliser les caractères romains et italiques, et il eut probablement davantage le rôle de précurseur que celui d'ancêtre dans le champ du dessin des lettres. Il doit son importance aux multiples activités auxquelles est associé son nom : illustration, dessin des lettres, questions phonétiques et problèmes de réforme de l'orthographe et de la ponctuation et aussi développement de la langue vernaculaire. Toutes ces questions et problèmes variés se retrouvent dans son *Champ fleury*, qui nous offre un exemple de livre agréable plutôt qu'un exemple de beau livre.

*   *   *

Notre texte

[Dans un encadrement décoratif]//CHAMP//FLEURY.//Au quel est contenu Lart & Science//de la deue & vraye Proportiõ des Let//tres Attiques, quõ dit autremẽt Let=//tres Antiques, & vulgairement Let=//tres Romaines proportionnees selon//le Corps & Visage humain.//Ce Liure est Priuilegie pour Dix Ans//Par Le Roy nostre Sire. & est a ven=//dre a Paris sus Petit Pont a Lenseigne du Pot Casse par Maistre Geofroy//Tory de Bourges/ Libraire, & Au=//theur du dict Liure. Et par Giles Gour//mont aussi Libraire demourant en la//Rue sainct Iaques a Lenseigne des//Trois Coronnes.//

[Marque typographique de Tory : Renouard no. 1071]//[Dans une cartouche, en-bas :]//PRIVILEGIE POVR DIX ANS.//

[In-fol. de 88ff., 8ff.n.ch., 8off. ch. de I à LXXX, f. LIX mal ch. LXX, signés : A⁸B-N⁶O⁸.]

*   *   *

Bibliographie

A. Editions du Seizième Siècle :

1. *Ouvrages de Tory.*

[1513?] *Prosopopeia Neminis.*   Paris? Bade?
        BN : Rothschild. V. 6(*bis*).20

1523   ... *In filiam charissi., virguncularum elegantissi., epitaphia et dialogi.*   Paris, S. de Colines.
        BN : Rés. p. Yc. 1008 *bis*
        BM : 636.c.22.

1529   *Champ fleury...*   Paris, G. Tory et G. de Gourmont.
        BN : Rés.V.515. [et d'autres exemplaires.]
        BM : 60.e.14 (copie reproduite dans ce volume)

[1535?] [Nouvelle mise en vente avec titre et feuilles liminaires rafraîchis]
        Champ fleury...   Paris, O. Mallard.
        BM : C.31.k.5.

1549   [Champ fleury] *L'Art et science de la vraye proportion des lettres attiques, ...*   Paris, V. Gaultherot.
        BN : Rés.V.1450. [et d'autres exemplaires.]
        BM : 1043.b.8.

1530   *Aediloquium, ceu Disticha... Item, Epitaphia septem de amorum aliquot passionibus...*   Paris, S. de Colines.
        BN : Rés.p.Yc.1759. [et d'autres exemplaires.]
        BM : 636.c.22.

2. *Ouvrages édités par Tory.*

1508   Pomponius Mela : *De totius orbis descriptione.*
        Paris, J. Petit.
        BN : G.2038 [et d'autres exemplaires.]
        BM : C.64.dd.9 (1)

1509   Pie II : *Cosmographia.*   Paris, H. Estienne & J. Hongotius.
        BN : Rés.G.2897.
        BM : 793.f.23

1509   Spagnuoli, G. B., Le Mantouan : *Opera nova.*   Paris, J. Badius.
        BN : Rés.p.Yc.1434. [et un autre exemplaire.]

1510   Bérose, le Chaldéen : *De his quae praecesserunt inundationem terrarum.*   Paris, E., I., G. de Marnef.
        BN : G.3863.

[1510] [Nouvelle édition.]   [Paris,] E., I., G. de Marnef.
        BN : G.7196. [et un autre exemplaire.]
        BM : 801.c.7.

1511   [Nouvelle édition.]   [non signée.]
        BN : G.3864.

[1510] Probus, M. V. : *De interpretandis Romanorum literis opusculum.*
        [Paris, E., I., G. de Marnef.]

BN : Rés.X.1766.

BM : C.121.aa.8.

1510   Quintilianus : *Oratoriae institutionis liber primus (-duodecimus).*
[Lyon.]

BM : 11824.b.10. [et un autre exemplaire.]

1512   Alberti, L.-B. : *Libri de re aedificatoria decem.*
Paris, B. Remboldt & L. Hornken.

BN : Rés.V.1375.

BM : 1043.h.2.

[1512]   Antoninus Augustus : *Itinerarium prouinciarum omnium.*
Paris, H. Estienne.

BN : Rés.G.2027. [et un autre exemplaire.]

BM : G.8889. [et un autre exemplaire.]

3. *Ouvrages traduits par Tory.*

[1529]   Cébès : *La Table de... Cebes... Auec trente dialogues moraulx de Lucian.*   Paris, J. Petit & G. Tory.

BN : Rés.R.2316. [et d'autres exemplaires.]

1529   Egnazio, G. B., pseud. : *Summaire de chroniques.* Paris, G. Tory.

BN : J.16242. [et d'autres exemplaires.]

BM : 1198.b.8.

1543   [Nouvelle édition?] *Sommaire de chroniques.*   Paris.

Liste de A. Cioranesco, no. 21258. *Bibliographie de la littérature française du seizième siècle,* Paris, 1959.

1531   Xénophon : *Science pour s'enrichir honnestement et facilement intitulee l'economic Xenophon,* Paris, G. Tory.

BN : Rés.J.3216.

BM : C.69.d.18.

1531   [Autre tirage ou autre édition?]
Economic de Xenophon. Paris.

Liste de Cioranesco, no. 21262.

1548   [Nouvelle édition.]   Paris, C. L'Anglier.

BM : C.66.a.1.

1532   Plutarque : *Politiques.*   Paris, G. Tory.

BN : Rés.*E.651.

BM : C.27.h.18 (2)

1534   [Nouvelle édition.]   Lyon, G. Boulle.

BN : Rés.R.2020.

[1533]   Lucien de Samosate : *La Mouche de Lucian, et la maniere de parler et se taire.*   Paris, [G. Tory]

BN : Rés.Z.2685. [et un autre exemplaire.]

1538   Plutarque : *Recueil de haults et nobles faictz de plusieurs femmes vertueuses.*   Paris.

Liste de Cioranesco, no. 21265.

* * *

B. Ouvrages et essais :

1. D'ordre général.

Bernard, A. J. *Geofroy Tory*. Paris, 1857. (Seconde édition) Paris, 1865. (Traduction anglaise par G. B. Ives) Boston, 1909.

A. F. Johnson. « Geofroy Tory » Dans : The Fleuron, no. VI, 1928.

2. Spécialisés, sur des aspects particuliers des activités de Tory.

[Champ fleury.] (Notes d'ordre général dans le facsimilé de Champ fleury, de G. Cohen :) *Champ fleury*. Paris, 1931.

[Illustrations] Mortimer, R. *Harvard College Department of Printing and Graphic Arts Catalogue of Books and Manuscripts. Part 1. French 16th Century Books*. Cambridge, Mass., 1964.

[Linguistique.] Brunot, F. *Histoire de la langue française des origines à 1900*, t. II Paris, 1906.

[—] Stengel, E. « Auszüge aus Geofroy Torys, Champ fleury, 1529. » Dans : *Phonetische Studien*, V. 1891.

[Orthographe.] Beaulieux, C. *Histoire de l'orthographe française*. t. II Paris, 1927.

J. W. Jolliffe,
British Museum,
Juillet 1967.

CHAMP FLEVRY.

Auquel eſt contenu Lart & Science
de la deue & vraye Proportiõ des Let
tres Attiques, quõ dit autremẽt Let=
tres Antiques, & vulgairement Let=
tres Romaines proportionnees ſelon
le Corps & Viſage humain.

Ce Liure eſt Priuilegie pour Dix Ans
Par Le Roy noſtre Sire. & eſt a ven=
dre a Paris ſus Petit Pont a Lenſeigne
du Pot Caſſe par Maiſtre Geofroy
Tory de Bourges / Libraire, & Au=
theur du dict Liure. Et par Giles Gour
mont auſſi Libraire demourant en la
Rue ſainct Iaques a Lenſeigne des
Trois Coronnes.

PRIVILEGIE POVR DIX ANS.

Ce toutal Oeuure/eſt diuiſe en Trois Liures.

Au Premier Liure/eſt contenue Lexhortation a mettre & ordonner la Lãgue Francoiſe par certaine Reigle de parler elegãment en bon & pluſſain Langage Francois.

Au Segond eſt traiĉte de Linuention des Lettres Attiques, & de la conferen-ce proportionnalle dicelles au Corps & Viſage naturel de Lhomme parfaiĉt. Auec pluſieurs belles inuentions & moralitez ſus leſdittes Lettres Attiques.

Au Tiers & dernier Liure / ſont deſeignees & proportionnees toutes leſdittes Lettres Attiques ſelon leur Ordre Abecedaire en leur haulteur & largeur / cha-ſcune a part ſoy.en y enſeignant leur deue facon & requiſe pronunciation La-tine & Francoiſe,tant a Lantique maniere/que a la Moderne.

En deux Caietz a la fin ſont adiouxtees Treze diuerſes facõs de Lettres. Ceſt aſcauoir.Lettres Hebraiques.Greques.Latines.Lettres Francoiſes. & icelles en Quatre facons,qui ſont. Cadeaulx.Forme.Baſtarde, & Torncure.Puis en-ſuyuant ſont les Lettres Perſiennes. Arabiques. Africaines.Turques. & Tar-tariennes.qui ſont toutes cinq en vne meſme Figure Dalphabet.En apres ſont les Caldaiques.Les Goffes, quõ dit autrement Imperiales & Bullatiques.Les Lettres Phantaſtiques. Les Vtopiques,quon peut dire Voluntaires. Et fina-blement Les Lettres Floryes.Auec Linſtruĉtion & Maniere de faire Chifres de Lettres pour Bagues dor . pour Tapiſſeries . Viſtres , Paintures / & autres chouſes que bel & bon ſemblera.

Cy pres ſenſuyt le double du Priuilege donne par le Roy noſtreſire a Maiſtr Geofroy Tory de Bourges Libraire & Autheur de ce preſent Liure demorant a Paris.Pour ſes Hiſtoires,Vignettes,Friſes,Bordeures.Corõnemens.Entre-las, & autres Figures ſeruans a faire imprimer ce Liure, & Heures en pluſieurs vſages & grandeurs. Et eſt le diĉt Priuilege pour le temps & eſpace de Dix ans commenceans au iour de la datte de limpreſſion deſdits Liure & Heures.

Rancois, par la grace de Dieu, Roy de Frâce, aux Preuoſt de Paris,
Baillif de Rouë, & Senechal de Lion: & a tous noz autres Iuſticiers
& Officiers, ou a leurs Lieuxtenâs, & a chaſcû deulx ſicomme a luy
apartiendra, ſalut.

Noſtre cher & biê ame maiſtre Geofroy Tory de Bourges, libraire demourant a Paris, nous a faict dire & remonſtrer côme pour touſiours diuulguer,
acroiſtre & decorer la langue Latine & Francoiſe, il a puis certain temps enca
faict & côpoſe vng Liure en proſe & lâgaige frâcois, intitule. Lart & Sciêce de
la deue & vraye proportion des Lettres Attiques: autremêt dictes Antiques, &
vulgairemêt Lettres Romaines, proportiônees ſelô le corps & viſaige humain
Lequel Liure il nous a faict veoir & preſenter, nous ſuppliât & requerât a ceſte
fin luy dôner & ottroyer Priuilege, permiſſiô & licéce dicelluy Liure imprimer
ou faire imprimer: enſemble certaines Vignettes a Lantique & a la Moderne.
Pareillement Friſes, Bordeures, Coronemés et Entrelas, pour faire imprimer
Heures en telz vſages et grâdeurs que bô luy ſemblera, durât le temps et terme
de Dix ans: cômencâs au iour de la date de limpreſſiô deſdit Liure & Heures.
Auec Prorogatiô de ſêblable têps pour aucunes Hiſtoires et Vignettes a Lâtique par luy cy deuât faict imprimer. Sans ce q̃ pendant ledit têps il ſoit loiſible, ne permis a aucûs autres Libraires et Imprimeurs de noz Royaume, Pays
et Seigneuries autre que icelluy Tory, ou ceulx q̃ pour ce il cômettra de iceulx
Liure et autres choſes ſuſcriptes, pouoir imprimer ou faire imprimer en aucune
maniere. Sauoir vous faiſons q̃ nous ce que dit eſt côſidere, inclinâs liberallement a la ſupplication et requeſte dudict maiſtre Geofroy Tory: et ayât regard
et conſideratiô aux peines, labeurs, fraiz, & deſpés quil luy a côuenu porter et
ſouſtenir, tât a la côpoſition dudit Liure, q̃ pour la taille deſdites Hiſtoires, Vignettes, Friſes, Bordeures, Coronemés et Entrelas, pour faire imprimer Heures, côme dit eſt, en pluſieurs vſages et grandeurs. A icelluy, pour ces cauſes et
autres raiſons a ce nous mouuans, Auons dône et ottroye, donnons et ottroyons de grace eſpecial par ces preſentes Conge, Licence, Permiſſion et Priuilege de pouoir imprimer ou faire imprimer par ſes gês, facteurs et commis, leſditz Liure et Heures: en telles grâdeurs et vſages q̃ bon luy ſemblera, durant le
dit temps et terme de Dix ans cômencans audit iour et date de limpreſſion diceulx, Auec laditte Prorogatiô de ſemblable têps de Dix ans, pour leſdites Hi
ſtoires et Vignettes, par luy cy deuant faict imprimer. En vous mâdât et ordônant reſpectiuemêt, par ceſdittes preſentes, que de noz preſens don et ottroy,
licéce / permiſſion & Priuilege / vous ſouffrez / & laiſſez ledit maiſtre Geofroy To
ry iouyr & vſer plainemêt & paiſiblement: ſans pour ce luy dôner ou faire dôner aucun empeſchement au contraire. Et en oultre ne ſouffrir & permettre, en
quelque maniere q̃ ce ſoit, q̃ aucûs autres Libraires ou Imprimeurs de noſditz
Royaume, pays & ſeigneuries puiſſent imprimer ou faire imprimer / pendant
ledit temps, leſditz Liure & Heures, comme dit eſt: Sus peine de Cent Marcs
dargent, a nous appliquer: & confiscation des Liures & Heures, eſquelz ilz
auront oultre noſtre vouloir meſpris. Car tel eſt noſtre plaiſir. Dône a Chenôceau, le Cinquieſme iour de Septembre, Lan de grace Mil Cinq Cens Ving
Six Et de noſtre Regne, le Douxieſme.

Ainſi ſigne. Par le Roy. Breton. Et ſeelle de cire iaune en ſimple queue. Et en linterinement ſigne Lormier / ſeelle
de cire verte, en double queue.

A.iſ.

Geofroy Tory de Bourges, dict & donne humble Salut a tous
vrayz & deuotz Amateurs de bonnes Lettres.

ES Poetes:les Orateurs : & les autres Scauans en Lettres & Scien=
ces: quant ilz ont faict & compile quelque Oeuure de leur studieuse
diligence & main, ont de coftume en faire prefent a quelque grant
Seigneur de Court ou Defglife en le exaulceāt par Lettres & louan=
ges enuers la cognoiffance des autres hommes . & ce pour luy agreer, & afin
quilz en puiffent toufiours eftre fi bien venuz au tour de luy, quʼlfemble eftre
oblige & tenu a leur donner quelque gros don, quelque Benefice, ou quelque
Office en recompenfe des Labeurs & vigiles quilz ont mis a faire & compofer,
leurs dits Oeuures & Prefens. Ie porrois facilemēt ainfi faire de ce petit Liure,
mais confiderant que fi ie le prefentoys pluftoſt a quelcun que a vng autre, Il y
porroit auoir quelque enuyeulx fcrupule: Iay auife que ce feroit honneftemēt
faict a moy de vous en faire a tous vng prefent O Deuotz Amateurs de bōnes
Lettres:fans preferer grant a petit, fi non dautant quil ayme plus les Lettres,
& quil eft plus intime en vertus. Par ainfi les Prelats & grãs Seigneurs qui font
tous excellens en belles & bonnes vertus y auront part en forte q̃ vous nen per=
dres la voftre. Ie fuis defplaifant que daucuns mont voulu demouuoir de mani=
fefter ce que ie vous efcripz en ce Noftre toutal Oeuure . & quilz ont effaye
faire de moy vng homme ingrat de ne vouloir enfeigner choufe trefbelle
& bonne. Ilz me font fouuenir de plufieurs qui quant ilz ont vng Caiet ou
quelque Liure incogneu quilz ne le cōmuniqueroient pas a leur Frere ne a leur
Pere. Ie croy que telz hōmes font fi mefchāts & Auaricieux que fi toute la fla=
me & le Feu du Monde eftoient eftainctz fors vne feulle Chandele quilz au=
roient alumee/& quō ne peuft auoir feu que de leur ditte feulle Chandele, quilz
ne vouldroient pas que leur doulce Mere y en alumaft vne pour faire du feu a
chaufer & nourir leur Petit Frere. Ilz font de la Nature dune befte que Pline &
Soline difent eftre fi mefchante : que cognoiffant que fon vrine fe fige & con=
gele en vne pierre precieufe qui eft ditte en Grec. λυγκουριον. & qui eft fembla=
ble a la piere Dambre qui attife a foy les Fetuz, ne veult & defdeigne quelle viē
ne es mains & vfage des hommes, tellement quelle la couure & muffe en terre
le plus fegrettement quelle peut . Ainfi feit le Noble Ouurier des viftres de la
Sainte Chapelle de Bourges que le Duc de Berry nōme Iehan feit faire. Icel=
luy Ouurier fut fi ingrat & glout de fon fcauoir quil ne le voulut oncques enfei=
gner a homme, ne a fon filz, fe dict on. Les viftres quil feit font de tel art, que le
Soleil tant luy fant peut il eftre, ne les peut de fes rayons aucunement penetrer
qui eft vne chofe trefbelle & fans autre femblable. Sil euft voulun tiers enfei=
gne cela: Mille autres hommes euffent depuis luy faict maintes belles et bōnes
Operations qui ne font pas faictes:et ne ferōt iamais. Pleuft a Dieu que Lau=
theur de la pouldre a Canon euft aiſi faict,et quil fuft mort fans mains et la bou=
che cloufe. Cent Milliers dhommes euffent peu viure plus longuement /qui ont
efte tuez trefmefchātemēt. Ce font les abomynables Sciéces quil ne fault pas
enfeigner,mais les bōnes et hōneftes il les fault publier afin q̃ vng Chafcū fe y
employe et euertue a biē faire. Albert Durer Noble Paitre Alemāt ē grādemēt
a louer qui a fi biē mis en lumiere fon Art de Paiture en defeignāt Les Corps
de Geometrie. Les Rāpards de Guerre, & les Proportiōs du Corps humain. Il
eft digne de qui on face immortelle memoire . Ne foyons don ques ingrats den=
feigner & dire honneftement ce qui peut proufiter, & faifon de bon cueur plai=
fir a tous viuans ainfi que vouldrions quilz nous feiffent. Vne Perle muffee en

λυγκουρ=
ov.
Dambre.

le No=
ble
Ouurier
iagrat.

Iehan
Duc de
Berry.

Viftres
de la
Saincte
Chapel=
le de
Bourges

Albert
Durer.

vng Fient eſt perdue/& inutile, mais quãt elle eſt aſſiſe en or ſeulle/ou auec au
tres Pierres precieuſes, elle eſt beaucop plus excellemment & au gre des hõ
mes qui lont deuant les yeulx. Ainſi ne voulant que noz Lettres Attiques fuſ
ſent en leur Proportion du tout incogneues, Ie vous les ay toutes deſeignees
par Nombre & Meſure afin quen puiſſiez vſer a voſtre bon plaiſir, & en faire
de tant Grandes & tant Petites que bel & bon vous ſemblera. & ce, en tenant
touſiours le Nombre des Pointz & Tours de Compas a vnechaſcune delles re=
quis. Ie vous veulx icy prier & aduertir que quant vous vouldrez vſer de Let=
tres Attiques, ou Grecques, ou autres en Deuiſes, en Sentences, ou autre=
ment, que vous les logiez & eſcriuiez en Taulettes ou en lieux patens, afin
que vne chaſcune Lettre ſoit veue & leue en droitte Ligne, en plaine face, & en
bon ordre. Ie voy daucuns qui les logent en Raouleaux eſquelz bien ſouuent
vne Syllabe ſe treuue diuiſee plus dune Aulne de long, qui eſt contre Lart de
Grammaire. Item Les aucunes Lettres y ſont quaſi couchees de trauers, & les
autres ont les piedz contre ſus / qui eſt contre Raiſon de Nature. La Nature
des Lettres, Leſquelles ſont faictes au Modele du Corps humain, eſt deſtre en
ſa requiſe & droitte veue/ ſus bout / & en ſon entier. Mais qui me repliqueroit
quen vne piece Dor, Dargẽt, de Cuybure ou dautre matiere/ya des Lẽes deſ=
quelles les vnes au regard des autres ſe treuuent le pied de trauers / ou contre
ſus. Ie reſpondrois honneſtement/que ceſt bien faict. & que on peut torner en=
tre ſes doits la ditte piece Dor: ou autre piece: pour y veoir chaſcune Lettre en
ſa droitte face : & en plant. Mais en Tableaux, en Viſtres, en Tapiſſeries, en
Murs, & en beaucop dautres lieux on ne y peut torner les Lettres qui ne tor=
neroit tout le lieu ou elles ſont aſſiſes. parquoy conuient quelles y ſoyent touſ=
iours plantees & eſcriptes droittes les vnes apres les autres. Ilz ſe veullent ex=
cuſer & dire que Raouleaux ſeruent de rempliſſage. Saulue leur honneur Ilz
ny ſeruent que depeſche, & ce qui a eſte cauſe de ceſt abus, ce ont eſte liens de
Chapeaulx & Coronnes de feuilles, Rameaulx, & Fleurs. que les Anciẽs met=
toient a leurs Eeſtins pour voleter par cy & par la, & donner grace aux dits Fe=
ſtins. Qui vouldroit eſcrire en Raouleaux, Il ne y fauldroit pas eſcrire en long,
mais en trauers Car qui vouldroit ſeullement eſcrire en long Trois ou Quatre
Verſetz, Il fauldroit que le Raouleau fuſt plus long quil nya deſpace dicy
aux Iſles des Molucques, et principallement qui vouldroit eſcripre en groſſe
Lettre. La Maniere deſcripre en Raouleaux eſt icy treſabuſiue en beaucop de
facons, & principallement en ce, que daucuns eſcriuent vng meſme Mot ou
Syllabe a moitie au dedans du Raouleau & a moitie au dos dicelluy. Ceſt vne
grande ſimpleſſe de vouloir faire quelque chouſe ſans diſcerner la Raiſon. Lin
uenſion deſcripre en Raouleaux vient de longue & quaſi incogneue Ancien=
nete, mais touteſſois ie la vous diray. Elle eſt venue des Anciẽs Lacedemoniẽs
qui en tẽps de Guerre auoiẽt deux baſtõs faictx pciſemẽt dune meſme lõgueur
& groſſeur, & en bailloiẽt lun au Prince qui alloit en Guerre puis gardoient
lautre iuſques a ce quilz luy vouloient mander quelque ſegret. Et quant ilz luy
en mandoient ilz prenoient vng Parchemain ou Cuyr, ou autre choſe ſembla=
ble/ Long et eſtroit cõme vne ſaincture & lenuyronnoiẽt bourt a bourt au tour
& le Long de leur baſton quilz auoient retenu, puis eſcripuoient ſus leur Par
chemain le long & tout au tour de leur dict baſtõ en ſorte que la pluſgrãde par=
tie des Lẽes ſe trouuoit ou a demy, ou a tiers, ou a biẽ peu ſus les bours & aſſem
bleures de leur dict Parchemain. puis le deſployent & lenuoyent tout deſploye
a leur dict Prince qui incontinent qui lauoit receu le mettoit au tour de ſon ba=
ſton, & tantoſt pour la grace de la meſme Meſure des deux baſtõs ſemblables,

toutes les Lettres se rècôtroiét iuftemét en leur entier/côme quât on les efcrip=
uoit. Ilz faifoient ainfi entre eulx afin q̃ fi dauâture les Ennemyz euffent furpris
leurs Poftes ou Meffaigiers quilz neuffét peu accorder les Lettres ainfi efcrip=
tes au trauers du Parchemain. Et en memoire de cela les Anciés Paintres feirét
des Raouleaux es mains des Princes, puis es mains des Prophetes, femblable
ment des Sibyles, & confequentement en plufieurs autres manieres & facons
tant que a la fin on en abufe en Mille endroits/& fans aucune Raifon. Quil foit
vray que les fufalleguez Anciens Lacedemoniens ayent iadis ainfi efcript/
comme eft dict cy deffus, Lifez au Dixfeptiefme Liure / & Neuuiefme Chapi=

Aule
Gelle
Erafme.

ftre des Nuytz Attiques de Aule Gelle. Tout pareiliemét lifez au Premier Pro
uerbe de la Segonde Centurie, Ceft a dire, Centene, la quelle Centene eft auf=
fi en la Segonde Chiliade, Ceft a dire Millier des Prouerbes de Erafme/ou eft
en efcript Triftis Scytale. Et vous y trouuerés bié au lóg tout ce q̃ ie vous en ay
dict. Laiffez donques la ces Raouleaulx/& efcriuez en belles & patentes Tau=
letes & autres chofes femblables: afin que voftre lettre foit veue toute dũg frôt

Lefpace
requife
entre les
Lignes &
Lettres
Attiques

Et Notez que Lefpace dêtre les Lignes veult toufiours eftre auffi large que la
Lettre I, eft haulte. Lefpace dentre les Lettres veult eftre de la largeur ou dũg
I. ou dung F. ou dung S. ou dung M. ou encores plus felon le lieu & Sentence
quon veult remplir & efcripre. Bref. Lettre Attique eft fi noble quelle veult
eftre en grande liberte. comme porrez veoir en ce prefent Oeuure que iay nom
me Champ Fleury pour la grace & facilite du Nô. & que iay intitule. LART

Champ
Fleury.

& Science de la deue & vraye Proportion des Lettres Attiques, quon dit au=
trement, Lettres Antiques, & vulgairement Lettres Romaines. Prenez don=
ques en gre fi vous plaift O/Deuotz & bons Amateurs de Bonnes Lettres? &
pencez que ce que ien faiz/eft de bon zele & entiere volunte. Priant noftre Sei=
gneur IESVS vous donnera tous accroiffement de bonnes Lettres & belles
vertus auec toute pure fante de Corps & de Ames.

En Paris ce. XXVIII. Iour Dapuril,
fus Petit Pont a Lenfei=
gne du Pot
Caffe.

LA TABLE.

Noms des Autheurs & hõnestes perſonages alleguez & mãſiõnez en tout
cest Oeuure. Deſqlz les aucũs ſont en
Latin, & les autres en Frãcois ſelon q̃
la doulceur de la pronũciation diceulx
eſt amyable aux oreilles de plũſieurs.

A.
Agreſtius.
Alain Chartier.
Albert Durer.
Alde.
Aleman.
Alexandre de ville Dieu.
Albinus.
Andreas Cratandrus.
Antonius Orobius.
Appius Claudius.
Arnol Grabains.
Architrenius
Arius.
Aſconius Pedianus.
Aſtyages.
Aulus Gellius.
Aulus Albinus.
Aulus Antonius Orobius.
Auance.
Auſone.
Auguſte Ceſar.
Auguſtin Iuſtinian.

B.
Baptiſte Mantuan.
Baptiſte le piteyable.
Baptiſte Albert.
Beda le venerable.
Beroal.
Boccace.
Bramant.
Bude.

C.
Cadmus.
Carmentis.
Caper Grammaticus.
M. Cato.
Martianus Capella.
Cælius Rhodiginus.
Catulle.   Iules Ceſar.
S. Cipryan.
Chaſtelain.
Chreſtien de Troyes.
Charlemaigne.

Charles Bouillé.
Chryſoloras.
Cicero.
Cimenez de Cineros.
Cornele Tacite.
Codrus Vrceus.
Conſtantin Laſcaris.
Cretin.
Q. Curſe.

D.
Dantes.
Ma Dame Dentragues.
Dioſcorides.
Diomedes Gram.
Didymus.
Donatus.
Donatel.

E.
Ennius.
Eraſme.
Eſtiene de la Roche, autrement dict
de ville Franche.
Euclides.

F.
Feſtus.
Frere Rene Maſſe Chroniqur du Roy
Frere Lucas Paciol.
Frere Francois Cimenez de.
Cineros.
Franceſco Petrarcha.
Fulgentius Placiades.

G.
Gaguin.
Galeotus Martius Narnienſis.
George Chaſtellain.
Gellius.
Greciſmus.
I. Groſlier.

H.
Habraham.
Hayeneuſue.
Hercules.
Heſiode.
Hieronyme Auance.
S. Hieroſme.
Hieremias.
Higine.
Homere.
Horace.
Hugon de Mery.

A iiij.

LA TABLE.

LA TABLE.

LA TABLE.

LA TABLE.

LA TABLE.

Aux Lecteurs de ce Prefent Liure humble Salut.

ON dict communement, & dit on vray, quil ya grande vertus naturelle en Herbes, en Pierres, & en Parolles? Den bailler Exéple/feroit fuperfluite/tant la Verite en eft certaine. Mais ie vouldrois quil pleuft a Dieu me donner la grace que ie peuffe tant faire par mes parolles & requeftes, que ie peuffe perfuader a daulcuns, que filz ne vouloient faire hôneur a noftre Lâgue Francoife, au moings quilz ne la corrumpiffet point? Ie treuue quil ya Trois manieres dhommes qui fefbaftent & efforcent a la corrumpre & difformer. Ce font **Efcumeurs de Latin**, Plaifanteurs, & Iargonneurs. Quât Efcumeurs de Latin difent Defpumon la verbocination latiale, & tranffreton la Sequane au dilucule & crepufcule, puis deâbulon par les Quadriuies & Platees de Lutece, & comme verifimiles amurabundes captiuon la beniuolence de lomnigene & omniforme fexe feminin. me femble quilz ne fe moucquent feullement de leurs femblables, mais de leur mefme Perfonne. Quant les **Plaifanteurs**, que ie puis hô neftemêt appeller, Dechiqueteurs de Langage, difent Monfieur du Page? fi vous ne me baillez vne lefche du iour, ie me rue a Dieu, & vous dis du cas, vo⁹ aures nafarde fanguine.me femblent faire auffi grant dommage a noftre Langue, quilz font a leurs Habitz, en dechiquetant & confumant a oultrage ce qui vault myeulx entier que decife & mutile mefchâtement. Tout pareillemêt quât **Iargonneurs** tiennent leurs Propos de leur malicieux Iargon/& mefchant langage, me femblent quilz ne fe monftrent feullemement eftre dediez au Gibet, tnais quil feroit bon quilz ne feuffent oncques nez. Iacoit que Maiftre Frâcois Villon en fon temps y aye efte grandement Ingenieux, fi touteffois cuft il my eulx faict dauoir entendu a faire aultre plufbône choufe. Mais au fort. Fol qui ne fol ie/pert fa faifon. I alleguerois quelque peu du dict Iargon, mais pour en euiter la mefchante cognoiffance, ie paffera oultre, & dis que ie vouldrois que telz Corrompeurs dhonnefte Langage fuffent fi auyfez & fages, quilz penfaffent que vng homme qui veult eftre veritablement intime en pure Vertus, doibt toufiours & en tous lieux faire & dire choufe qui foit belle / bonne,/& honnefte. On cognoift les hommes en faictz & en ditz. Faifon donques tant que noz ditz & parolles foient faines & receuables en toute Raifon et tout Hôneur. A couftumon nous a bié parler & bien dire, En ce faifant troueron que bien nous en prendra, & que noz parolles auront fi grande vertus quelles perfuaderont en mille beaulx propos. O Deuotz Amateurs de bonnes Lettres? Pleuft a Dieu que quelque Noble cueur femployaft a mettre & ordôner par Reigle noftre Lâgage Francois? Ce feroit moyen que maints Milliers dhommes fe euerturoient a fouuent vfer de belles & bonnes parolles? Sil ny eft mys & ordonne/on trouuera que de Cinquante Ans en Cinquante Ans la La langue Francoife, pour la plus grande part, fera changee & peruertie. Le Langage dauiourdhuy eft change en mille facons du Lângage qui eftoit il ya Cinquante Ans ou enuiron. Lautheur du Liure des Efchecqtz difoit en fon temps Neantplus. & nous difons, Nô pl⁹. Il difoit, Bien eft voir. & nous difôs Bien eft vray. Tout pareillement il difoit, Tenroit, Ne volt pas, & Le voyeu. et nous difons, Tiédroit Neveult pas,& La vocale. Il en difoit Mille aultres que ie laiffe pour breuete. On porroit trouuer Dix Milliers de telz motz & vocables laiffez & Changez/Defquelz Cent aultres Autheurs vfoient au temps paffe. On vfoit au dict temps paffe de dire Herper, pour Iouer de la Herpe. On difoit, Affembler a fon Ennemy.pour/Commâcer a côbatre. Lance roid=

Efcumeurs de Latin.

Plaifanteurs.

Iargonneurs.

Lâgage Efcume.

Lâgage Dechiquete.

Maiftre Fracois Villon.

Lautheur du Liure des Efcheqtz

Lâgage Ancien.

de fus le faultre, eftoit, Lance mife fus larreft. Et/Sonner des Grefles a laffault eftoit, Sonner des Trompetes. Eftre affeffe, eftoit a dire, Eftre apoyfanty. Ne vous deueille, eftoit. Ne vous deplaife. Remettre fon efpee en fon feurre, eftoit Remettre au fourreau. Forconfeiller, eftoit. Malcõfeiller. Tourbillõner, eftoit. Faire grãt vent. Et Mille aultres femblales quon porroit bien dire, & defquelz on porroit faire vng grãt & iufte Volume. Iaurois couleur de deplorer la fterili te de noz mains, mais iefpere q̃ au plaifir de Dieu quelque Noble Prifciã / quel que Donat, ou quelque Qintilien Francois / naiftra de Bref, fil neft defia tout edifie. Ie treuue en oultre quil ya vne aultre maniere dhommes qui corrompt encores pirement noftre lãgue. Ce font Innoua:eurs & Forgeurs de motz nou ueaulx. Si telz Forgeurs ne fõt Ruffiens/ie ne les eftime gueres meilleurs. Pen cez quilz ont vne grande grace/ quant ilz difent apres boyre, quiz ont le Cer ueau tout encornimatibule/ & emburelicoque dũg tas de mirilifiques & trique dondaines, dung tas de gringuenauldes, & guylleroches qui les fatrouillẽt in ceffammẽt? Ie neuffe allege telles fottes parolles, fe neuft efte, que le defdaing de y pencer le ma faict faire. Si natura negat / facit indignatio verfum. Lindi gnation ma contrainct de monftrer la fottete. Ie croy quil nya ordre de pure ment agencer tel langage, car les Perfonnages qui le forgeit font incapables de faine Raifon. Touteffois fi noftre Langue eftoit deuement Reiglee & Po lye/ telles immundices en porroiẽt eftre deiectees. Parquoy ie vous prie donon nous tous courage les vngz aux aultres, & nous efueillon a la purifier? Toutes chofes ont eu commancement. Quãt lung traictera des Lettres, & laultre des Vocales, vng Tiers viendra / qui declarera les Dictions. & puis encores vng aultre furuiendra qui ordõnera la belle Oraifon. Par ainfi on trouuera que peu a peu on paffera le chemin, fi bien quon viẽdra aux grans Champs Poetiques et Rhetoriques plains de belles/ bonnes/ & odoriferẽtes fleurs de parler & dire honneftement & facillement tout ce quon vouldra.

Forgeurs
de mots
nou=
ueaulx.

Iuuenal.

En Paris

Du tout voftre Geofroy Tory de Bourges.

Tous les Caiectz de ce prefent Liure font Quatorze en Nombre, & vng chaf cun diceulx eft de Trois Feuilles. Excepte le Premier / et le Dernier qui font chafcun de Quatre.

LART ET SCIENCE DE LA
DEVE ET VRAYE PROPORTION DES LETTRES ATTI=
QVES, QVON DICT AVTREMENT LETTRES ANTIQVES
ET VVLGAIREMENT LETTRES ROMAINES.

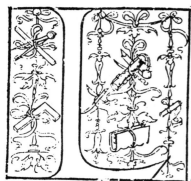

E matin du iour de la feste aux Roys, apres auoir prins mon fomeil & repos, & q̃ mon eſtomac de ſa legiere & ioyeuſe viande auoit faict la facile concoction. que lon comptoit M. D. XXIII.me pris a fantaſier en mõ lict, & mou uoir la roue de ma memoire/ peſant a mille petites fantaſies, tant ſerieuſes que ioyeuſes. entre leſquelles me ſouuint de quelque lettre Antique que iauoys naguere faicte pour la maiſon de mõ ſeigneur le treſorier des guerres maiſtre Iehan grothier Cõſeiller & Secretaire du Roy noſtre ſire, amateur de bonnes lettres, & de tous perſonnages ſauans, deſquelz auſſi eſt **Iehan Groſlier amateur de bõnes lettres & ayme di= celles.**

treſame & extime tant de la que deca les mons. Et en penſant a icelle lettre Attique me vint ſoudain en memoire vng ſentencieux paſſage du premier liure & huittieſme Chapitre des Offices de Cicero, ou eſt eſcript. Nõ nobis ſolũ nati ſu mus, ortuſq; noſtri, partem patria vendicat, partem amici. Qui eſt a dire en ſub ſtance, que nous ne ſommes pas nez en ce monde ſeullement pour nous, mais **Cicero,**

pour faire ſeruice & plaiſir a noz amys & a noſtre pais. A ceſte cauſe me volant employer aucuneinent a lutilite du bien public, ay peſe demõſtrer & enſeigner en ce preſent petit Oeuure la maniere de faire ſymmetriquement, Ceſt a dire, par deue proportiõ lettre Attique, de laquelle ie voy deca les mõs mains hommes qui en veulent vſer, eſtre foiblemẽt expertz, en tant quilz ne ſcauẽt de quel le meſure & proportion elle doibt eſtre, Ie traicterois auſſi de la lettre de Forme & de la Baſtarde, mais pour ceſte fois, aidãt noſtre ſeigneur ie deſigneray la dit te lettre Attique ſeullemẽt Aucuns mont volu demouoir de ce faire diſant que ie ne la debuoye tãt manifeſter, mais garder en ſecret pour moy. Saulue leur hõ neur me ſemble que non, & que ie ne doibs eſtre glout de ſciẽce hõneſte & bonne. Ien cuſſe traicte & eſcript en latin, comme ie porrois bien faire, ſe croy ie, & cõme on peut cognoiſtre aux petitz oeuures latins que iay faict iprimer & mis deuant les yeulx des bons eſtudians tãt en metre quen proſe. Mais volãt quel que peu decorer noſtre langue Francoiſe, & afin que auec gens de bõnes lettres le peuple cõmun en puiſſe vſer, ien veulx eſcrire en Francois. Ie ſuis ſeur que tã toſt ſuruiendra quelq̃ detracteur & enuyeulx qui dira que ie veulx faire du nou= uel Autheur, & ſeforcera mordre mes inſtitutions & enſeignemẽs. Mais ie ſcay ſelon les anciẽs Poetes & Philoſophes que Momus eſtoit vng paillard qui ne ſceut iamais rien faire ſinon mocquer, comme quant il mocquoit le Sandail & Tyſſu de Venus diſant quil y auoit trop de papillotes eſtyncellãtes & clyque= tantes, & quil faiſoit trop de bruyẽt. Semblablement mocquoit dame Nature, pource q̃lle auoit pluſtoſt mis les cornes aux frõt des beufz & vaches quen leſ= paule, pour ei ferir plꝰ ipetueuſemẽt. Il mocquoit auſſi le taureau de Neptune la maiſon de Minerue, & lhomme de Vulcan. Mais principalement mocquoit icelluy hõme, pource que ledict Vulcan ne luy auoit point faict de feneſtre ne de guychet en leſtomac, afin q̃ par iceulx on peult cognoiſtrece quil peſeroit & reuoueroit en ſon dict eſtomac qui eſt plain de lieux cõcaues & ambagineux

**Momus.
Sãdail & Tyſſu de Venus.
Nature.
Neptune Minerue & leurs chef deu= ure.
Lhõme de Vulcã**

De ce dit Momus on peut veoir & lire au. CCCLXXIIII. prouerbe de la pre
miere Chiliade des Prouerbes de Erafme, & en Vng liure q̃ Leon Baptifte Albert a faict & intitule, Momus.

I E ne diray chofe en ceft Oeuure q̃ ie ne preuue par Autheurs dignes de foy,
& par demonftration tant naturelle que euidente en Geometrie, comme on
porra veoir es Figures cy apres faictes au Cõpas & a la Reigle, qui font chofes
trefcertaines en vraye mefure.

I E ne feray mocque feullemẽt du fufdit Momus, mais de trois manieres dhõ
mes, Ceft a fcauoir, De non fcauans, De moyenemẽt fcauans, Et de bien
fcauans. Les non fcauans me morderont comme pouures ignorans, confidere
que Science na ennemy, que lignorant. Les moyenement fcauans auffi me no=
teront, nentendant pas ce que Iallegueray. Les bien fcauans ne mefpargne=
ront pas, en voulãt & cuydant acquerir gloire de taxer & corriger mes erreurs,
fi aucuns en ya, & fi dauenture Il ny en a, fi trouuerõt ilz cincq pieds de mou=
ton pour quatre, difans que vne queue dung pied de long vault bien vng pied,
mais cõme dit Erafme en fõ. CLXXXII. Prouerbe, Carpet hæc citi⁹ aliquis
quã Imitabitur. On me reprendra pluftoft quon ne me reffemblera. Contre les
Mal difans vferay dune belle deuife ancienne, & diray, Λεγουσιν α θελουσιν,
λεγετωσαν ου μελει μοι. Dicũt quæ volũt, dicãt nõ eft curæ mihi. Ceft a dire
Ilz difent ce quilz veulẽt, & bien, Ie ne men foucye. Sufque deq̃ fero. Pour cho
fe quilz puiffent dire, Ie ne lairray a efcrire en Francois comme homme fran=
cois, les auertiffant que Vitruue fut iadis reprins & mocque, pource que luy ne
ftãt Grec de natiuite, efcriuoit en vocables grecs, cõme lon peut encores veoir
en la plufgrande partie des dictiõs & vocables des vtilz & autres chofes darchi
tecture defquelz en fon liure a faict mention.

E N enfeignant icy fayre leffudictes lettres Attiques Ie mefbatray aidant no
ftre feigneur, a dire par ordre felon leur acoftumee fituation de lune apres
lautre la vertu dune chacune felõ lart de Grammaire. Ie voy la derriere quelcũ
qui grumeleroit voulũtiers, & feforceroit comme enuyex me nuyre fil pouuoit,
ou fil ofoit, mais luy craignant que fil femõftroit, Ie le ferois taire foudain, luy
perceant la langue de mon affeure Compas, & le batãt de ma certaine Reigle,
fe deportera fe me femble.

D Onques Iefcripray en Francois felõ mõ petit ftile & langage maternel,
& ne lairay, combien que ie foye de petitz/& humbles Parẽs, & auffi que
ie foye pouure de biens caduques, a faire plaifir aux deuots amateurs des bon=
nes lettres. Iefcay cõme eft dict au Prouerbe ancien, duquel Erafme faict men
tiõ en fa pmiere Chiliade au Prouerbe, D.XVIII. Quod, fæpe eft etiã olitor
valde oportuna locutus. Et cõme difoit Pline, Nullũ effe librũ tã malũ, vt non
aliqua parte prodeffe queat. Il neft fi mechant Liure, qui ne puiffe prouffiter en
quelque chofe, A ce propos Ie veulx dire q̃ alaide de Dieu, & de ce pfent Li=
ure cy, on pourra faire & defigner Lettre Attiq̃ en fa deue pportion tãt petite
& tant grãde quon vouldra, en tãt q̃ le Cõpas & la Reigle fe pourrõt eftandre.

I E fembleray cy par auãture eftre nouuel hõme, pource quon na point enco
res veu efeigner par efcript en lãgage Frãcois la façõ & qualite des Lettres,
mais defirant enluminer aucunement noftre langue, ie fuis content eftre le pre=
mier petit indice a exciter quelque noble efperit qui fe euertura dauantage, cõ=
me firent les Grecs iadis & les Romains, mettre & ordonner la langue Fran=
coife a certaine reigle de pronũcer & bien parler. Pleuft a Dieu que quelque no
ble Seigneur voluft pofer gages & beaux dõs a ceulx qui ce porroiẽt biẽ faire.

I L eft certain que le ftile de Parlement, & le langage de Court font trefbõs,
mais encores pourroit on enrichir noftredict langage par certaines belles Fi

gures & Fleurs de Retorique, tant en profe que autremét. Nous fommes de no
ftre nature entre toutes les autres Natiós, cóme dict Pompone Mela, facóds,   **Pompóe**
car il dit au Troifiefme liure de fa cofinographie, ou il parle des meurs des Frá=   **Mela,**
cois, Habent tamen & facundiam fuam. Les Frácois, dit il, font faconds & be=
aux parleurs de leur nature. Semblablement le poete Satyric dit en fa .XV.Sa=
tyre, Gallia caufidicos docuit facúda Britannos. France, dict il, a enfeigne aux   **Iuuenal.**
Anglois a playder & deument parler.

Iallegue icy Poetes & Orateurs latins pour monftrer qu⸗auons vng don de
grace en noftre beau langage Fraucois, Ien veulx femblablement alleguer
des Grecs, entre lefquelz feullemét prendray vne petite prefation que Lucian
Orateur & Philofophe Grec a faicte De Hercule Gallico , Et icelle prefation   **Lucian.**
tráflatee de Grec en Latin par Erafme, & ie la tráflateray puis apres de latin en
Francois. Icelle eft en latin comme il fenfuyt.

Herculem Galli lingua gentis vernacula Ogmium vocant . Porro Deum   **Hercules**
ipfum noua quadam atq; inufitata figura depingút. Decrepitus eft apud   **Gallicus.**
illos, recaluafter, reliquis capillis, fi qui reliqui funt, plane canis, cute rugofa, et   **Ogmiú.**
in aterrimú exufta coloré, cuiufmodi funt Nautæ ilti. Charonté potius aut Iape
tum quépiá ex his qui apud inferos verfantur, diceres. In fumma, quiduis poti⁹   **Charon.**
quam Herculem coniiceres ex imagine. Atq; tali fpecie quum fit, tamen Her=   **Iapetus,**
culis ornatum gerit, vt qui cú leonis exuuiú indutus fit, tu claua dextra teneat,
tum pharetram humeris aptatá portet, tú arcum tenfum læua prætendat. Deni
que modis omnibus hercules eft. Hæc equidem arbitrabar in græcanicorú deo
rum contumelia perperá facere Gallos, quú eiufmodi fingeret effigie , quo ni=
mirum illú talibus picturis vlcifcerétur, quod olim in regioné ipforú incurfaffet,
predas agens id temporis quú Gerionis armeta veftigás occidentaliú gentium
plerafq; regiones peruaftaret, At nondú etiam dixi id quod erat in imagine ma
xime nouú atq; mirandú. Siquidem Hercules ille fenex ingentem admodú ho=
minum multitudinem trahit, omnibus ab aure reuinctis. Porro vincula cathenu   **Ab aure**
læ tenues, auro /electroue contextæ, pulcherrimis iftis monilibus affimiles. At=   **reuincti,**
qui cú vinculis vfq; adeo fragilibus ducantur, tamen neq; de fugiendo cogitant
quú alioqui commode poffint, neq; prorfus obnitútur, aut pedibusaduerfus tra
hentem obtendunt, fefe refupinantes, verú alacres ac læti fequútur, ducentem
admirantes, Vltro feftinantes oés, & laxatis funiculis, etiam anteuertere ftudé=
tes, perinde quafi grauiter laturi fi foluerentur vinculis. Ne illud quidem pige=
bit referre, quod mihi videbatur omniú abfurdiffimú. Etenim quú nó inueniret
pictor vnde cathenularú fummas anfas necteret, videlicet dextera iá claua, læ=
ua arcú tenéte, fummá Dei linguá perterebrauit, atq; ex hac religatis cathenu
lis eos trahi fecit. Ipfe nimirú ad eos qui ducebant, vultú & oculos conuertebat
arridens. Hæc ego quú diutius affiftés effem cótéplatus, admirás, hælitás, indi=
gnans, Gallus qui propius aftabat, noftratiú literarú nó indoctus, Id quod de=
clarauit, quú græcanica linguá abfolute fonaret, philophus opinor ex eo gene
re philofophorú quod apud eos effe fertur, Ego tibi hofpes, iquit, picturæ ifti⁹
ænigma explicabo, ná videre veheméter ad eá attonitus ac ftupefactus. Oratio   **Oratio.**
nem nos Galli nequaquá arbitramur effe Mercuriú, queádmodú vos Græci, ve   **mercuri⁹**
rum Herculi illá tribuimus, ᵱpterea ᵹ hic Mercurio longe robuftrior extiterit,   **Hercules**
Ná quod fenex fingitur, nihil eft quod mirere, Siquidé vna facúdia cófueuit in
fenecta demú abfolutú vigoré oftendere, Si modo verú veftri dicút poetæ, Ob=
duci iuuenú denfa caligine pectus. Contra, Senecta poffe quiddá dicere rudi iu
uenta melius ac preclari⁹. Hinc videlicet apud vos & Neftoris ligua melle pro=   **Neftor,**
fluit, & troianorú concionatores lirioeffam edunt, videlicet floridam quandam

Linguæ cũ aurib⁹ cognatio

vocem.Nam liria, si satis commemini, flores appellantur:proinde quod ab au= «
ribus vinctos ad linguam trahit senex hic Hercules,qui non aliud quam ipse est «
sermo,ne id quidem debes admirari,qui quidem non ignores linguæ cũ aurib⁹ «
esse cognationem.Neq; vero ad contumeliam illius illud pertinet,quod ea per= «
tusa est,Nam memini,inquit,& iambicos quosdē versiculos e comœdijs apud «
vos dicere,Siquidem viris iocacibus extrema lingua perforata est omnibus. «
Quin de eodem hanc in summa habemus opinionē,vt quicquid egit,id oratio= «

Hercules vir sapiēs

ne,facũdiaq; confecisse putemus,Vt pote virũ sapientem,ac persuadendo ple= «
raque sibi subegisse.Iam tela illius nimirũ rationes sunt acutæ,missiles,citæ,at «
q; animũ sauciātes,vnde pēnigera dicta.Hecten⁹ gallus. «

Exposition en Francois,& translation de cestedite præfation,est comme il
sensuit.

Hercules le frācois Ogmiũ,

LEs Francois en leur lãgue maternelle appellent Hercules Ogmiũ.& le fi=
gurēt en painture dune facon nouuelle & inusitee.Ilz le figurēt en vieillard
chauue,nayant que vng bien peu de cheueux derriere,& Iceulx tous chanus &
blācs.Sa peau est ridee,& toute noire brulee du chault au soleil,cõme on voit
que sont coulorez ces vieulx mariniers,vo⁹ diriez quil seroit vng droit Charõ,
ou vng Iapetus,lesquelz frequentent aux enfers.En somme,vons pēseries plu
stost a le voir quil fust autre chose que vng Hercules.Touteffois en ceste figu=
re & espece il porte laornemēt dudit Hercules,entēdu quil est vestu dune pe=
au de Lion,& quen sa main dextre tiēt vne massue,& porte a son col en echar
pe vne trousse,& en sa main senestre vng arc bēde.Finablemēt.Il est vng droit
Hercules.Ie pensoys seurement q̃ toutes ces choses fussent faictes par les Frā
cois en derision des Dieux grecaniques,veu & entendu quilz le faignoiēt en
ceste fasson & figure,pour eulx venger de ce que iadis au tēps quil alloit cher=

Gerion,

chant iusques en Occident les Beusz & autres aumailles du Roy Gerion,feit
des courses & rapines par leur pais de Frāce en degastāt beaucop de contrees
du pais dabas.Mais ie nay pas encores dit ce qui estoit tressingulierement nou
ueau & admirable en cedit image,Certes cedit vieux Hercules tire apres luy
vne merueilleusement grande multitude dhõmes & femmes tous ataches lung

Atachez par loreil le,

a part de lautre par loreille.Les liens estoient petites chaines dor & dambre
bien faictes,& semblables a carquans.Et iacoit que de ces tāt fragiles chaines
ilz soiēt tous tirez & menez,touteffois il ny en a pas vng qui sen veille reculer,
combien quilz le pouroient bien faire facilement/si le vouloient.Ilz ne recu=
lent point,ne ne retirent le pied en arriere en eulx repanchant,mais tous ale=
gres & ioyeulx le suyuent en eulx emerueillant de luy.Tous de leur plain grē se
hastent de le suyure,& en laschant leurs liens sestudiēt marcher plustost que luy
quasi cõme silz estoiēt marriz quilz fussēt deliez Et certes il ne me deplaira de di
re encores ce qui me sembloit entre tout estre le plus mal a propos,Seurement
quant le paintre ne trouuoit lieu pour atacher les bouts de toutes cesdites chai
nes,entendu quē la main dextre estoit la massue,& en la senestre larc,il percea

Langue percee

la langue du Dieu Hercules,a la quelle toutes ces chaines estās atachees,il feit
tous ces ia iusdits hommes & femmes estre tirez apres icelluy Hercules.Hercu=
les tournoit son visage,& sa veue vers ceulz quil menoit,en leur faisāt gracieulx
semblant & amyable coutenence.Moy estant long tēps droit sus mes pieds,se
dict Lucian,en contemplant toutes ces choses,en men esmerueillant,en doub=
tant,& en men indignant,vng certain Frãcois estant au pres de moy,qui ne
stoit pas ignare des lettres Grecques,dautant quilles pronuncoit tresbien & ab
solument,Vng philosophe a mon aduis de la sorte des philosophes qui ont de
costume estre en France,me dist.Mon amy ie te veulx declarer la difficulte de

ceſte painture, car tu me y ſembles eſtre grandemēt eſbay & eſtōne. Entre nous Francois nous natribuons point loraiſon a Mercure cōme vous faiĉtes en Gre= ce, Mais nous lapplicquons a Hercules, pource quil eſt beaucop plus robuſte q̃ neſt Mercure. De tant quil eſt vieulx tu ne ten doibs eſbayr, Car la facondite & le beau parler a coſtume de mōſtrer ſa parfaiĉte vigueur en vieilleſſe, au moings ſi voz poetes diſent vray, quant ilz ſont dopinion qñe le ſens de ieuneſſe eſt en= uyronne de caligineuſe obſcurite. & au cōtraire, que vieilleſſe dit au net ce quel= le veult dire beaucop myeuly & plus clerement que la rude ieuneſſe. Et pource entre vous Grecs la langue de Neſtor eſt comparee a myel fluent. Semblable= ment les Ambaſſadeurs des Troiens ont leur voix toute floriſſante, & leur Orai ſon eſt diĉe Lirioeſſa. Liria, en Crec, ſil men ſouuient bien, ſont fieurs. Et ce q̃ tu voys que ce vieulx Hercules tire de ſa langue tous ces hommes liez par loreil= le, ce neſt autre choſe en ſignificatiō que langage aorne, & de ce ne te doibs eſ= bahir, quant tu ne ignores que la langue a certaine acointance aux oreilles. Et ce ne doibt eſtre a reproche que ſa langue eſt percee. Car iay ſouuenance quen voz comedies ya des metres iambicques qui diſent, que les hōmes qui ſōt grās caqueteurs ont tous la langue percee. Et pource nous Francois auons ceſte opi= niō en ſomme, que quelconque choſe que Hercules face, il le faiĉt par ſa faĉō= dite & beau langage, Comme vng homme ſage qui ſcaiĉt perſuader en ſoubz= metant a luy ce quil veult. Les fleches de la trouſſe, ſignifiet ſes raiſons, qui ſōt agues penetrantes, & legieres, en tranſperceant noz courages & voluntes. Et pource entre vous Grecs diĉtes que la parolle eſt pennigera, Ceſt adire, empa= nee comme eſt vne fleche.

Aĩſi acheua de dire le Francois Philoſophe le quel pouuons entendre cle= remēt eſtre vng des Druydes deſquellz maints bons Autheurs font belle menſiō.

Nous voyons doncques par les motz de Lucian ſoubz leſcorce de ceſte fi= ĉtion, que noſtre langage eſt ſi gracieulx, que ſil eſt pronunce dung hom= me diſcret, ſage, & aage, Il a ſi grande efficace, quil pſuade pluſtoſt / & myeulx que le latin, ne que le Grec. Les latins & les Grecs le cōfeſſent quant ilz diſent que ceſtuy Hercules, eſtoit, Gallicus, non pas Hercules Latinus, ne Hercules Græcus.

Iay veu ceſte diĉte fiĉtion en riche painture dedans Romme au pres de la tour Sanguine, non pas loing de legliſe Sainĉt Loys, qui eſtoit fort biē di= ſpoſee en ordonance dudit Hercules, & de ceulx quil tire de ſa langue par les oreilles, vng peu myeulx ordōnee que neſt celle qui eſt au premier feuillet de Pōpone Mela commente, & a eſte imprime par vng nōme Andreas Cratan drus Baſilienſis. Cediĉt Andreas luy faiĉt tenir de la main ſeneſtre vng arc de= lachant vne fleche tandis quil tiét de ſa dextre ſa maſſue, ou il ne fault ſeulle= ment que larc tendu ſans fleche, les fleches veullent eſtre en leur trouſſe, & ſi Hercules en veult tirer, il doibt mettre la teſte de ſa maſſue a terre, & le man= che droit & debout cōtre ſon eſtomac. Et pour myeulx bailler la choſe a loeuil, Ié ay faiĉt cy deſſoubz vng deſeing, qui eſt ſelō Luciā, & ſeiō lediĉt pourtraiĉt que iay veu en Romme, & auſſi ſelon la Traduĉtion de Grec en latin que mon ſeigneur Bude a mis en ſes Annotations ſus les Pandeĉtes, aut paſſage ou eſt eſcript en texte. Ex. L. pri, De ſer, cor, §. Quod ait prætor.

SENSVYT LE DESEING DE
LHERCVLES FRANCOIS.

(marginal notes) Oraiſon, Mercure Hercules / Neſtor, Voix flo riſſante. / La lãgue a acoĩtā ce aux oreilles. / Caque= teurs ont la langue percee. / Parolle empanee / Lãgage Francois eſt tres gracieulx Notes ce cy & y en tēdes biē / Andreas Cratan= drus. / Bude,

HRE=
CV=
LES
GAL=
LICVS

LE
HER=
CV=
LES
FRAN=
COIS.

SI auec noſtre facundite, eſtoit Reigle certaine, Il me ſemble ſoubz corre=
ction, que le langage ſeroit plus riche, & plus parfaict. Et a ce ppos pour=
ce quil men ſouuient, & que ie puiſſe bailler quelque bône raiſon que Reigle ſe
y pourroit tenir, pource que ie voy communement mains perſônages tãt ſca=
uans que non ſcauans y faillir & commettre Barbariſme, & langage inepte, ie
dis que pour les preterits parfaicts on peut aſſigner telle Reigle & dire.

Notes cy
la Reigle
de Gran
maire en
Francois

Toutes & quantes fois que linfinitif ſe terminera en Re, le preterit en
tierce perſone ſinguliere doibt eſtre pfere en .it. côme Batre, batit. Faire,
feit. vaincre, vaiquit. Plaire & ſes côpoſes qui ſôt Côplaire & Deplaire en ſôt
exceptez, car il font leur preterit en eut, pleut, côpleut, & deſpleut. Boyre auſ=
ſi, & Croire, fout beut & creut. Semblablemêt Eſtre faict ſô dict. p. fut. Croiſtre
Creut, & Paiſtre repeut. Et quâteffois celluy infinitif eſt termine en .Er, le pre=
terit veult eſtre en .A. comme, Fraper, frapa. Denſer, denſa. Saulter, ſaulta, &
non frapit, Denſit, ne Saultit comme diſent pluſieurs. Cognoiſtre, & ſes ſem=
blables en terminaiſon, en ſont exceptez. car Ilz font leur prererit en Eut, com
me font les infinitifz en Oir, Cogneut, Conceuoit, côceut, Aparceuoit, apar
ceut, infinitifz en .ir. ont leur preterit en .it. Faillir faillit. Cueillir, cueillit, & nô
cueilla, ne failla comme diſent mainctz indiſcrets.

IAy faict icy ceſte petite demônſtratiue digreſſiô, affin que quelque ſtudieux
eſperit preigne lanſe de la matiere que ie luy mets deuant les yeulx.

Lunetes
des prin=
ces.
Pierre de
ſainct
Cloct.
Iehan
Lineue=
lois.
Iehan le
Maire.

Chreſtiê
de Tro=
yes.
Hugô de
Mery.
Raoul
Payſant
de.
Meſieres

QVi ſe vouldroit en ce biê fô der, a mô aduis porroit vſer des oeuures de Pi
erre de ſaict Cloct. & des oeuures de Iehâ Lineuelois qui ont deſcript la
vie Dalexâdre le grât, en lôgue ligne, q̃ Lautheur qui a cô poſe en p=
ſe le ieu des Eſchecz, dit eſtre de douze ſyllabes, & appellee Rithme Alexâdri
ne, pource que comme dict eſt, la vie Dalexandre en eſt deſcripte. Iceulx deux
ſuſdicts Autheurs ont en leur ſtile vne grande maieſte de lâgage ancien & croy
que ſilz euſſent eu le temps en fleur de bonnes lectres, comme il eſt auiourdhuy
quilz euſſét excede tous Autheurs Grecs & Latins. Ilz ont diſie, en leurs côpo
ſitions don acomply de toute grace en fleurs de Rhetorique & Poeſie ancienne
Iacoit que iehan le Maire ne face aucune inenſion diceulx, touteffois ſi a il pris
& emprunte de eulx la pluſgrande part de ſon bon langage. comme on porroit
bien veoir en la lecture quon feroit attentiuement es oeuures des vngz & des
autres. On porroit auſſi vſer dez oeuures de Chreſtien de Troyes, & ce en ſon
Cheualier a leſpee, & en ſon Perſeual quil dedia au Conte Phelippe de Flan
dres. On porroit vſer pareillement de Hugon de Mery. en ſon Tornoy de
Lentecriſt. Tout pareillement auſſi de Raoul en ſon Romant des Elles. Pay
ſant de Meſieres neſt pas a depriſer, qui faict maintz beaux & bons petitz cou
pletz, & entre les aultres, en ſa Mule ſans frein. Iay nagueres veu & tenu tous

ces fufdictz reuerendz & anciens Autheurs efcriptz en parchemain, que mon　　Frere Re
feigneur & bô amy Frere Rene Maffe de Védofine, Chroniqueur du Roy ma　　ne Maffe
liberallement & de bon cueur monftre. Il en vfe fi bien a parfaire les Chroni=　　Chroni=
ques de France, que ie puis honnieftement dire de luy.　　queur du
　　Cedite Romani fcriptores, cedite Graij.　　Roy.
" Nefcio quid maius nafcitur Iliade.
" Arriere arriere Autheurs Grecz & Latins, de Rene maffe naift chofe plufbel=　　Arnoul
le & grande que le Iliade. On pourroit en oultre vfer des oeuures de Arnoul　　Graban.
Graban, & de Simon Graban fon frere. Dantes Aligerius Florentin, comme　　Simon
dict mon fufdict bon amy frere Rene Maffe, faict honorable mention dudict　　Graban.
Arnoul Graban. Et dicelluy Arnoul ay veu en lesglife des Bernardins de Pa=　　Dantes.
ris vng Tableau au quel ya vne Oraifon a la vierge Marie, qui fe commance
En proteftant. & les premieres lettres des verfetz du dernier Couplect côtien=
nent fon nom & furnom qui font. Arnoldus Grabâs me. Qui porroi. finer des
" Oeuures de Neffon, ce feroit vng grant plaifir pour vfer du doulx langage qui　　Neffon.
y eft contenu. Ie nen ay veu que vne Oraifon a la vierge Marie q¹ fe treuue
imprimee dedens le Calendrier des Bergiers de premiere Impreffion. La der=
niere Impreffion ne la contient pas, & ne fcay pour quoy. Alain Chartier, &　　Alain
George Chaftellain Cheualier font Autheurs dignes defquelz on face freque=　　Chartier
te lecture, car ilz font trefplains de langage moult feignorial & heroique. Les　　George
Lunettes des princes pareillemêt font bonnes pour le doulx langage qui y eft　　chaftelai
contenu. On porroit femblablement bien vfer des belles Chroniques de Fran　　Lunettes
ce que mon feigneur Cretin nagueres Chroniquer du Roy a fi bié faictes, que　　des prin=
Homere, ne Virgile, ne Dantes, neurent onques plus dexcellence en leur ftile,　　ces.
quil a au fien. Et pour monftrer que noftre dict lâgage Francois a grace quât　　Cretin
il eft bien ordonne, ien allegueray icy en paffant vng Rondeau que vne fem=　　eft icy ex
me dexcelléce en vertus, ma Dame Détragues a faict & côpofe fe dict on. Pa　　aulfe en
reillement deux bôs petits enfeignemês, defqlz ie ne cognois les Autheurs, &　　louange.
renuoyray les bons efperits aux aultres bons oeuures Francois, pour y faire ce　　Homere.
que Virgile faifoit iadis en lifant es Oeuures de Ennius, Extrahere aurum de　　Virgile.
" ftercore, Tirer lor de dedans vng fient. & de Homere, Extorquere clauam de　　Dantes.
" manu Herculis. Ofter & aracher la maffue de la main Dhercules. Le fufdict　　Ma Da=
Rondeau eft tel quil fenfuyt.　　me Den=
　　tragues.
　　Virgile.
Pour le meilleur, & plus feur chemin prandre.　　Rôdeau
　Ie te confeille a Dieu aymer aprandre.　　trefbel &
Eftre loyal de bouche, cueur, & mains.　　notable.
Ne te vanter, peu moucquer, parler moings.
Plufque ne doibs fcauoir ou entreprande.

Fors tes fubiectz ne te chaille reprandre.
　Trop haultains faictz ne te amufe a comprendre,
Et cherche paix entre tous les humains.

　　Pour le meilleur.

Vng don promis ne faiz iamais attendre.
　Et a fcauoir fans ceffer doibz pretendre.
Peu de gens fays de ton vouloir certains,
A ton amy ne diffimule ou tains.
Bien me plaira fi a ce veulx entendre.

LE PREMIER LIVRE,

Pour le meilleur.

Le premier fufdict enfeignement eft tel quil fenfuyt.

Deux beaulx éfeignemens

SI tu as maiftre, fers le bien.
Dis bien de luy, garde le fien.
Son fecret fcele, quoy quil face.
Et foyes humble deuant fa face.

Laultre enfeignement.

NE feuffre a ta femme pour rien.
Mettre fon pied deffus le tien.
Le lendemain la bonne befte.
Le vouldra mettre fus ta tefte.

Entēdez icy biē attētiuemt.

SIl eft vray que toutes chofes ont eu cōmancement, il eft certain que la langue Grecque, femblablement la Latine ont efte quelque temps incultes & fans Reigle de Grammaire, comme eft de prefent la noftre, mais les bons Anciens vertueux & ftudieux ont prins peine, & mis diligéce a les reduyre & mettre à certaine Reigle, pour en vfer honneftement, a efcripre & rediger les bonnes Sciences en memoire, au proufft & honneur du bien public.

Ennius.

AV temps du pere des Poetes latins Ennius qui difoit en fon gros langage auant que fa langue Latine fuft purifiee,

Lucreti⁹

Vulturis in fyluis miferum mandebat homonem.
Et au tēps du Poete Philofophe naturei Lucreti⁹, qui difoit en fon p̄mier liure

Plaute,

Vifceribus vifcus gigni, fanguemq; creari.
Semblablement au temps du Poete Comicque Plaute repute & appelle le delice des Mufes, qui difoit en fa Comédie nommee Caffina. Non ergo iftud verbum empfitē titiuilitio. Et vng peu apres. Facite voftro animo volupe. Pareille

Homonē Sanguen Emplitē. Volupe. Protinā.

ment, Hac dabo protinā, & fugiam. On ne parloit ne efcripuoit encores regulierement, ne grammaticallement, en tant que depuis on a fi bien poly la dicte langue Latine, que fe feroit auiourdhuy honte & afnerie de dire Homonē, Sāguen, Empfitem, Volupe, & Protinam. Semblablement mille aultres facons

Hieronyme auāce Ofcus,& Volfcus.

de dire que Hieronyme Auance natif de Verone allegue au comancement des fes annotatiōs quil a trefdiligentemēt faictes fus les oeuures du Poete ancian nomme Lucretius, que ie laiffe aux curieulx & amateurs dantiquite, & de laqlle chofe on peult amplement veoir & lire en vng Dialogue intitule, Ofci & volfci Dialogus ludis Romanis actus.

Nōs dautheurs anciens en la langue Latine.

QVant Donatus, Seruius, Prifcianus, Diomedes, Phocas, Agreftius, Caper, Probus, & les aultres bons Autheurs femblables furent venus, ilz la polyrent & mirent en fi bōne ordre, que depuis a toufiours de bien en myeulx augmente en fa perfection, fi bien que les Romains qui ont eu domination fus la plufgrande partie du mōde, ont plus profpere, & plus obtenu de victoires par leur langue que par leur lance. Pleuft a Dieu que peuffions ainfi faire, non pas pour eftre Tyrans & Roys fus tous, mais en ayant noftre laugue bien reiglee, peuffions rediger & mettre bonnes Sciences & Arts en memoire & par efcript. Ie voy que fi nous voulons fcauoir quelque Science, il la nous fault mandier & prendre quafi furtiuement des Grecz & des Latins, & eulx nont q̄ faire de nous, ne de ce que pouuons fcauoir. Noftre langue eft auffi facile a reigier et mettre en bon ordre, que fut iadis la langue Grecque, en la quelle

ya cinq diuerſites de lãgage, qui ſont la langue Attique, la Dorique, la Aeoli
que, la Ionique, & la Comune, qui ont certaines differences entre elles en
Declinaiſons de noms, en Coniugatiõs de verbes, en Orthographe, en Ac=
centz & en Pronunciation. Cõmme vng Autheur Grec nomme Ioãnes Grã=
maticus, & pluſieurs autres traictẽt & enſeignent treſamplement. Tout ainſi
pourrions nous bien faire, de la langue de Court & Parrhiſiene, de la lãgue Pi
carde, de la Lionnoiſe, de la Lymoſine, & de la Prouuenſalle. Ien dirois au=
cunes differences & accordances, ſe neſtoit que ie ne veulx icy eſtre trop long,
et que ie laiſſe a plus expertz que moy eulx y employer.

En Grec
ya cinq di
uerſes lan
gues par
reigle.
Ioannes
Grammā
ticus.

IE ne fais doubte que aulcunes fois ne ſetreuue des motz nouueaulx en no=
ſtre langage, & comme dict Horace en ſon Art poetic.

Multa renaſcentur, quæ iam cecidere, cadentq;
Quæ nunc ſunt in honore vocabula, ſi volet vſus.

Beaucoup de Vocables renaiſſent, qui ſont pieca delaiſſez, & ceulx qui ſõt au
iourdhuy en cours, ſerõt de rechief aboliz ſi luſage le veult. Luſage & le temps
aportent & emportent beaucop de vocables vieulx & nouueaulx: & pource dit
Pontan en ſon premier liure De aſpiratione. Aetas enim ex Meſſana, Meſſa
Iam fecit. Ex valeſio valerium, ex fuſio furium. Ex ſclitibus lites, ex ſcloco locũ.
Ex remulibus lemures, ex fordeo ordeum. Ex caſſantra caſſandrã, Ex eo quod
erat odyſſeus vlyſſem, ex lebero liberum. Ex here heri, ex ſibe ſibi. Ex coerauit
curauit. Itemq; ex voloce veloce. Ex accuſatiuo mee me, ex duello bellum. Ex
aiio in quo duplicabatur I. aio. Ex cõ perce cõpeſce, ex creduis credas. Ex duis
des, ex heſprug heſpruginem, & mille talia.

IE laiſſe toutes ces choſes, & reuiens a noſtre ,ppos des lettres, mais il me ſem
ble neſtre inutile, ſi premierement ieſcriptz icy de leur origine & inuention
ſelon que ie puis lire en diuers Autheurs, tant Anciens que Modernes.

LInuention des lettres a eſte diuerſe, ſelon diuerſes opinions. Priſcian dict,
que les Chaldees en ont eſte premiers inuenteurs. Lactance dict en ſes Di=
uines inſtitutions, que les Egyptiens les ont premierement excogitees, & deſi=
gnees, comme toutes aultres bonnes choſes, tant mecanicques que ſpirituelles
quilz ont inuentees, & ce pour la grace de la temperance de leur Ciel & Terre
ou ilz habitent. Auſſi ſe diſent ilz auoir eſte les premiers hommes. Lopinion de
Platon eſt, que les lettres ont eſte eternelles, comme il cuydoit que le Monde
fuſt eternel. Pline auſſi au. LVI. chapiſtre du ſeptieſme liure de ſon hiſtoire na=
turelle, eſt dopinion quelles ont touſiours eſte Aſſyriennes, neaumoingz il en
allegue diuerſes opinions. Ioſephus, Pompouius Mela & le Poete hiſtorien
Lucain, ſont dopinion que les Pheniciens qui ſont en Syrie, ont inuente les
dictes lettres. Lucain dict.

Priſcian.
Lactãce.

Les pre=
miers hõ
mes.
Platon.
Pline.
Ioſeph⁹
Põponi⁹
Mela.
Lucain.

Phœnices primi, famæ ſi creditur, auſi
Manſuram rudibus vocem ſignare figuris.

Ceſt a dire, Les Pheniciens, ſil eſt vray ce quon dict, ont eſte les premiers
qui ont voulu faire areſter la voix des hommes en figures deſcripture & en
lettres. Le ſuſdict Ioſephus a laiſſe par eſcript que les enfans d’Adam inuen=
terent les figures & caracthéres des lettres, & quilz les eſcripuirent en deux co=
lomnes, en delaiſſant a cognoiſtre a leurs poſterieurs les innumerables maulx,
grandes aduerſites & tribulations qui debuoient aduenir. Habraam lancien
Philoſophe, & le prince des ſouuerains Patriarches, ſelon lopinion daulcuns

a este le premier inuentenr des lettres. Mofes, felon les aultres opinions, bailla premier aux Iuifz la cognoiffance dicelles. Defquelz Iuifz les Pheniciens en prindrent la notice, & puis les Grecz defdictz Pheniciens. Cadmus, felon Cornele Tacite, & felon Pline au fufdit Chapiftre & liure, les a bailles aux ditz Grecz. Quite Curfe en fõ.IIII. liure dit que les habitãs de la Cite de Tyrus les ont premiers fceues ou enfeignees que nulz aultres, quant il dit.

Tyrus, fi famæ libet credere, literas prima aut docuit, aut didicit. Ceft a dire, La Cite de Tyrus, fi on veult croyre ce quon dit, a la premiere enfeigne, ou a= pris les lettres. Hercules, cõme dit Cicero en fon liure de la nature des Dieux, les a baillees aux Phrygiens. Nicoftrata, qui fut autremét nommee Carmétis, cõme dit Cornele Tacite, les aporta de Grece aux Latis. Sainct Cipryan mar tyr dit q̃ Saturne les aporta premier en Italie, & enfeigna les eftamper en mon noye. Sainct Hierofme recite q̃ Efdras apres la Captiuite des Hebreux, pour= ce quelles eftoient perdues, les inuéta, & les feit en aultres figures & characte= res que lefditz Hebreuz ont encores auiourdhuy en vfage.

IE dirois volũtiers qui ceft qui les inuéta ne aporta en Frãce, mais nous fom mes fi pouures hiftoriens & executeurs de bõnes lettres, q̃ ie ne puis cognoi= ftre affes bon autheur qui en aye fuffifammét laiffe memoire. Gaguin touteffois a dit au.IIII. liure de fes Chroniq̃s de France, q̃ au téps du Roy & Empereur Charlemaigne, quatre difciples du venerable Beda, qui eftoient nõmes Clau dius, Ioãnes, Rabanus, & Alcuinus, vindrent cy en Paris, & comãcerent a en feigner lettres en fen faifant paier, & q̃ pour lors luniuerfite y prit comãcemét Mais il ne repugne point quil ny euft par auãt exercice de lettres & defcripture Long temps auant q̃ Iules Cæfar vint en Frãce, les Philofophes nommes les Druydes, eftoiét au territoire de Chartres, en vng lieu quon apelle encores au= iourdhuy Dreux, & y enfeignoiét tous venãs, en leur faifant aprendre par me= moire innumerables milliers de mettres. Ie ne puis bõnemét icy dire ne affeurer en q̃lle forte de lettres ilz enfeignoient: fi en lettres Hebraiques, en Grecques, Laties, ou Frãcoifes: mais touteffois il ya apparéce q̃ ceftoit en lfres Grecques en tant q̃ Cæfar le tefmoigne au fixiefme liure de fes cõmétaires, & q̃ leur nom auffi qui eft Δρυιδαι, eft grec, le nous mõftre. Ie puis auffi faire cõiecture q̃ les lettres Hebraicques y ayent eu cours par auãt. Car iay veu vne grande pierre en lhoftel de Fefcamp fitue eu Lnniuerfite de Paris, ou font grauees maites bõ nes lfres Hebraicques. Pareillemét ien ay veu deux aultres pierres auffi graue= es en Hebreu, qui font en la muraille de la court de la maifon ou pend lẽfeigne de trois boittes, affize en la rue de la Harpe, droit deuant le bout de la rue du foing. Ien ay veu auffi vne auitre prés les Cordeliers, qui fut trouuee en la pla= ce ou eft de prefent edifiee vne maifon neufue qui eft entre la porte de Luniuer fite pour fortir a fainct Germain des pres, & lefditz Cordeliers, & de pfent y eft encores a demy efcripte, pour autãt quõ la retaillee. Et la faict on feruir foubz vng efgout. Ie ne doubte quil ny en aye beaucoup daultres femblables q̃ ie ne puis auoir veues, qui font en maifons par cy & par la encores muffees en terre.

LEs bonnes lettres Hebraiques & Grecques furent abolyes par Iules Cefar Car luy & les Rommains eftoient fi gormans & grans ambraffeurs de gloi= re, quilz ne vouloient feullement vaincre les Royaulmes & Nations, mais en deftruyffant Loix, Coftumes, Vfages, & toutes aultres bõnes chofes, & en de= moliffant Epitaphes, & Sepulchres. Ilz vouloient que leurs victoires & arro= gances fuffent mifes en memoire par leurs lettres Latines, cuydant exceder la langue Grecque, la quelle chofe ilz nont peu faire en tant que la dicte lãgue

Mofes.
Cadmus.
Cornele
Tacire.
Pline.
Q. Curfe.
Tyrus.
Hercules
Cicero.
Nicoftra
ta.
Carmétis
S. cipryã
Saturne.
S. Hiero.
Efdras.

Gaguin.
Charle=
maigne.
Beda le
venera=
ble, & fes
difciples.
Iules Cæ
far.
Les Dru
ydes efto
iét au ter
ritoire de
Chartres
Dreux.
Δρυιδαι

Lfres He
braiques
abolyes
par Iules
Cæfar.

Grecque est de lettres myeulx ordõnees, en sorte quelle est sans comparaison
plus fertile, abundante, & florissant que la leur Latine.

Les Grecz ont este Autheurs aux Latins en toute maniere de doctrine, tesmoig Priscian qui dict au premier liure de son art de Grammaire, au tiltre
,, De accidentibus literæ.quant il dit. Porro Greci quibus in omni doctrina au=
,, thoribus vtimur Les Grecz, dit il, sont noz auteurs en toute sorte de discipline　　**Priscian.**

Avant que le dit Cesar vint icy, & y traynast sa dicte langue Latine, les let
tres Grecques y pouuoiẽt estre, & de faict elles y estoient en cours, cõside=　　**Baptiste**
re que long espace de temps, & grant nombre dans par auant, comme dit Ba=　　**Matuan.**
ptiste Mantuan en vng de ses liures quil a faict en descriuãt la vie de sainct De　　**Hercules**
nis, quãt Hercules alla oultre Espaigne aux iardins des Hesperides, passa par
ceste contree, & quant il fut en lisle de ceste cite de Paris, il print si grant plaisir　　**Seyne.**
a voir le pais & la riuiere de Seyne, quil y commenca a edifier, puis sen volant
aller oultre a ses entreprinses, y laissa vne bande & compaignie de ses gens dar=　　**Parrha-**
mes qui estoiẽt appellez Parrhasians selon le nom de leur pais en Grece du co=　　**sians.**
ste Dasie, qui est nommee Parrhasia. Iceulx Parrhasians laisserẽt leur nom icy　　**Parrha-**
et en mutation de A.en I.les habitans de ceste dicte Cite ont este, & sont enco=　　**sia.**
res dictz & appellez Parrhisiens.　　**Parrhi-**
siens.

Doncques iceulx Parrhasians demourãs icy, edifierent en la dicte isle, &
commancerent soubz bon & prospere horoscope ceste noble cite de Pa=
ris qui est auiourdhuy myeulx que Athenes nestoiẽt au temps passe, la fontaine　　**Paris, &**
de toutes sciẽces. La monioye de toute vertu. Le theatre de nobles personages　　**ses louan**
Lexcellence de bõs esperitz. Le sanctuaire de deuotes ames. & le tresor de to⁹　　**ges.**
biés. A lhõneur de la quelle ie veulz icy tresuoluntiers alleguer aucuns beaulx
metres du poete Architrenius ainsi que Baptista pius le tesmoigne en ses An=　　**Architre**
notations au Chapitre.LXIII.quant il dict.　　**nius.**
,, Altera regia phœbi　　**Baptista**
,, Parrhisius. Cyrrhea viris, Chrysea metallis.　　**pius.**
,, Græca libris. Inda studijs. Romana poetis.
,, Attica terra sophis. Mundi rosa. Balsamus orbis.
,, Sidonis ornatu. Sua mensis, & sua potu.
,, Diues agris. Fœcunda mero. Mansueta colonis.
,, Messe ferax. Inoperta rubis. Nemorosa racemis.
,, Plena feris. Piscosa lacu. Volucrosa fluentis.
,, Munda domo, Fortis domino. Pia regibus. Aura
,, Dulcis. Amœna situ. Bona quælibet. Omne venustum.
,, Omne bonum. Si sola bonis Fortuna faueret.

Cest a dire, Paris est vne admirable maison Royalle, en la quelle ordinai=　　**Louãges**
rement le beau soleil inspire son gratieulx & diuin aspect, en y rendat innume　　**de paris.**
rables bons esperitz dedies aux Muses, cõme estoiẽt iadis en la cite de Phocis
en Grece, nõmee Cyrrha. Paris abunde en toutes especes de nobles metaulx,
& est vne droicte Grece en multitude de liures. vng vray pais Dinde en hõnes
sciẽces & estude. vne segonde Rõme en poetes. vnes Athenes en sauãs hõmes
Paris est la rose du mõde, & le baulme de luniuersel firmament. Paris est vne se
gonde cite de Sidon en tout aornemẽt, abundãt en toute maniere de victuail=
les & bõs breuages. Riche en chãps laborables. Fecunde en pur vin. Et doulce
en ses habitans. Tresfertile en toute qualite de bons bledz. sans runces, & sans
inutiles buyssons. Tresabundante en vignes, treilles, & resins. Plaine forest de
bestes a venoison, & vraye source de tout bon poisson. Entrelacee de sa belle ri
uiere Seyne. Necte en son manoir, Forte en son seignr, Reuerẽte & amyable a

ſes Roys. Gratieuſe en ſon bel & doulx air. Delectable en ſon aſſiette . Bref,
en Paris eſt toute venerable honeſtete, & treſor de tout bien, ſi fortune y viſoit
touſiours bié.

Baptiſte Mãtuan
LE ſuſdit Baptiſte Mantuan introduyt ſainct Paol parlant a ſainct Denis,
et diſant au ſuſdit lieu allegue.

Venies duce flumiue tandem
Parrhiſios gentem veſtris quæ traxit ab oris
Et genus & nomen.ſed primæ barbara non am
Lingua notam vitio fandi ſuccedere fecit.

Ceſt a dire.Tu iras dit ſainct Paol a ſainct Denis, le lõg du beau fleuue nõme la Seyne iuſques aux Parrhiſiés, qui ont prins origine & nom dune de
voz natiõs de Grece. Icelle nation eſtoit ditte Parrhaſiane, mais luſage de par
ler a mue la premiere lettre Abecedaire qui eſt A, en la neufuieſme qui eſt I, &
dit on Parrhiſiane.

Conſide-rez bié ce qui eſt icy dict.
IE puis de rechief dire par bõne raiſon que leſdittes lettres Grecques ont icy
eſte auant que les Latines, quant encores auiourdhuy en auõs des vocables
et dictions en luſage de noſtre langage Frãcois qui ſont plus Grecques que La
tines. Cõme ſont Paradiſus, Angelus, Cygnus, & mille autres au quelles peu
de gens prenent garde pour faulte que noſtre langue neſt pas miſe par reigle.

Paradiſ⁹ Angelus
NOus appellons vng beau iardin Paradis terreſte, dõques ceſt Paradiſus.
Vng ange neſt autre choſe que vng meſſager qui eſt dit en latin Nuncius
Parquoy doncques Angelus ou totallemét dict en Grec Αγγελοσ, & Ange,
ſont plus prouchains & ſemblables que ne ſont Nuncius & Ange. Pareillemét

Cygnus.
Cygnus , ou Κυγνοσ eſt plus prouchain de ceſte diction Frãcoiſe Cygne, que
de la Latine qui eſt Olor. Toutes fois qui ne me vouldra croyre de ce q ien viés
de dire, ſi ſen aille eſbatre a lire au Cinquieſme liure De Aſſe, au comancement
du fueillet.CXCV.de lipreſſion de Venize quon dit Aldine, & il verra comét

Bude.
monſeigneur Bude teſmoigne elegáment que les noms des meſures de ceſte no
ble cite de Paris pour la pluſgrant part ont encores leurs noms aupres du Grec

Cheopi-ne & Pin te ſont ti-rez du Grec.
cõme ſont, Cheopina, & Pinta. Cheopine, & Pinte.Melodia, eſt pluſpres du
langage Frãcois, Melodie, q̃ neſt Concentus. Ien porois alleguer vng millier
de ſemblables & pl⁹ cuidens, mais aidãt nře ſeigñr ce ſera pour vne aultre fois.

Gaguin.
GAguin a eſcript au.IIII.liure de ſes Chroniques, q̃ les liures q̃ ſainct Denis feit de la Hierarchie celeſte, & qui feurét enuoyes de lépereur de Cõ-
ſtantinoble nõme Michael au Roy Loys le piteable filz & ſucceſſeur de Char

Michael. Lempe-reur. Loys le piteable. Nõs dau theurs ru des & ari-des en lã-gue latie.
lemaigne, eſtoient eſcriptz en Grec. Parquoy dõques lettres Grecques ont icy
eu cours auant que les Latines, entendu quelles eſtoient plus eſtimees, & q̃ les
dictes Latines eſtoient en ce temps la encore en leur gros & rude ſtile cõme on
peult iuger cleremét par les ſcripteurs & autheurs de ce dict téps. Cõme eſtoiét
Greciſmus, Tardiuus, Alanus de parabolis, Floretus, Compotus, Alexander
de villa dei, & mille aultres qui ne valent pas le rememorer pour la rudete & du
re langue quilz auoient en leur compoſition plus latineuſe que latine, ceſt a dire, ſans elegance, & ſans fleur de Rhetorique.

Leuãgile du iour .le la feſte
OVltre plus, quant ſainct Denis, ſainct Ruſtic, & ſainct Eleuthere vindrét
Dathenes en Paris enſeigner la foy Creſtiéne, cõme Grecz quilz eſtoiét
lenſeignoient pluſtoſt en Grec quen latin, en memoire de quoy nous voyons
encores auiourdhuy que le iour de la feſte ſainct Denis, les Religieux de leſgliſe & conuent de Labbaye ſainct Denis en Frãce chantét leuangile de leur grã-

de meſſe en Grec.Parquoy replique qui repliquer vouldra, me ſemble que les langues Hebraique & Grecque ont icy eu cours auant que la Latine , & que ce qui a tant augmente la dicte Latine,na eſte que larrogáce & inſatiable auarice des Romains qui ont voulu totallement eſtaindre les ſuſdictes bonnes/anciennes/& diuines langues, & mettre la leur au deſſus, qui eſt beaucoup moindre en toute ſorte de perfection,comme peuuent bien iuger ceulx qui cognoiſſent que ceſt de toutes les trois,ou ſeullement de la Grecque & Latine. Monſeigneur Bude Diamant & Perle entre les ſcauans & bien lettrez Parrhiſiens,a treſelegamment eſcript de la conference des lettres Grecquez & Latines, au premier liure de ſon bel Oeuure intitule De aſſe. & y peult abundamment contenter les deſirans ſcauoir plus amplement de ceſdictes lettres Grecques.

ſainct Denis é chátee & dicte en Grec,a legliſe ſainct Denis en France. Linſatiable auarice des Romais. Bude.

SI ieuſſe peu trouuer mention par eſcript de noz ſuſdictes lettres de Forme et Baſtarde,ou comme iay cy deuant dict, ſi ien euſſe peu trouuer homme qui men euſt volu & peu enſeigner,ie les euſſe miſes en ordre ſeló leur deue proportion,mais aidant noſtre ſeigneur ce ſera pour vne aultre fois.A ceſte heure icy ie traicteray ſeullement des lettres Attiques , quon appelle vulgairement lettres Antiques, & abuſiuement lettres Romaines. Mais auát ce ie prie aux bons eſtudians & vrays amoureux de bonnes lettres, quilz me pardonnent ſi iay eſte cy deſſus vng peu long en faiſant digreſſion pour deplorer la ſterilite de noz mains qui ſont trop mal ſoigneuſes a bien eſcripre.

Lſes Attiques,& raiſon dicelles.

LEs dictes lettres Attiques ſont deuement nommees Attiques, & non Antiques,ne Romaines : pource que les Atheniens en ont vſe auant que les Romains,ne homme de leur Italie,combien que leſdictz Romains & Italiens en ont faict leurs monſtres en leurs ſumptueux Palaix, & Arcs triumphans,cóme on peut encores veoir dedans Róme aux ruynes quon voit par cy & par la enuyronnees de Canetieres en la pluſgrande partie de la dicte Romme.

Entédez bien icy & retenes Canctietes en Romme.

IE veulx icy dire vne choſe incogneue a beaucoup de gens deſtude,combié que ie ſcay quil y en ya dix milliers plus ſcauans que ie ne ſuis. Ceſt que ceſte preſente & dicte lettte Attique a eſte inuentee en vng pais de Grece nomme Ionie.qui eſt comme dict Pompone Mela en lextremite Daſie la mineur, entre Carie, & Eolie.Ioniens lont premieremét inuentee, figuree, & proportiónee.Mais les Atheniés qui ont eſte ſeigneurs & dominateurs de toute Grece,lont miſe en vſage & honneur, ſi bien quelle en a & retient encores le nom. Qui ſoit vray que les Ioniens ayent inuente ceſdictes lettres Attiques, & que les Atheniens nen ont ſeullemét vſe,mais toutes aultres Nations.Pline dict a la fin du.VII.liure de ſon Hiſtoire de la nature des choſes, au.LVII. Chapiſtre.Gentiũ conſenſus tacitus primus omniũ conſpirauit, vt Ionum literis vtentur.Ceſt a dire,Luniforme conſentement de toutes nations, eſt condeſcendu que toutes gens vſeroient des lettres des Ioniens. Linuention dicelle a eſte conuertie en fable,comme les Grecz auoient de couſtume faire en toutes choſes,comment on peut veoir aſſez amplamment en Boccace,au Liure de la Genealogie des Dieux.

Ionia. Pópone Mela. Pline.

ILz ont fainct que Iupiter fut vne fois amoureux de la fille du Roy Inachus,en telle ſorte que pour en auoir ſon ſingulier plaiſir lenuyronna toute de tenebres, mais Iuno ſeur & femme du dict Iupiter voyant ces tenebres,

Pline. Belle fable a bié cóſiderer

C.j.

comme ialouse ꝗlle estoit, se doubta bien du cas, & descend de lair en bas pour veoir que signifioient ces tenebres pour lors estans en plain iour. Parquoy Iupiter la voyant venir, pour celer son faict, mua son amoureuse en forme dune belle ieune vache. Touteffois Iuno ne laissa son propos, & vient couuertemēt a louer la beaulte de ceste vache, tāt quen fin la demande a son mary pour don. Iupiter se voyant bien empesche de sexcuser, ne luy peut refuser, & luy donne. Quant elle ia tient pour sienne, elle len remercye. Et incontinent pour se venger de son iniure elle la baille en garde a son Bergier nomme Argus, qui auoit au visage, & par toute la teste cent yeulx qui ne dormoient iamais tous ensemble, mais deux a deux tādisque les aultres veilloient. Iceluy Argus la tractoit duremēt en la battāt souuent de sa grosse massue, luy ruāt a la teste, a la queue, et aux iambes pierres & cailloux, la pourmenant ca & la durant la grande chaleur du Soleil, pour la faire poindre & mordre aux frelons & grosses mouches. Puis la ramenant battant en son tect, ne luy donnoit a menger ꝗ des escorces ameires, & dures branches darbres. La pouurette eust voluntiers dict ses infortunes audict Argus, mais en lieu de vouloir parler elle mugissoit, & le regardoit plourant a grosses lermes. Iupiter voyāt laduersite de samye, & la peruersite de Argus, vng iour conuertit son messager Mercure en forme de Bergier gardāt chieures & brebis, & lēuoya vers iceluy Argus qui estoit aux champs & vallees ou il gardoit rigoureusement sa dicte vache. Mercure sen vient tout bellement amenant son troupeau, & iouant de ses chalemeaulx tresarmonyeusement, si bien que Argus lappelle pour sen venir repouser sus lherbe au pres de luy en lumbre dune roche ou il estoit assis & estandu. Mercure vient & le salue, puis apres auoir vng peu parlemente, & demande lung a lautre de la bonne fortune, il se prent a iouer de ses susdictz Chalemeaulx encores myeulx ꝗ par auant, tellement ꝗ Argus y prent grant plaisir. Touteffois Mercure pour myeulx venir a son entēte cesse, & se prent a parler & deuiser de la louāge de Musique, si bien quil luy mect en volunte de scauoir iceluy Art, & iouer des Chalemeaulx. Alors Argus esmeu des parolles de Mercure, le prie affectueusemēt quil ioue de rechef de sesdictz Chalemeaulx, laquelle chose il faict incōtinēt, et ioue de si grant Art & si melodieusemēt, qui le faict descendre en si grant sōmeil, ꝗ tous ses yeulx, qui estoient, comme est ia dict, cent en nombre, se vont tous endormir tresparfondement, & tantost Mercure prent son Bracquemard et luy trenche la teste

L A belle vache voyant quelle estoit deliuree de celuy qui tant la tourmentoit, fut bien aise, & prent sa cource, sen allant au long & au large par cy par la, tant ꝗlle vient en vng endroit ou son pere Inachus estoit mue en Dieu de fleuue, quon dict aultrement, en Dieu Marin. Iceluy Inachus ne cognoissant linfortune cas de sa fille, mais pēsant que ce fuste vn vraye vache, luy tendoit plaines mains de doulces & odoriferentes herbes, & la sadeyoit amyablement en luy touchant & la pariāt de ses diuines mains par le front, par le dos, et par les costez, iusques a ce que en allant & venant entour elle, il veit le nom de sa fille escript au pas & en la place ou auoit presse le pied de celle belle vache qui est de deux lettres seullemēt I. & Ω. au nom de laquelle le pais a este nōme Ionia, & les habitans Ioniens.

Q Vant Inachus veit ainsi le nom de sa fille, & cogneut ꝗlle estoit muee en Vache, il se print a escrier. Ma fille / & chere amye, ie tay, ia long temps a tant cherchee par mōs & par vallees, & iamais ie ne tay peu trouuer

Argus.

Mercure
en forme
de Bergier.

I Ω.
Ionia.

mais ne penfant a cefte fortune/ ie tay rencontree, & fans y pencer aperceue.
Ouide Nafon vng peu deuāt la fin de fon premier liure de fes trāffiguratiōs
et fables poeticques, intitulees Metamorphofis, defcript trefeleg ̄ment toute
cefte fable cōme il a de belle couftume. Ie laleguerois icy volūtiers toute, pour
lingeniofite dōt elle eft plaine, mais ie ferois trop lōg, touteffois ien efcripray
cy vne partie, & diray ainfi.

» Decerptas fenior natæ porrexerat herbas,
» Illa manus lambit, patrijfq; dat ofcula palmis.
» Nec retinet lachrymas, & fi modo verba fuperfint.
» Oret opem, nomenq; fuum, cafufq; loquatur.
» Littera pro verbis quam pes in puluere duxit.
» Corporis indicium mutati trifte pergit.
» Me miferum exclamat pater Inachus, inq; gementis
» Cornibus & niueæ pendens ceruice iuuencæ.
» Me miferum ingeminat, tu ne es quæfita per omnes
» Nata mihi terras: tu non inuenta reperta es.

Ceft a dire, Inachus ia vieulx & ancien tendoit des herbes cuyllees/ a la belle
ieune vache fa fille, la q̄lle luy lechoit & baifoit les mains en ne fe pouuāt con
tenir de lermoyer & plourer. Si elle euft peu parler, volūtiers euft demāde aide.
et euft dict fon nom, en recitant fes infortunes, mais lefcripture q̄ fon pied feit
en marchant fus la pouldre, fut manifefte indice de la trifte mutation de fon
beau corps de vierge en vache. Incontinent q̄ fon pere Inachus aperceut la
dicte efcripture, il fe prent a efcrier en fe pendāt & apuyāt fus les cornes de fa
fille gemiffant & eftant en forme de ieune vache blanche. O miferable miferable q̄ ie fuis, dict Inachus, helas ma fille ie tay cherchee par inumerables lieux
et places, & iamais ne tay peu trouuer, q̄ a cefte heure que ie tay rencontree.

Iehan Boccace hōme nagueres treffcauāt & ftudieux, a laiffe p efcript bien   Iehan
au long toute cefte fable en fa Genealogie des dieux au. VII. liure, & Cha=   Boccace.
pitre. XXII. en lexpofāt bien hōneftemēt au fens moral, cōme pourrōt veoir
ceulx qui vouldrōt vifiter le lieu allegue. Mais en ceft endroit, & a mon ppofie
la moraliferay cōme ie lentens, & croy quon y trouuera de la raifon.

Doncques, nous entendrōs par Iupiter qui fut amoureux de la belle fille   Moralite
de Inachus, que ceft lair & gracieux habitacle qui eft au pais de Ionie, au   de la fa=
quel bons efperits ont eu vigueur a inuēter Ars, Lettres, & Sciēces, cōme no⁹   ble de Io
voyons q̄ lair de Paris eft beaucoup plus nect, doulx & amyable quen nul aul=   Lair de
tre lieu de Frāce, & q̄ toutes bōnes Sciēces, & belles vertus depuis la fondatiō   Paris eft
y ont toufiours bien floury, pfpere, & augmēte en fouueraine perfection. fi biē   nect,
que ceft le lieu qui na fon pareil en toute Creftiēte. Et qui pour vng lieu clos de   doulx, &
murs entre vnze portes ouurantes, vault plus q̄ ne vallent aucuns Royaulmes.   amyable.
Ie ne veulx pas blafmer les aultres lieux pour lexaulcer, mais il eft dict en com=
mun Prouerbe, que Paris, eft fans pareil.

Paris,
fās pareil

IE reuiens a ma moralite, & dis que pour la belle fille de Inachus, ia dicte &   Iω. eft cy
nommee Iω, nous entendrons Sciēce, laquelle eft baillee par Iuno, qui eft   entēdue
entendue Richeffe. Peu de gens paruiennent a grande Science fans aide de   pour Sci
deniers. Et pource nous voyons que poures eftudians voulantz venir a per=   ence.
fection, cherchent & fefforcent auoir quelque bon Mercenas, ou quelque   Iuno.

C.iij.

Pollio. Cest a dire, quelque homme de bien qui leur aidera a estre entretenuz
a lescolle & estude.

**Argus, &
sa signifi-
cation.**

ARgus difforme de tãt dhyeulx quauons dict, quil auoit, signifie ceulx qui
de leur rusticite & meschant scauoir persecutent les bonnes Lettres & Sci
ences de leurs meschantes doctrines arides, & sans elegãce, & depriment les tref
scauans en leur imposant nouueaulx cas pour les reculer & deprimer de toute
leur puissance. Science entre les mains de telz hommes est en captiuite, & nest

**Sciéce en
captiuite**

point repeue de doulces herbes de Grammaire, ne de fleurs de Rhetorique,
mais de dure escorce de Barbarisme, & de ameres branches de Solecisme.

Mercure

MErcure iouant de ses chalemeaulx, & coupant la teste au dict Argus, se
ra icy interprete & prins, pour lhomme diligent a enquerir la purite de
toutes bonnes lettres & vraye Science en semployãt a bien enseigner aultruy,
tant de sa parolle / que de ses escriptures, & rescindant & mortifiant les inuete=
rees barbaries des indoctes, comme nous voyõs auiourdhuy faire trois nobles

**Erasme.
Iaques
Faber.
Bude.**

personnages, Erasme le Hollandois, Iaques le feuure Destaple en Picardie,
et Bude diamant des nobles & studieux Pharrisiens, qui nuyct & iour veillent
et escripuent a lutilite du bien public, & exaulcement de parfaicte Science.

**I.& O.
sõt le mo
dele de
toutes les
aultres
lres At=
tiques.**

IE reuiens doncques a nosdictes lettres Attiques, & dis a propos de la susdi
cte fable de IΩ, que ces deux lettres cy. I.& O. sõt les deux lettres, desquel
les toutes les aultres Attiques sont faictes & formees. Le A. est faict seulle=
ment de le I Le B est faict du dict I.& de le O, brise. Le C.est faict seullemẽt
dung O. brise. Le D. dung I.& dung O, brise. Et semblablemẽt toutes les aul=
tres sont faictes de lune desdictes deux lettres, ou de toutes deux ensemble, cõ
me ie diray cy apres, & monstreray par figure & symmetrie aidant nostre sei=
gneur. On peult aussi dire que le O.est faict de le I. mais nous pouuons estimer
que le O est modele pour les panses & arondissemens de aulcunes aultres let=
tres que de luy.

**Bon no=
table.**

NOtez en passant que IΩ, pour le nom de la belle fille de Inachus veult
estre escript par Iota & Omega. Cest a dire, par vng I. vocale, & par Ω,
qui est long en quant te de syllabe metricque. mais a mon propos I O. sera es
cript par Omicron. Cest a dire, par O. bref en quantite de syllabe, pource quil
est simple lettre / & vniforme, & quil est plus conuenable a faire bonne demon=
stration pour proportionner les rotũdites des aultres lettres q̃ nest ledict Ome
ga. Lequel Omega aussi est faict dudict Omicron en lescripuant deux fois ad=
herent lung a laultre pour la raison & reigle de Grammaire, qui veult que vne
vocale longue en quãtite metricque / en vaille deux breues, & deux breues vne
longue.

IE veulx icy encores dire & escripre quelque aultre petite chose de secret a
propos que iay dict que nosdictes lettres Attiques sont toutes participan=
tes en figure / & faictes de le I.& de le O. Cest que en memoire de linuention

**Io pæan.
Io trium
phe.
Ouide.
Codrus
Vrceus.**

et perfectiõ dicelles, ce vocable I O, a este mis en vsage de Prouerbe, signifiãt
toute exultation & triumphe. Cõme en disant Io pæan, Io triũphe. Ouide en
son Art damours a laisse par escript.
Dicite Io pæan: & Io bis dicite pæan.   "
Item Codrus Vrseus Poete & Orateur facetieux lisant naugueres publiquemẽt   "
en Bonoigne la grasse a faict vne Chãcon latine pour se resiouyr en vng bãc=
quet, & commance.
Io, Io, dicamus Io, Io, dulces Homeriaci.   "
Horace pareillement en ses Odes a dict.

Horace. Non semel dicemus Io, triumphe.   "

IE dis doncques que pour monftrer la ioye que lefdictz anciens Ionians eu=
rent apres auoir inuente & proportione cefdictes lettres Attiques, Io. vint
en fi grant vfage de Prouerbe denotant Ioye, quil eft encores tous les iours en
memoire & en fon entier. Les Grecz de leur couftume en ont figure vne fable,
voyre bien deux aultres que la cy deuant efcripte, que ie laiffe aux bons eftudi=
ens pour les veoir en la Metamorphofe Douide, en la Genealogie des Dieux
de Boccace, & au, CCCXXXII. prouerbe de la fegonde Chiliade de Erafme. Io. en vfa
ge de pro
uerbe.

SOubz lefcorce de Fable la Verite eft muffee, & ne peult eftre bien cogneue
qui ne la contemple & auife de bien pres. il ya vne aultre fiction & Fable
poeticque du fpecial inuenteur de cefte dicte lettre Atticque, que ie efcripray
cy en bref. Ceft que Apollo iadis ayma vng beau ieune filz nōme Hyacinthus
et laymoit defigrant & bon amour qui le tenoit toufiours deuant fes yeulx &
aupres deluy. Vng iour ledict Apollo iouoit & fefbatoit a iecter vng grāt Plat
et vafe en lair par plufieurs fois pour efprouuer fa force corporelle, & laugmen
ter par exercice. Vne fois tandifquil auoit iecte en fus fon dict Plat, Hyacin=
thus paffa par deffoubz en forte quil fut tue. Apollo en fut fi dolēt, pour la grā=
de beaulte dont il eftoit plain, & pour le grant amour quil auoit en luy, que
pour luy recompenfer la vie, que par cas fortuit luy auoit oftee, le mua & tranf=
forma en vne fleur de Lis, qui eft de couleur de pourpre, quō dict & apelle y
en Paris Lifflābe, & feit en la dicte fleur deux lettres. Y. & A. que nou y pou=
uons encores aperceuoir aulcunement, vng peu faictes de couleur quafi noire
et iaulne fus les feuilles de la dicte fleur. La totalle herbe eft apellee de aucuns
Medecis H IPIΣ, des aultres Gladiolus. La racine eft odoriferēte, & la mefle
on auec bonnes fenteurs & doulces chofes a garder linge en cofres. Marcel=
lus Virgilius, Secretaire Florentin, & Cōmētateur fus Difcorides prent grāde
peine au. LVIII. Chapitre, du. IIII. liure du dict Diofcorides, a defcripre
& bailler a entendre que Hyacinthus eft le dict Lis que les Parhifiēs appellēt
Lifflābe, mais ie nen allegueray que vng peu pour cefte fois, & ce fera cōme
il fenfuyt. Siquidem parum deflexa ab Hyacintho antiqua voce Irim Floren=
tia adhuc paffim Hyacinthiolum nominat. Certes, dit il, la langue Florentine
dit & apelle encores lherbe quon dit aultrement Iris, Hyacinthiol, en chan=
geant vng peu le vocable antique. Iay entendu auffi & fceu de Florentins &
aultres Italiens fcauans en bonnes lettres, que ce dict Lifflambe en Vulgar Ita
lien eft apelle Hyacinthiol. Parquoy, foubz correction me femble que Hyacin
thus eft Lifflambe. Qui en vouldra veoir bien au long, fi lize les Commentai=
res dudict Marcellus Virgilius, & il y en trouuera a fuffifance. Ouide, fontaine
de fluantes & doulces parolles latines & poeticques, defcript la fufdicte Fable
trefabundamment & euidamment en fes Metamorphofes vng peu apres le cō
mancement du. X. liure, mais ie nen allegueray pour cefte heure que vne par=
tie, qui eft comme il fenfuyt. Aultre fa
ble Poe=
ticque.

Hyacin=
thus.

Lifflābe.

H IPIΣ.
Gladiol'
Marcell'
Virgilius
Diofco=
rides.

Hyacin=
thiol.
Ouide.

Talia dum vero memorantur Apollinis ore.
Ecce cruor qni fufus humi fignauerat herbas
Definit effe cruor, tyrioq; nitentior oftro
Flos oritur, formamq; capit, quam lilia, fi non
Purpureus color his/argenteus effet in illis.
Nou fatis hoc Phœbo eft, is enim fuit autor honoris,
Ipfe fuos gemitus folijs infcribit, & hya
Flos habet infcriptum, funeftaq; littera ducta eft.

C.iij.

Virgile.

Cest a dire. Tandisque Apollo faisoit ses douloureuses lamentations, le sang du bel Hyacinthus, qui estoit espandu, coule sus les herbes, & qui estoit plus vermeil quebelle escarlate, croist en vne fleur, & prent la forme de lis, si non que le Lis proprement est blanc & de couleur argentee, mais prent couleur de Lisslābe, qui a couleur de pourpre. La quelle chose ne fut encores assez au dict Apollo, qui est aultrement apelle Phebus. Car luy voulāt estre autheur dhonneur audict Hyacinthus, escripuit ses gemissemens es feuilles de la fleur dudict Lisslābe, en y laisslāt ces deux lres funebres & de couleur noire, Y. & A. Pour bailler a entendre plus euidāment les motz Douide, iay mis vng pourtraict icy pres de ladicte fleur de Lisslābe a la verite plus prochaine quil ma este possible en la forme qui sensuyt.

Virgile aussi en la. III. Eclogue de ses Buccoliques, en a faict mētion tressinguliere soubz lescorce de Enigme et obscures parolles, quant il introduit Dametas & Menalcas pasteurs conten dans, & que Menalcas dict en son renc Dic quibus in terris inscripti noīa regū Nascanř flores, & Phyllida sol⁹ hēto. Cest a dire. Dis moy en quel pais ou regions naissent & croissent fleurs escriptes de noms de Roys ? & prens pour toy seul la gente pastoure nōmee Phyllis.

eruius
Iaurus.
Iyacin-
is.
iax.

Seruius Maurus cōmentateur sus le dict Virgile, dit q̄ lenigme se peult entendre tant de Aiax q̄ de Hyacinthus. Pource que Aiax aussi a este fainct, & dict en fable apres sa mort auoir este cōuerty en ceste dicte fleur de Lisslambe, aiant couleur de pourpre. Mais a mon propos ie me arresteray a Hyacinthus,

Ioralite
e la fa-
le de
Iyacin-
is.

et dis en moralite de la fable, q̄ Apollo est fainct & apelle Dieu des neuf Muses. Qui sont a dire, Bonnes sciences. & qui est aussi entendu le Soleil qui nous inspire vigueur desperit & de corps, a tant ayme Hyacintus, cest a dire le bon sens naturel, q̄ apres luy auoir oste la vigueur de Ieunesse & de Intēperāce, la cōuerty en fleur de Prudēce & Saigesse si bien que les lettres, cest a dire la memoire de la mutation de Intemperāce en Atrempance en demeurēt escriptes et apparētes en la fleur de la dicte Prudence, & Sapience. Hyacinthus auiourdhuy est bien escript/ quon dit aultrement orthographie, par aspiration.h.Mais ancienement la figure de la dicte aspiration ne se escripuoit point. Toutessois les Grecz depuis la dicte fiction et fable faicte lont mise en vsage de leur langue reguliere sus leurs sept Vocales qui sont.A.E.H.I.O.Y.Ω. Et sus vne seulle cōsone nōmee Rho.nō pas cōme lettres, mais cōme accēts, & lescripuoient seullemēt sus lesdictes vocales & cō

3on no-
able de
aspira-
ion.

fone hors la ligne des lettres. Les latis lont aultremēt vfurpee q̃ lefdict̃ Grecz
& lont efcripte en ligne, en la meflant par plufieurs deleurs lettres, tant quelle
eft quafi reputee pour vraye lettre.

I Ay dict que la lettre A.qui eft lapremiere de Lalphabet, quon dict aultre=　De le A.
ment Le.A.B.C.eft faicte de la lettre I.& eft chofe vraye, en le figurant en　lettre trī
triangle, qui eft nombre imper Les deux pattes dudit A.& la tefte font le dict　gulaire.
triangle, mais ce triangle veult eftre affis en vng quarre qui nous eft fignifie par
la diction Hyacinthus qui eft contenue en quatre fyllabes, qui font. Hy, a, cin,　Lettres
thus. Les anciēs voulāt mōftrer la finguliere perfection de leurs lett̃es, les ont　Attique=
formees & figurees par deue ‚pportion des trois plufbōnes & parfaicξes figures　font tous
de Geometrie.qui font, la figure Rōde, la Quarree, & la Trigulaire. Et pource　tesfaictes
que le nombre imper a efte toufious entre les Anciens repute heureux, & lont　de trois fi
eu en fi grande reuerence quil a efte mis iufques aux Cerimonies.& facrifices,　gures de
comme nous voyōs encores que en noz eglifes ya la glorieufe Trin te, & que　Geome=
a chanter grande mefle ya Preftre, Diacre, & Soubzdiacre, & cōme Virgile a　trie.
„ dict en fa.VIII.Eclogue. Numero De⁹impare gaudet, Ceft a dire, Dieu ayme　Ronde,
le nombre imper, Ilz ont faict leur premiere lettre en nombre imper affize fus　Quarree
le quarre de nombre per pour donner bon comancemant & heureux acces a　& Trian
ceulx qui aymeront & voudront eftudier les bonnes lettres.　gulaire.
　Virgile.

L Enombre Imper, cōme dict Macrobe au premier liure. De Saturnalibus,
eft prins pour le mafle, & le nombre Per pour la femelle, qui eft a dire, que　Macro=
par coniunction de mafle & femellelhomme eft engēdre. Auffi par coniūction　be, du nō
delettres les fyllabes font faictes, & par coniunction de fyllabes les dictions. Et　bre Per
Loraifon par affemblement delettres, fyllabes,/& dictiōs biē accordees fetreu　& Imper,
ue bonne, elegante, et bien coulant.

L Efditz Triangle & Quarre font auffi compris en vng rond, qui eft la figu=
re contenant plufquenulle autre figure, qui nous denote que la parfaicte &
ample cognoiffance des Mufes & bonnes Sciences eft & gift en bonnes le=
ttres, par lefquelles on peut lire & eftudier, efcripre & affembler en li=
ures & memoire, comme ont faict iadis les bons Philofophes
& autheurs anciens, & comme pouuons faire en
nous exerceant iour & nuyξ a li=
re & efcripre les fufdictes
bonnes lettres &
Sciences.

LA FIN DV PREMIER LIVRE,

SENSVYT LE SEGOND,

Vant que ie commence a enseigner no= **Choses**
stre pmiere lettre A. deuoir estre faicte **requises**
de le. I. Ie veulx cy prier le bon estudiēt **a bien fai**
quil sache premieremēt que cest que le **re lettres**
Point, q̄ cest que la Ligne tant droitte **Attiques**
que nō droitte, quō dit corbee en rond
ou en angle. Que cest que Rōd, Que
Quarre, que Triangle. et cōsequamēt
quii sache les figures plus generales
de Geometrie. Car nosdittes lettres At
tiques en sont toutes faictes & figurees
comme ie le mōstreray aidāt nostre sei=
gneur. Et afin quon naye cause digno=
rāce, Ien escripray cy les diffinitiōs de
lune apres laultre, & les figureray selō
que Euclides les nous a iadis laissees par escript.

» P Vnctus, dit Il, est cuius pars nō est. Cest a dire. Le point est vng signe qui **Euclides**
» ne peut estre diuise. Et cōme dit messire Charles Bouille en sa Geometrie **Charles**
en Francois. Le point ne sapelle ne quantite ne mesure, mais le terme de tou= **Bouille.**
te quantite, le quel na longueur ne largeur, ne parfond. **Le point**

La Li=
» L Inea. dit Euclides, est longitudo sine latitudine, cuiusquidem extremitates **gne.**
» sunt duo puncta. La Ligne est vne longueur sans largeur, de la quelle les
extremites sont deux points. & comme dit Bouille. La ligne est la premiere/ & **Aulus**
» la moindre quantite de toutes ayant seule longueur sans largeur ne parfond, **Gellius.**
» ainsi comme est. A ——————————— B. Aulus Gellius au. XX. Cha
» pitre de son premier liure, pareillement dit, Linea autem a nostris dicitur, quā **Linea**
» ΓΡΑΜΜΗΝ, Græci vocat. Eam. M. Varro ita definit. Linea, est Inquit, longi **Illatabi=**
» tudo quædam sine latitudine, & altitudine. ΕΥΚΛΕΙΔΗΣ, autem breuius, præter **lis.**
» missa altitudine. ΓΡΑΜΜΗ, est inquit, μηκοσ απλατισ. Id est longitudo illa
tabilis. quod exprimere vno latine verbo non queas, nisi audeas dicere, Illata= **Varro.**
bilis. Cest a dire. Ce q̄ les Latins disent & appellent Linea. les Grecz la disent
γραμμην. Marcꝰ Varro la diffinist & descript aisi. La ligne, dict il, est vne cer= **Euclides**
taine lōgitude sās latitude ne altitude. Euclides aussi la descript plꝰ bref, en lais
sant laltitude , quāt il dit, γραμμη εστι μηκοσ απλατισ. Cest adire. La li
gne, est vne longueur illatable, & qui ne peut estre elargie, La quelle chose ne **Ligne**
pouues bonnement dire en langage Latin, si vous ne vous hardiez de dire, **droitte.**
Illatabilis.

» L Inea recta. dit Euclides, est ab vno puncto ad aliū breuissima extensio, in
» extremitates suas ea recipiens. Ligne Droitte est vne petite extēsion dūg
point a lautre, Cest a dire, entre deux points, en les comprenant en ses extre **Ligne**
mites. Quant sus la Droitte ligne, vne autre droitte est pendante, & q̄ les deux **Perpen=**
angles dung coste & dautre sont esgaux & droits autant lung que lautre, la dit= **diculaire**
te ligne estant dessus est appellee, Ligne perpendiculaire, en tant quelle pend **Euclides**
droitte sus lautre ligne trauersant. De ces deux lignes Droitte/ & Perpendicu= **Supfice,**
» laire, nous ferons vne figure, qui est ditte en Euclides. Superficies plana, quæ **Plaine,**
» est ab vna linea ad aliam breuissima extensio in extremitates suas ea recipiens. **Bouille.**

Nous la pouuons dire en Francois Superfice, ou Plaine, & eſt cõme dit Bouil
le, la ſegonde & moyenne quantite aiant lõgueur & largeur ſans aucune pro
fundite cõme eſt le prochain Quarreau ainſi ſigne.a.b.c.d. Du quel la lõgueuꝛ
ſeſtand par la ligne.a.c. et la largueur par la ligne.a.b.   a.   b.

Bon no-
table.
Quarre
Corps.

CEſte dicte Superfice, aiant les quatre lignes & angles
eſgaulx eſt vng Quarreau, mais en mõ ſtile ie lappel
leray vng Quarre. Le quel pour faire noz lettres Ie diuiſe
ray en vnze lignes droictes & trauerſãtes, & en autres vnze lignes perpediculaires qui cõtiendrõt en celluy Quar c.
re cent petiꝛs Quarreaulx leſquelz iappelleray Corps, pource que la largeur de
ie.I, qui ſera ꝑportionaire de toutes les autres lettres, ſera cõtenue en lung des
deſſuſdctz petits Quarreaulx comme eſt demonſtre en la figure qui ſenſuyt.

Corps de
lettre.

IAy laiſſe quaſi au mylieu de ceſte
preſente figure vng Quarreau blãc
qui eſt le corps de la dicte lettre.I. & q̃
iappelleray, comme iay dit, le corps
de chaſcune lettre, en diſãt, Ceſte lettre cy, ou ceſte la, a tant de corps de
haulteur & tant de largeur.

Ligne
Droicte.
Ligne
Ronde.
Bouille.

IL y a deux manieres de lignes, car
Il y a ligne Droicte, & Ligne Rõde. De la ligne Droicte auõs eſcript,
& pouuons encores dire q̃ ligne Droi
cte en celle qui ſe maine la plus breue
dun point a lautre. La ligne Ronde,
dit Bouille eſt double, car il y a Ronde parfaicte, & imparfaicte. La Rõde parfaicte, eſt vne circũference qui

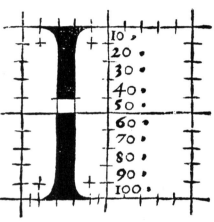

reuient a vng meſine point du quel elleſt
commencee a produyre comme la Ronde.a.b.c.d. laquelle eſt commencee a
produyre par.a.& reuient ſe terminer en.a.& eſt dicte   b.

Euclides

par Euclides, Circulus, qui eſt figura plana, vna
quidem linea contenta, quæ circunferentia vo-
catur. In cuius medio punctus eſt, a quo omnes
lineæ recte & ad circũferentiam exeuntes ſibi in-

Ligne
ronde im
parfaicte
Bouille.

uicé ſunt æquales. La ligne Ronde imparfaicte,
dit Bouille, eſt vne partie de la Rõde parfaicte,
car elle ne vient point ſe terminer a ſõ commãcement, & ceſte ligne eſt appellee vng arc, pour
cauſe quelle reſemble a vng arc comme eſt la ligne.a.b.c.

Ligne
Triangu-
laire.

TRois lignes droictes & equidiſtantes com-
priſes en trois points font vne figure plaine
nõmee Triangulaire, pource quelle a trois angles equilateraulx, ou autrement. Vng Triangle

Bouille,

yſopleure, dict Bouille, eſt celluy qui a les trois coſtes eſgaulx, & eſt appelle
Triangle regulier & parfaict, ſi comme.a.b.c.

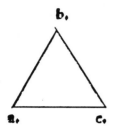

b.

a. c.

NOtes qnen ceſt Oeuure cy ie parleray ſou
uant de la ligne Cētrique & Diametrallc,
& icelle ſera entēdue celle qui ſera tout au mylieu
du Quarre au quel ſeront deſignees toutes noz
lettres Abecedaires & Attiques. Ft pour la my=
eulx entendre & cognoiſtre, ie la vous ay deſi=
gnee & eſcripte en la forme qui ſenſuyt.

b. Ligne Perpendiculaire.

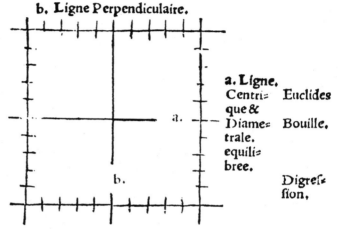

a. Ligne. Euclides
Centri=
que &
Diame= Bouille.
trale.
equili=
bree.

Digreſ=
ſion.

IL y a pluſieurs autres
manieres dangles & li=
gnes que ie laiſſe pour ceſte
fois, en remettāt le bon eſtu
diāt a Fuclides, & a ia Geo=
metrie en francois de meſſi=
re Charles Bouille, en la q̄l
le il me ſemble auoir autant
fructifie & acquis dimmor=
talite de ſon nom, quil a en
tous ſes autres Liures & oeu
ures latins quil a faicts ſtu=
dieuſement. Nous nauons
point encore veu de tel Au
theur en langage Francois, Pleuſt a Dieu que beaucop daultres feiſſent ainſi,
non pas pour contemner les Langues Hebraique, Creq̄, & Latine, mais pour
cheminer plus ſeurement en ſa voye domeſtique, Ceſt a dire, eſcripre en Fran= Maiſtre
cois, comme Francois que nous ſommes. Eſtiene

IEſtime grandement maiſtre Eſtiene de la Roche, dict de ville franche, natif de la Ro
de Lyon ſus le Roſne, qui nous a eſcript & baille en beau Frācois tout lart che, dict
Darithmetique. Ie ne voy gueres de Grecs ne de Latins qui en eſcripuent ne de ville
parlent myeulx, plus ſeurement, ne plus amplement. franche,

Ien voy qui veulent eſcripre en Grec & en latin, & ne ſcauent encores pas natif de
bien perler Francois. Quant Iuuenal Poete Satyric diſoit, Lyon.
Omnia græce.

„ Quum ſit deterius multo neſcire latine,
„ Il reprenoit les Romains qui voloient pluſtoſt parler en Grec quen latin. Au= Aulus
lus Gellius au.VIII. Chapitre de Lunzieſme liure de ſes Nuycts Attiques, eſt Gellius.
elegant Autheur que Marcus Cato mocqua iadis & reprint vng noble Ro= M. Cato
main nonme Aulus Albinus, qui par auant auoit eſte Conſul, pource que luy Au. Al=
eſtant Romain eſcripuit vne hiſtoire en Grec , & aut commancemant dycelle binus.
pria quon luy pardonaſt ſil erroit au lāgage Grec. Il me ſemble ſoubz correctiō Enten=
quil ſeroit pluſbeau a vng Francois eſcripre en francois quen autre langage, des cy, &
tant pour la ſeurete de ſon dict langage Francois, que pour decorer ſa Nation conſide=
& enrichir ſa langue domeſtique, qui eſt auſſi belle & bōne que vne autre, quāt res bien.
elle eſt biē couchee par eſcript. Si no⁹ voulōs vſer de Grec ou de Latin, Vſons Bōne cō
en / en allegations dautheurs ſeullement, en faiſant comme Aulus Gellius & ſideratiō
Macrobius, pareillement mille autres bons autheurs Latins, qui en leur langa & auertiſ
ge & texte latin alleguent ſouuant Grec, & faiſons noſtre pricipal texte en beau ſement,

Francois. Quant ie voy vng Francois escripre en Grec ou en latin. Il me sem=
ble que ie voy vng masson vetu dhabits de Philosophe ou de Roy qui veult re
citer vne farce sus les chaufaux de la Baroche, ou en la Confrairie de la Trini=
te, & ne peut assez bien pronūcer, comme aiant la lāgue trop grace, ne ne peut
faire bonne contenence, ne marcher a propos, en tant quil a les pieds & iambes
inusitees a marcher en Philosophe ou en Roy.

QVi verroit vng Francois vestu de la robe domestique dun Lombard, la
quelle est pour le plussouuāt longue & estroicte de toille bleue ou de treil=
lis, ie croy q̄ a paine celluy Frācois plaisāteroit a son aise sans la dechi
queter bie tost, & luy oster sa vraye forme de robe Lōbarde qui nest de costume
gueres souuant dechiquetee. car Lombards ne degastent pas souuant leurs bi=
ens a outrage. Ie laisse touteffois cela a la bōne discretion des scauās, & ne men=
pescheray de Grec ne de Latin, que pour alleguer en temps & lieu, ou pour en
parler auec ceulx qui ne scaurōt parler Frācois, ou si le scauent, quilz ne y voul
dront parler.

IE reuiens doncques a mon ꝓpos, & dis que entre noz lettres Attiques, qui
font en nombre vingt & trois, Cest a scauoir. A.B.C.D.E.F.G.H.I.K.L.
M.N.O.P.Q.R.S.T.V.X.Y. & Z. En ya qui font plus estandues en largeur
que les autres, Car il y en ya qui font estādues a vnze points qui font dix corps
comme font. A.D.H.K.O. Q. en teste. P..V.X. & .Y. & celles font aussi lar=

ges que haultes. Cest a dire, quelles font contenues & designees en vne super=
ficite equilateralle, diuisee, comme iay dict cy dessus, en vnze lignes perpendi=
culaires, & en vnze autres lignes trauersātes & equilibrees. I. qui est nře Guy=
don & principalle lettre proportionaire a faire toutes les autres, est seullement
de trois corps en teste, & en pied de trois enticrs & deux demys. A.D.H.K.O.
& le.Q. en teste pareillemēt. R..V.X.Y. & Z. font aussi larges que haultes. Cest
a dire, de dix corps. M. est de. XIII. corps de largeur, qui est a dire, q̄lle est trois
corps plus large que haulte. N. a. vnze corps de largeur. G. IX. & demy. T. de

huit entiers & deux demyz. C. de neuf entiers. B. de sept. E. & L. de sept & de=
my. P. de sept entiers. F. de six entiers. S. de six moigs vng quart. La queue du
Q. a quattre corps de haulteur, & treze de longueur.

Ceste dicte iettre Q. est la seulle entre toutes les autres lettres qui sort hors de
ligne par dessoubz, & iamais nay peu trouuer homme qui men aye sceu dire la
raisō, mais touteffois ie la diray cy & mettray ꝑ escript. Iay tāt tourne, & rumy
ne au tour de ces dictes lřes Attiq̄s, que iay trouue q̄ le. Q. fort hors de ligne
pource quil ne se laisse escripre en diction entiere, sans son compaignon & bon
frere. V. & pour monstrer qui le desire tousiours apres soy, Il le va embrasser de
sa queue ꝑ dessoubz cōe ie figureray cy apres en son renc. Q. est bien mis aucu=
nesfois tout seul en abreuiature, quant il signifie Quintus, ou Quintius ou au=
tre semblable nom propre dhomme, ou de femme, qui poroit estre Quinta, ou
Quintia, & alors il veult pour nom de femme estre torne ainsi. Ꝺ. comme le C.
ainsi, Ɔ. quant il signifie Caia. mais comme iay dit, en escripuant dictions au
long, & a lettres toutes entierement escriptes, Il demande tousiours & tire ioi=
gnant a luy le dict. V. comme on voit en ces dictiōs Quot, quotus, quoties, quā
do aliquando, quatuor, quinque quinquaginta, & dautres semblables vng mil=
lier tant en Latin quen Frācois. comme qui diroit. Quant, qui esse, cest quelcū,
cest Quentin de la rue de Quiquempoit. Priscian autheur iadis tresillustre, en

son premier Liure ou il parle de la vertu des lřes, dict bien q̄ Q. veult tousiours
apres luy V. pour monstrer que le dit V. pert sa vertu & son/ son estant escript
deuāt vne vocale en vne mesme syllabe, mais il na pas dit pour quoy il a queue

baſſe & hors de la ligne de toutes les autres lettres. Touteſſois ie lexcuſe, car il
nenſeigne pas a eſcripre tellement quellement, ne par meſure, mais par deue
ſituation de lettres qui doibuét enſuyure lune lettre en ortographe. Les mots
" dudiſt Priſcian ſont telz quil ſenſuyt. Q. vero propter nihil aliud ſcribenda vi=
" detur eſſe, niſi vt oſtendat ſequens V. ante alteram vocalem in eadem ſyllaba
" poſitum perdere vim literæ in metro. Ceſt a dire. La lettre Q. ne veult aulcune=
ment eſtre eſcripte, ſi non pour monſtrer que la lettre V. ſequente pert ſa vertu
en quantite de mettre quant elleſt deuant vne autre vocale.

" **F**Rere Lucas Paciol du Bourg ſainſt ſepulchre, de lorde des freres mineurs
et Theologien, qui a faiſt en vulgar Italien vng liu intitule, Diuina pro=
portione, & qui a voulu figurer leſdiſtes lettres Attiques, nen a point auſſi par=
le, ne baille raiſon: & ie ne mien eſbahi point, car iay entendu par aulcuns Ita=
liens quil a deſrobe ſeſdiſtes lettres, & prinſes de feu Meſſire Leonard Vince,
qui eſt treſpaſſe a Amboiſe, & eſtoit treſexcellét Philoſophe & admirable pain=
ſtre, & quaſi vng aultre Archimedes. Ce diſt frere Lucas a faiſt imprimer ſes
lettres Attiques comme ſiennes. De vray, elles peuuent bien eſtre a luy, car il
ne les a pas faiſtes en leur deue proportion, comme ie monſtray cy apres au
renc deſdiſtes lettres. Sigiſmüde Fante noble Ferrarien, qui enſeigne eſcripre
maintes ſortes de lettres, né baille auſſi point de raiſon. Pareillement ne faiſt
Meſſere Ludouico Vincétino. Ie ne ſcay ſi Albert Durer en baille bonne rai=
ſon, mais touteſſois ſi a il erre en la deue proportió des figures de beaucoup de
lettres de ſon liure de Perſpeſtiue.

Frere Lu
cas Pa=
ciol.
Diuina
propor=
tione.
Meſſire
Leonard
Vince.

COmme premierement au feuillet. XXXII. dicelluy liure, le A. ne a ſon
traiſt equilibre & trauerſant aſſez large, ne le ſummit deument faiſt en ſa
circunference. Car a lung de ſes AA. il a faiſt le diſt ſummit crochu en auant,
a laultre crochu en arriere. & a laultre, poinſte pyramidalle, qui nont tous
aulcune raiſon, ſelon le vray antique. Touteſſois au feuillet. XL. le premier A.
eſt plus raiſonnable que tous les precedens, ne que ſes deux ſubſequens. com=
me pouront veoir ceulx qui ont, ou vouldront auoir & veoir ce que ie diſts de
ſon diſt liure preallegue.

A ſon. XXXIII. feuillet, le premier B. eſt meilleur que le ſegond, en tant que
le ſegond a la panſe denhault trop petitte, & la baſſe trop grande. Les deux
blancs au. XXXII. feuillet, & les quatre du. XL. feuillet, ſont tous faulx auſſi,
par le traiſt de la diſte pâſe baſſe.

Au meſme feuillet les quatre. CC. tant blancs que noirs, ſont par trop ronds
et fermes. Touteſſois au. XL. feuillet, le troiſieme C. noir eſt meilleur que tous
les deux precedens, ſinon que le haul bout dudiſt C. veult eſtre coupe a per=
pendicule.

Au. XXXIII. feuillet les DD. blancs & les deux noirs ſont trop meſgres au
traiſt de deſſoubz. Semblablement tous les quatre du. XL. feuillet.

Au. XXXIIII. &. XL. feuillet, Le E. blanc & le noir ſont faulx au bras du my
lieu qui veult eſtre aſſis ſus la ligne diametralle.
En laquelle choſe le F. auſſi eſt faulſe, Car la patte dudiſt F. eſt trop longue &
trop meſgre.

Semblablement de L.qui eſt tiree du dict E.

Aux dictz.XXXIIII.&.XL. feuillets le G. eſt trop ferme,& le premier ha ſa petitte iambe trop courte. Le ſegond la trop longue,et les trois aultres auſſi ſemblablement.

Aux.XXXV.&.XL.feuillets laſpiration a le traict equilibre trop meſgre.

Le.I.ha ſa patte trop petite dung corps.

Le premier K.en blanc & en noir ha ſa briſeure trop haulte, car elle veult eſtre preciſement ſus la ligne diametralle.
Le ſegond K.noir, eſt bon.

La lettre M.premiere,& la ſegonde tant blanche que noire ſont faulſes.
La tierce noire eſt bonne.
La derniere du.XLI.feuillet eſt moings bonne de toutes.

Toutes les lettres N.du.XXXVI.& du.XLI.feuillets ſont faulſes au premier bout denhault,ſi non la troiſieſme & la ſixieſme. Et veulent toutes auoir le ta-lon coupe ſelon Bramant, comme il a monſtre aux galeries du Pape Iules ſe-gond, entre le Palaix ſainct Pierre de Rôme & Beluedere.
Touteſfois les aulcuns bien Anciens faiſoient iceluy talon a pointe viue & eſ-gue.Faictes le ainſi quil vous ſemblera meilleur.

Tous les OO.generallement ſont faulx, car ilz veulent tous eſtre ronds par de hors en circunference vniforme,& non oualle ne meſlongue.

Tous les PP.ſont aſſez bons.

Tous les QQ.ſont entierement faulx,tant en teſte comme ay dict de le O.que en leur queue qui eſt afamée & ſans deue proportion.

Les RR.ſont bonnes.

Les SS.ſont faulſes.car elles ſont trop fermees,ou ouuertes en rond,tant en te ſte quen pied,& ont le corps mal torne.

Au.XXXVII.feuillet le.T.blanc & le noir ſont faulx & irreguliers.car ilz ne doibuent ſortir par le hault hors de leur ligne equidiſtante a la ligne dembas. Et le tiers T.qui ne y ſault,neſt coupe comme il doibt.car le premier bras veult eſtre coupe a plomb,& le dernier vng peu en bies,& il eſt tout au contraire

Le.V.eſt treſbon.

Le.X.eſt trop ouuert deſſus.

Le.Y.eſt bon.

Le.Z.eſt faulx, car il veult le traict dembas plus long ǵ le hault.Le dict traict

hault veult estre coupe au premier bout a plomb.Pareillement au dernier bout
lespace dung demy corps,& a plomb. Le traict dembas veult estre coupe en
bies,comme aux trois derniers et au premier. On peult excuser le dict Albert
Durer en tant que de sa vacation estoit Painctre, & quil naduient gueres sou=
uent que painctres soient excellens Grammairiens pour entendre la qualite &
deue proportion des bonnes lettres.Ie ne vis onc homme qui les seist ne enten
dist myeulx que maistre Simon Hayeneufue, aultrement dict maistre Simon
du Mans. Il les faict si bien & de proportion competente, quil en contente
loeuil aussi bien & myeulx que maistre Italien qui soit decza ne dela les Mons
Il est tres excellent en ordonnãce darchitecture antique,cõme on peult veoir
en mille beaulx & bons desenigs & pourtraictz quil a faictz en la noble Cite du
Mans & a maintz estrangiers.Il est digne du quel on face bonne memoire tant
pour son honneste vie, que pour sa noble science.Et pource, ne faignons de cõ
secrer & dedier son noma immortalite, en le disant estre vng segond Vitrune,
sainct homme, & bon Crestien. Iescrips cecy voluntiers, pour les vertus, &
grans biens, que iay ouy reciter de luy par plusieurs grans & moyens hommes
de bien, & vrayz amateurs de toutes bõnes choses & honnestes . Pleust a dieu
que France en eust dix semblables.Epypte, Grece, ne Italie,ne furent onques
si excellentes en Architecture,quelle seroit en bref.Ie ne sache autheur Grec,
Latin, ne Francois, qui baille la raison des lettres telle que iay dicte, parquoy
ie la puis tenir pour myenne, disant que ie lay excogitee & cogneue plustost
par inspiratiõ diuine, que par escript,ne par ouyr dire.Sil ya quelcun qui laye
veu par escript, si le dye, & il me fera plaisir.

Louãges
pour mai
stre Si=
mõ Ha=
yeneufue
aultremẽt
dict Mai=
stre Si=
mon du
Mans.

Toutes nosdictes lettres Attiques veullent estre & sont dune haulteur en=
tre deux lignes equidistantes,aussi est le rond de la lettre Q. mais sa queue
comme iay dict, sort hors de ligne pour embrasser son amy & cordial com=
paignon, V.

Notable

IF veulx encores icy dire du myen, cest la raison pourquoy ie veulx diuiser
vng chacun Quarre au quel ferons noz vingt & trois lettres,en dix corps de
haulteur,& pareillement en dix de largeur. Cest pour monstrer que les Anciés
ont volu signifier segretemẽt, que les neuf Muses & Apollo qui faict le dixies=
me,sont celebrez & frequentez par bonnes lettres qui consistent & sont insi=
nuees en deue proportion & bon accord . Lucian au Dialogue de Timon,
pres la fin dicelluy Dialogue,morallement signifie ces neuf Muses, quãt il in=
troduyt le Philosophe Trasicles disant quil ne beuuoit que de la fontaine Da=
thenes vuydant a neuf tuyaulx & conduyts.Porro, dict il, potum fons Athe=
nis nouem saliens venis suppeditat. Certes dict il,la fontaine vuydant a neuf
tuyaulx fornist le boyre du Philosope Thrasicles.

Lucian.
Fõtaine
en Athe=
nes a
neuf tuy=
aux.
Thrasi=
cles.

IE voys doncques icy pres de laultre coste de ceste feuille, figurer lesdictes
neuf Muses & leur Appollo, auec la symmetrie de nostre guydon, & lettre
proportionnaire.I.Et si on y treuue grace,ie prie quon men sache gre,& si nõ.
ie prie encores de rechief quon me pardonne. Car en estudiant, ie ne me puis
tenir de imaginer tousiours quelque chose,pensant faire hõneur & seruice aux
aultres estudiens,& proffit au bien public.Ie laisse péser les aultres a leurs plai=
sirs,& mesbatz auec les Muses & bonnes lettres.

COnfiderez en cefte prochaine fi=
gure cõmant lordonnance eft ob
feruee par nombre & mefure, tant en
ligne trauerfant quen ligne perpendi=
culaire:pour monftrer ǵ lufage de tou
tes Sciéces eft & vient principallemét
par lettres, foit par infpiration diuine,

qui eft fignifiee par la ligne perpendi
culaire, ou par obftinee diligence, & la
borieufe eftude, qui eft entendue par
la ligne trauerfante & equilibree. Iay
en la fufdicte figure loge lefdictes neuf
Mufes felon lordre que tient Martia=
nus Capella ne ignorant que Fulgen=
tius Placiades au. XIII. Capiftre de
fon Premier liure des Enarrations alle

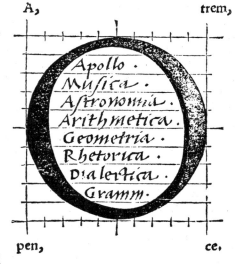

goricques les cõftitue & ordonne aultrement, comme porra veoir celuy qui fen
vouldra aller esbaftre pour le veoir fus le dict lieu allegue. Les neuf Mufes e=
ftoient conftituees des Anciens pour fecretement fignifier autant de manieres
qui font requifes en ceulx qui veulent acquerir Science. Cõme il eft trefelega=
ment & clerement efcript au. XXXIX. Chapitre du liure du ieu des Efchecqs,

du quel les motz font cõme il fenfuit. Il ya donc tel ordre en acquerir Science.
Premieremét il fault bonne volunte de acquerir la dicte Science. Secõdement
foy delecter en ce. Tiercemét fe y arrefter & perfeuerer conftãment fans nota=
ble interualle. Quartement bien aprédre les chofes ou on fe eft arrefte. Quinte=
ment retenir & auoir en memoire les chofes entendues. Sextemét ad ouxter de
fa Science, & trouuer de nouuel aulcunes chofes. Septiefmemét difcerner & iu
ger des fentéces trouuees & comprinfes, & puis eflire les meilleures, & laiffer le
furplus. Et apres ce finablement vfer de fa Science, & enfeigner les aultres par
beau langage & par bonne maniere.

IE nay encores oublye, Dieu mer=
cy, que iay dict cy deuant que nof
dictes lettres Attiques fõt toutes par
ticipantes de la I. & de le O. qui auffi
eft faict dudict I. Iay ordõne les neuf
Mufes & Apollo étour le I. Ie veulx
auffi ordõner les fept Ars liberaulx,
non pas entour le O. mais dedens,
comme pouuez veoir en la figure cy
pres defignee. Ie fais ces deux ordon
nãces pour myeulx folider mes dictz
cy deffus efcripts, & pour mõftrer cõ
mant les bons Anciens ont efte fi ver
tueux, quilz ont volu loger en la pro
portion de leurs lettres toute perfe=
ction & armonyeux accord tant de=
hors lefdictes lŕes ǵ dedans. Ceft a di
re. tant eftant efcriptes a part elles, ǵ eftant en la memoire des bõs efperits hu
mains. La rõdeur ǵ voyes en le O. & la couche quil a en fon Quarre, fignifie ǵ

les Ars liberaulx infpirez en nře memoire, veulét eftre exercez par reuolutiõ de
liures & inftrumens a ce conuenables. Noftre memoire eft toufiours mobile cõ
me eft vne roue de molin ou dorologe, & elle veult toufiours eftre pouffee de
leaue de dame Diligence, & aidee du contrepoix de Labeur. Par le Quarre, &
figure cy deuant dicte Superfice ou plaine equilateralle, eft entendu Atrépen=
ce, en la quelle veult eftre affize & fituee noftre dicte memoire, qui ne defire de
fa nature que foy exercer es fept Ars liberaulx, & aultres bonnes chofes, pour
cefte caufe, iay efcript aux quatre angles du Quarre les quatre fyllabes de Atré
pence, mais toutelfois ie ne laiřre cy a dire cõme les Anciés par ce dict Quarre
eñendoient Dame ΜΝΗμοσυνΗ. Mnemofine, qui vault autant a dire en latin
que Memoria, & en francois Memoire. Icelle Dame felon Hefiode eũ dicte la
mere des neuf Mufes. Ceft a dire, quelles font nourries par Memoire, comme
fõt auffi les fept Ars liberaulx cy deff⁹ efcriptz. ΜΝΗ.μο.συ.νΗ. eft auffi efcript
en quatre fyllabes, qui peuuét pareillemét felon lintétion des bons Anciens, fi
gnifier les quatre angles dudict Quarre efquelz on porroit efcripre auffi les di=
ctes quatre fyllabes, cõme iay faict de Atrempéce. Et pour les accorder facile=
mét enfemble, Memoire & Atrempéce font fi coufines, q̃ lune ne peult fãs lau
tre. Vng hõme eftourdy & fans Atrépence, de fa coftume na gueres de Memoi
re, cõme nous voyõs tous les iours par experiéce. Auffi au cõtraire, vng hõme
froict & atrepe eft couftumemẽt plus memoratif q̃ vng aultre, & de pluſbelle
apprehéfion. Parquoy doncques la rotõdité & mouuemẽt des dictes neuf Mu
fes & fept Ars liberaulx confiftent en memoire parfaicte, qui nous eft diuine=
ment figuree en la figure de le O .& en fon Quarre cy deuant defignez.

IE ne veulx icy encores laiffer a dire vñg beau fegret de Virgile qui eft en la
ſegõde Eglogue intitulee Alexis, pour mõftrer quen lettres & Sciéces eft in
finuee Armonye, laq̃lle eft denotee es fept Ars liberaulx qui participent & ac=
cordent enfemble cõme font les voix de Muficque lune auec lautre cõfonãtes
Le dict Virgile dit foubz perfonne de pafteur nommé Corydon.

Eft mihi difparibus feptem compacta cicutis

Fiftula, Damœtas dono mihi quam dedit olim.

Iay, dict il, vng flageol qui a fept troux en nombre inegal, que Dametas me
dõna iadis en pur don. Par ledict flageol qui eft long & rond & faict au tour,
peuuent eftre entendues nofdictes deux lettres I. & O. & par les fept troux, les
fept Ars liberaulx que ie y ay cy deffus figurez & ordõnez. Nous voyons comu
nemét que ſus le dos dung flageol ya fept troux ordõnes de mefure lung apres
lautre, mais deffoubz en ya vng pour le poulce, qui reprefẽte auec les fept Ars
liberaulx Apollo. Et dauantage pour plufgrande armonye, nous voyons auffi
au dict flageol vng aultre trou qui eft au cofte dempres le bout de derriere qui
faict le neuiefme trou & reprefente la perfection & acõplicemét des neuf Mu
fes auec les fept Ars liberaulx. Et fi auec cefdictes neuf Mufes voules encores
trouuer Apollo: le trou dempres la bouche, au quel lé fon de tous les aultres
troux fe faict / & accorde, fignifira le dict Apollo. Parquoy doncques voyez
commant en bonnes lettres & Sciences les bons Anciens ont vfe de nombre
Per & Imper, comme a faict le dict Virgile au premier liure de fes Eneides,
quant il a dict.

O terq; quaterq; beati.

Ilz en vfoient, diffie, les bons Anciens en y entendant fegretement les fept
Ars liberaulx, & les neuf Mufes auec leur Apollo. Iay icy apres defigne le dict
flageol de Virgile, pour myeulx mettre deuant les yeulx la verite de mes dictz
et raifons.

Marginal notes:

Noftre memoire eft toufiours mobile.

Sens moral.

Dame memoire Hefiode.

Memoire et Atrempéce fõt coufines.

Beau fegret de Virgile.

Sens moral du flageol de Virgile.

Nombre Per & Imper. Virgile.

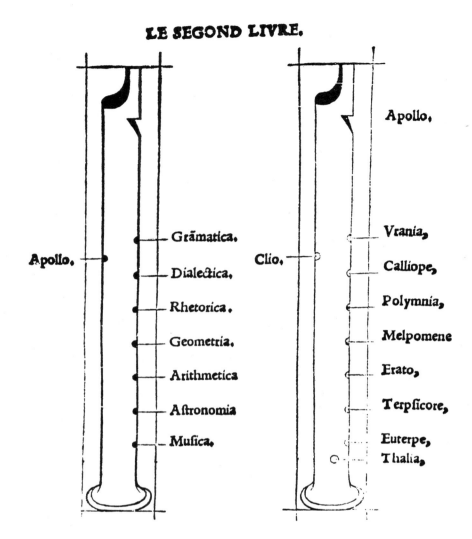

Apollo,

Apollo,

Grãmatica.

Vrania,

Dialectica.

Calliope,

Rhetorica.

Polymnia,

Geometria.

Melpomene

Arithmetica

Erato,

Aſtronomia

Terpſicore,

Muſica,

Euterpe,
Thalia,

Clio,

Notable
ſingulier
côtre les
Cõmen-
tateurs
ſus Vir-
gile.

Repreſẽ-
tatiõ mo
ralle du
flageol
de Virgi-
le a le.I.
et a le.O.

VEla le dict flageol que Virgile en
tendoit, & ſes Cõmétateurs nõt
pas entẽdu, au moingz ſi lont entendu, ilz nen ont parle ne faict mention,
cõme on peut veoir ſus le ſuſdict lieu
allegue. Ie ne le veulx dire pour me vẽ
ter, mais ie lay ainſi excogite, & ſtudi-
euſement applicque. car ie ne treuuey
oncques homme qui me ſceuſt dire ce
que ien ay penſe. Encores le voiſie cy
pres applicquer aux neuf Muſes, afin
que ie cõtente, ſi ie puis, les vngs ou
les aultres, & la figure ſera telle comme il ſenſuyt.

IE veulx icy encores plus dire, & fai
re que le diuin flageol de Virgile ſe
ra repreſentation moralle de noſtre ſuſ
dicte lettre. Ia toutes aultres proportionaire, & pareillement a le O. & feray que noz ſuſdicts mots de triumphe
IO.IO. y ſeront trouuez ſymmetriquement, & armonieuſement.

LA figure dudict. I. & flageol, eſt
telle qui ſeſuyt, pour les ſept Ars
liberaulx y contenus.

COgnoiſſez en ceſte figure o nobles
& deuots amateurs de bonnes let=
tres la verite de mes dits, & la diuine
intelligence du Roy des bons Poetes &
Philoſophes latis Virgile.& que ce que
iay cy deuāt allegue dudit Virgile, eſt
ſegretement entēdu de la ſcience & ſca
uoir des bōnes lettres, leſquelles pre=
nent toutes leur proportion & forme de
le. I. auquel ie vous ay figure le dit fla=
geol a ſept troux, ceſt a dire, contenant
en armonyeulx accord les ſept Ars libe=
raulx.

Apollo

Grammatica
Dialectica.
Rhetorica.
Geometria.
Arithmetica.
Aſtronomia.
Muſica.

Ordōnā
ce,& ſi=
gnifica=
tion du
flageol a
ſept
troux.

AVyſez cy endroit cōme iay auſſi
deſigne, & figure noſtre dit .I.&
flageol cotenāt les neuf Muſes, Voꝰs
en pouuez a ceſte heure vſer bié a vo=
ſtre aiſe,& entendre moralement tou
tes les belles raiſons & bonnes choſes
que ie vous ay eſcriptes cy deſſus. Ie
ne ſuis encores Dieu mercy laz ne faſ=
che voloit dire deuantage, pour my=
eulx ſolider mes dits & raiſons, par=
quoy pour venir a noſtre ſuſdite voix
de triūphe.I O.Ie vous veulx trou=
uer le O.comme iay faict le I.
au flageol de Virgile, & le figurer

Clio.

Euterpe.

Apollo.

Vrania.
Calliope.
Polymnia.
Melpomene.
Erato.
Terpſicore.
Thalia.

Ordōna
ce,& ſi=
gnifica=
tion du
flageol a
neuf
troux.

au moings mal que ie porray Cōbien que ce ſoit choſe treſd:fficile de deſigner
en bonne perſpectiue le dernier bout dun flageol, qui eſt tout rond en le voyāt
de front,& pouuoit diſcerner la longueur & largeur dicelluy ſi on le voit en droi
cte ligne, touteffois combien que iene ſoye bon painctre, ſi en ſerayie aidāt noſ
ſtre ſeigneur, quelque petitte choſe qui porra proufiter a ceulx qui ſont de bon=
ne volunte,& profonde eſtude. Mais auāt que ie procede oultre, ie veulx cy mō
ſtrer commant non ſans bonne cauſe Iay cy deuant adapte les neuf Muſes a la
proportiō de le I. & ie dis ainſi que les bons peres Anciés tant Grecs que La=
tins pour ſignifier les raiſons que iay cy deuant eſcriptes du dit I,lōt cōſtitue
& logé la neufieſme lettre en lordre des autres lettres Abecedaires comme ou
peut voir en diſant Alpha, Vita, Gāma Delta, Epſilō, Zita, Ita, Thita, Iota,
Ceſt a dire.A.B Γ.Δ.E.Z.H. Θ.I.Et en latin. A.Be, Ce, De, E. Ef.Ge.Ah.I.
ou dittes ainſi.A.B.C.D.E.F.G.H.I.Parquoy doncques il plaira aux bons li
ſans y prendre bien garde, & ne depriſer la ſubtile & ſegrete fantaiſie, pareille=
ment la diſcrete opinion des bons Anciens. Or doncques paſſons oultre, & ve=
nons a noſtre autre lettre quauons ia pluſieurs fois raiſonablement appellee
Triumphante.O.

COnſiderez & faignez queſtes aſſis en vng cōtoir & lieu deſtude, & que ſus
la table daupres & deuant vous, vous voyez vng flageol couché, & le vo=
yez par le bout de derriere quaſi en droicte ligne, vous trouueres ꝗ le dit bout

Notable
pour
Gens de
bōne vo
lunte &
pfunde
eſtude.

Notez
cy pour=
quoy I.
eſt la neu
uieſme
lettre abe
cedaire.

Ordōnā
ce de le
O. au fla
geol de
virgile.

D.iiij.

vous figurera & reṕſentera vng O .couche, cõme ſil eſtoit cõmance a ſe mouoir & torner en tour de roue . La quelle choſe pour la vous bailler plus facilement a entẽdre, Ie lay cy endroit figuree au moings mal que iay peu, & ſi vous plaiſt en prẽdres linuention en gre . Ie dis inuention , pource que ie nay point veu dautheur Grec, Latin, ne Erancois qui aye eſcript ne figure ces choſes comme ſay de preſent. Ie ne les fays que pour myeulx declarer lintẽtion, le ſegret, & la moralite des bons Anciens, & pour bailler enſeignement & voye aux moder= nes & amateurs de vrayes, pures, & bonnes lettres, Le deſeing ia promis eſt tel qui ſenſuyt.

<table>
<tr><td>

Ordõnã
ce des
neuf Mu
ſes, Apol
lo, les
ſept Ars
liberaulx
& le O.
an flage=
ol de Vir
gile.

</td><td>

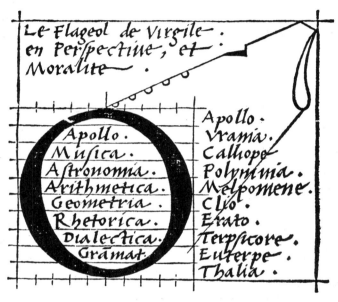

</td></tr>
</table>

Lettres Attiques ſont pro= portiõ= nees ſelõ le corps hamain. Vitruui⁹,

POur myeulx encores perſeuerer, Ie veulx cy dire & mõnſtrer que noſdictes lettres Attiques ont ſi bien eſte proportioneẽ; des Anciens quelles ont en elles proportion de corps humain. Lhomme bien forme & quadre de meſure, a en luy les neuf Muſes & ſept Ars liberaulx en proportion comme ay cy deſ= ſuſdit de noz deux diuines lettres I. & O. Et pour le bailler plus cler a entendre, Iay cy deſſoubz figure vng corps humain ſelõ mõ petit entendemẽt. Ie ne ſuis ignorant que Vitruuius prince des autheurs darchitecture & baſtimens, naye moult bien compaſſe & proportiõne ledit corps humain, comme on peut veoir au premier Chapitre, du. III. Liure de ſon architecture, ou il parle. De ſacrarũ ædium compoſitione, & ſymmetrijs, & corporis humani menſura. Ceſt a dire, De lordonance & facon des Egliſes, & de la proportion & meſure du corps hu= main. mais cy endroit ie le proportiõneray ſi bien que ie y trouueray logeis & place aux dittes ſept Ars liberaulx, & aux neuf Muſes auec leur Apollo, com= me iay faict cy deuant en noz dittes deux lettres I. & O. Les bons paintres & grãs Imageurs au temps paſſe proportiõnoient Lhomme & le diuiſoiẽt en dix parties, comme iay diuiſe cy deſſus noſdites lettres, & quil ſoit vray, Vitruuius dit au ſuſdit lieu allegue. Corpus enim hominis ita Natura compoſuit, Vti os capitis a mento ad frontem ſummã & radices imas capilli eſſet decimæ partis. Nature, dit Il, a tellemẽt compoſe le corps de Lhomme, que leſpace du viſage

Lhõme diuiſe en dix par= ties. Vitruui⁹,

qui eſt depuis le menton iuſques aux racines des cheueux, eſt la dixieſme partie
du corps de lhomme Le dit Vitruuius vng peu apres ce dit Lieu allegue, diuiſe
encores le corps humain en ſix parties de la grandeur de ſon pied, quant il dit.

,, P es vero eſt altitudinis corporis ſextæ. Le pied de Lhôme, dit il, eſt la ſixieſme
,, partie de ſon corps. Martianus Capella en ſon ſeptieſme liure, ou il parle, De
,, eptade, diuiſe le corps de Lhôme en ſept parties, quant il dit, Item ſeptê corpo
,, ris partes hominem perficiût. Item, dit il, Lhôme eſt comprins en ſept parties.
Ie lairray la diuiſion de ſix qui eſt vulgaire, & me areſteray a ſept, & a dix qui
eſt des ſept Ars liberaulx, & des neuf Muſes auec leur inſpirateur Apollo.

Nous ferons doncques ſelon Vitruue vng Quarre qui ſera diuiſe en la forme que cy deuant, Ceſt a dire, en dix corps de largeur, & autant de haulteur, Leſquelles largeur & haulteur de dix corps ſont contenues chaſcune pour
ſoy entre vnze lignes, & dedans ce dit Quarre ſera deſigne vng homme aiant
bras eſtandus, & pieds ioingts côme il ſenſuyt.

Lhôme
a ſix grâ-
deurs de
ſon pied.
Martia-
nus
Capella,
Lhôme
diuiſe en
ſept par-
ties.

La pſéte figure nous
monſtre euidâment
comme noſdittes lettres
Attiques & le corps hu-
main ſont treſacordans
en proportion, en tant
quen vng meſme quarre
peuuent eſtre comprins
& deſignez auec Apol-
lo & ſes neuf Muſes qui
ſont logees dedãs les dix
corps contenuz en leſpa
ce & egalle ſuperfice du-
dit quarre. Il y a vng Eni
gme, ceſt a dire vng pro-

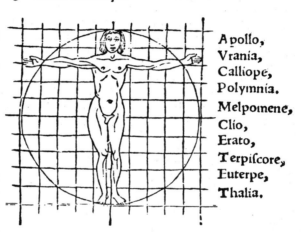

Apollo,
Vrania,
Calliope,
Polymnia.
Melpomene,
Clio,
Erato,
Terpiſcore,
Euterpe,
Thalia.

Enigme
ſingulier,
& nota-
ble.

pos obſcur, faict iadis en Latin par quelque bô eſperit dhomme du quel le nô
n:eſt incogneu, qui nous ſignifie q̃ toutes choſes naturelles ſont faictes par nô
bre & par meſure. celluy Enigme eſt tel qui ſenſuyt.

,, Coniectum eſt numeris quicquid natura creauit,
·,, Ter tria ſunt ſeptem, ſeptem ſex, ſex quoque ſunt tres.
·,, Si numeres recte, ſunt bis tria, milia quinque.

IE lairois ce dit Enigme & propos obſcur, a ronger aux curieux de ſcauoir les
choſes ſegretes, mais pour les garder de leur y rompre trop la teſte, Ie les ſo-
lageray. il ſentent autrement quil ne monſtre en face. Il ſentend de Lorthogra
phe & du nôbre des lettres côtenues en ces mots cy. Ter. tria. ſeptê. ſex. bis. &
,, milia. en diſant, Ter tria ſunt ſeptem, ceſt a dire, qúe ces deux mots latins, Ter
,, & tria, y a ſept lettres en nombre. comme qui diroit, In his duabus dictionibus,
,, Ter & tria, ſunt ſeptem, ſcilicet elementa. En ceſte diction ſeptem, ſunt ſex, ſci
,, licet elementa. En ceſte diction ſeptem, ya ſix lettres en nombre. Et ſemblable-
,, ment, en la diction ſex, ya trois lettres, & auſſi en. bis. trois lettres, & en milia
,, cinq lettres, qui eſt choſe vraye & tres manifeſte. Il ne ſentéd pas que Ter tria,
,, ſint ſeptem, ceſt a dire, que trois fois trois ſoient ſept, car la choſe ſeroit faulce,
mais, comme iay dit, Il ſentend du nombre deſdittes lettres contenues es dictions particulieres deuant eſcriptes. Prenons doncques le premier metre de-

Notable singulier pour le nombre Per & Imper.

uant allegue pour reuenir a nostre propos & disons. Confestũ est numeris quicquid natura creauit. Toute chose naturelle est, & consiste en nombre, & ce nõbre est Per & Imper.comme nous pouuons cognoistre manifestement en la face de Lhomme humain, & en ses membres, car il en ya aucuns en nombre Imper, comme est La teste, le nez, la bouche, le menton, le nombryl, le membre
genital, & autres plusieurs que ie laisse pour breuete. Il en ya cõme iay dit , qui
sont en nombre Per, comme les deux yeulx, les oreilles, les bras, les mains, esquelles mains ya encores nombre Per & Imper, comme sont les cinq doits de
lune, & les dix des deux. Toutes ces choses seroiét longues a nõbrer lune apres
lautre, parquoy en reuenant a mon propos ie dis que nosdites lettres sont si natu-
rellement bien proportiõnees que a la semblance du corps humain sont com
posees de membres, ce st a dire, de nombre, de points, & de lignes consistans en
esgalle partition & inesgalle. comme iay cy deuant ia monstre, & quil en ya de.
XIII. corps de largeur, de X. de. VIII. de VII. de VI. & de III. & ce nous le
verrons par figure cy apres aidant nostre seigneur.

AV Quarre estãt de la grãdeur de nosdites lettres Attiques ay designe Lhõ
me ayant les bras estandus iusques aux deux lignes extremes dudit Quarre, & les pieds ioints & estandus iusques a la ligne & extremite du bas dudit
Quarre, & en la proportiõ diuisee dicelluy iay applicque & situe Apollo & les
neuf Muses, Il me semble en cest endroit cy estre bon, & non sans cause, que ie
figure le dit corps humain accordãt auec le dit Apollo & les sept Ars liberaulx
pour tousiours myeulx monstrer la perfection tant dudit corps humain que de
noz diuines lettres Attiques, La figure est telle quil sensuyt.

Ordonnance du corps humain aux sept Ars Liberaulx.

EN ceste figu-
re voyez lhõ
me estandu en p
portiõ esgalle de
pieds & mais tou
chans aux quatre
angles du Quar-
re racourcy, pour
la cause & raison
de son estandue
accordãt en rõd
& quarre. Le cẽ-
tre dudit homme
ainsi figure est le
nombryl, mais le

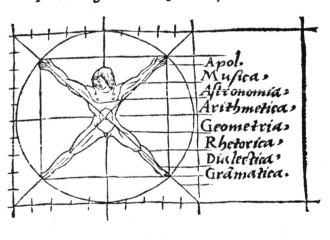

Apol.
Musica,
Astronomia,
Arithmetica,
Geometria,
Rhetorica,
Dialectica,
Gramatica.

centre de lautre homme estandu seullement des bras, & ayant les pieds ioints,

Notable tres singulier. Notez cy & entendez la belle diference entre Pallas & Minerua.

est au mylieu du penyl droit sus le mẽbre genital. La cause pour quoy iay plustost applique les sept Ars liberaulx a Lhomme equidistanment pieds & mains
estandu, que les neuf Muses, est q̃ lesdits sept Ars liberaulx sont en plusgrãde
exercice de corps que ne sont les neuf Muses qui sont choses celestes & diuines
esquelles choses lesperit trauaille plus que le corps. Et pour ceste cause ie treuue
que les estudiens, & ceulx qui prenent garde plus au nect a la vertus & nature
des choses, mettent differéce entre la Deesse Pallas & Minerua, disans que Pal
las est la Deesse & Royne des Sciéces, & Minerua des Ars seullement, esquelz
selon lethimologie, cest a dire la droitte exposition, de Minerua, Quæ dicitur a

minuendis neruis, noz membres & nerfz ſe diminuent par grant exercite qui y eſt requis.

OVltre plus le ſuſdit hõme ayãt les pieds ioints touche de la teſte iuſques a la haulte & extreme ligne de ſon quarre, pour nous ſignifier que les Muſes & Sciences, comme iay dit, ſont choſes celeſtes quon ne peut attaindre ſans haulte contẽplation. Lhomme racou꞉cy par ſon equidiſtante eſtãdue a la teſte beaucop plus baſſe que la ſuſdite ligne extreme en ſummite du quarre, pour nous monſtrer que les ſept Ars liberaulx ne ſont de ſi haulte contemplation que les Muſes & Sciẽces, mais de moyẽe, & plus facile apprehenſion.

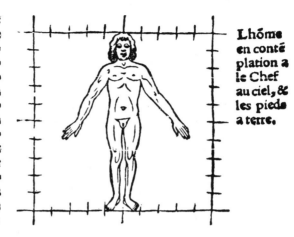

Lhõme en contẽplation a le Chef au ciel, & les pieds a terre.

IEne me puis tenir de repeter encores noſtre ſuſdite voix de triũphe, qui eſt IO.IO. pour plus amplement ſolider mes dits & raiſons ia ſuſeſcriptes, & pour monſtrer que noz lettres Attiques, leſquelles, comme iay dit, ſont toutes faictes de le I. & de le O. ſont ſi bien proportionees au naturel, quelles accordẽt en meſure & proportion au corps humain, & pour ce myeulx entẽdre, Ie mets deuant les yeulx des beniuoles amateurs de Science la figure qui ſenſuyt, & ſera de le I. premierement, puis de le O.

Lettres Attiques accordẽt en proportiõ au corps humain.

ON peut voir en ceſte figure commant ce que iay cy deſſus appelle & dit le coprs, pour ſignifier leſpeſſeur de la iambe de le I. eſt accordant a la groſſeur de la teſte du corps humain, La quelle eſt la dixieſme ꝓportion & partie dicelluy, Iay dit pareillement cy deuãt que le I. a trois corps de largeur en teſte qui eſt a dire, vng corps pour ſa largeur principalle, & deux pour ſes deux oreilles, qui ſont trois corps. Au pied en ya trois & deux demyz pour enſuyure nature, qui dit que lhomme eſtant ſus pieds droit plante, comprent plus deſpace des ſes pieds que de ſa teſte. On peut

Notez de cõbiẽ de corps eſt la largeur de le I.

aſſez entendre que vng homme ſe tenant droit ſus ſes pieds, les veult auoir vng peu eſpacez & eſlargis, ou autremẽt il ne porroit areſter ſeurement. Vne Pyramide par raiſõ euidẽte ſe tient plus ferme quãt ellé aſſize ſus le bout large dẽbas, que ſi elle eſtoit plantee au contraire. Auſſi pareillement noſtre dit I. veult eſtre plus large par ẽbas que par hault & ce, cõme iay dit, de leſpace dun corps qui eſt party en deux, en mettant de chacun coſte dudit pied vng demy corps,

Cõparaiſõ de lhõme & de le I. a vne Pyramide,

IL reſte maintenant deſigner le corps humain en le O. pour bailler cleremēt
a entendre ce quauons cy deſſus dit en ſon racourcicement. & pour monſtrer
que le centre dicelluy O. ſe trouuera tout droit au nombryl de Lhôme y figure.
La quelle choſe eſt en la forme qui ſenſuyt.

Ordōnā
ce de le.
O. a lhō
me equi‐
diſtāmēt
pieds &
mains
eſtandu.
Raiſon
de la figu
re Rōde,
& de la
Quarree.

L'Homme, piedz & mains equidi‐
ſtāmant eſtandu, & le O. en ceſte
figure, accordēt en quadrature, en rō‐
deur, & en centre, qui nous ſignifie la
perfection dudit corps humain, & du‐
dit O. entēdu que la figure ronde eſt la
plus parfaicte de toutes les figures, &
la plus capable. La figure quarree equi
angulaire en quadrature eſt la plus ſta‐
ble & ſolide, meſmemēt quāt elleſt Cu
be, ceſt a dire, Iuſtemēt quarree en ſix
faces comme eſt vng det.

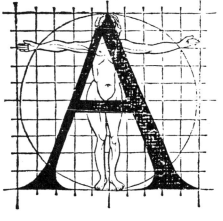

IE ne veulx laiſſer a mōſtrer par figu
re accordant a noſdites lettres Atti
ques commāt Lhomme eſtandu ſus ſes
pieds ioincts, & ayant ſon centre non pas au nombryl, comme le dernier na‐
gueres cy pres figure en le O, mais au penyl, nous eſt demonſtration tres eui‐
dente a cognoiſtre le iuſte lieu requis a faire le traict de trauers & la briſeure es
lettres qui en veulent & requerent auoir en elles. celles ſont. A, B, E, F, H, K,
P, R, X. Y. Ie nen baille pas figure ne exēple de toutes lune apres lautre pour
cauſe de breuete, mais ſeullement de trois qui ſeront A, H, & K. que nous fi‐
gurerons cy apres.

Du traict
trauerce‐
ant en le
A. accor‐
de au mē
bre geni‐
tal de
Lhôme.

Notable
ſingulier.

LA ligne baſſe du trauerceant tra
ict de la lettre A. cy pres deſi‐
gnee & figuree, eſt iuſtement aſſize
deſſoubz la ligne diametralle de ſon
quarre, & deſſoubz le penyl de Lhō
me auſſi y figure. Toutes les ſuſdi‐
tes autres lettres qui ont trauercant
traict ou briſeure, lont deſſus la di‐
cte ligne diametralle. Mais ceſte let‐
tre cy A, pource quelle eſt cloſe par
deſſus, & faicte en Pyramide, re‐
quiert ſon dit trauercant traict plus‐
bas que la ditte ligne diametralle.
Celluy trauercant traict couure pre
ciſement le membre genital de lhom
me, pour denoter q̃ Pudicite & Chaſtete auāt toutes choſes, ſont requiſes en
ceulx qui demandent acces & entree aux bonnes lettres, deſquelles le A, eſt
lentree & la premiere de toutes les abecedaires.

Aſpiration a doncques ſon tra=
uerſant traict ſus la ligne centri=
que & diametralle, iuſtement au deſ=
ſus du penyl du corps humain, pour
nous monſtrer que noſdictes lettres
Attiques veulent eſtre ſi raiſonable=
ment faictes, quelles deſirent ſentir
en elles auec naturelle raiſon, toute
conuenable proportion, & lart dar=
chitecture, qui requiert que le corps
dune maiſon ou dũg Palaix ſoit plus
eſleue depuis ſon fondement iuſques
a ſa couuerture, que neſt la dicte cou
uerture, qui repreſente le chef de tou
te la maiſon. Si la couuerture dune
maiſon eſt exceſſiuemẽt pluſgrande

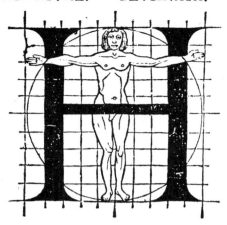

Ordon=
nance du
trauerſãt
traict au
corps hu
main.

Notable
ſingulier.

que le corps, la choſe eſt difforme, ſi non en Halles & Granches, deſq̃lles la cou
uerture commance pour la plus part bien pres de terre, pour euiter limpetuoſi
te des grans ventz, & tremblemens de la terre. Doncques noz lettres ne volãt
craindre le vent des enuyeux maldiſans, veullent eſtre erigees ſolidemẽt en qua
drature, & briſees, comme iay dict, au deſſus de leur ligne centrique & diame=
trallé. Excepte le dict A, qui a ſon traict trauerſant iuſtement aſſiz ſoubz la di=
cte ligne diametralle.

ON peult veoir a la figure cy pres
deſignee commãt la briſeure de
la lettre K, eſt aſſize ſus le point de la li
gne trauerſant par le centre & penyl
du corps humain, ayãt les piedz ioints
lequel centre cõme iay touſiours dict,
eſt ſus le penyl. La briſeure des aultres
lettres que ie laiſſe pour ceſte heure a
faire, les renuoyant en leur renc abece
daire, ſera touſiours auſſi aſſize ſus la
dicte ligne centrique & diametralle.

Ordon=
nance
pour la
briſeure
des let=
tres au
corps hu
main.

Lettres
Attiques
veulent
ſentir lar=
chitectu=
re.

IAy dict nagueres ou ie traictois de
laſpiration, que noz lettres Atti=
ques veulent ſentir larchitecture : & il
eſt vray, conſidere que A, repreſente vng pignon de maiſon, veu quil eſt figu=
re en pignon. Laſpiration H. repreſente le corps dune maiſon, entendu que la
partie d. leſſoubz la ligne trauerſante que iay dicte centrique & diametralle,
eſt pour ſoubz elle conſtituer Sales & Chambres baſſes. Et la partie de deſſus
eſt pour faire pareillement Sales haultes, ou Chambres grandes, & Chambres
moyennes . Le K . a cauſe de ſa briſeure, nous ſignifie degrez a monter en
droicte ligne iuſques a vng eſtage, & dicelluy pour mõter auſſi en droicte li=

gne en vng autre
eftage. Les Anci
ens pr Vi. plus=
grande partie,

**Montees
et degres
des An=
ciens.**

ne faifoient leurs montees que en droicte ligne couchee, comme
on peult encores veoir en beaucoup de lieux, & comme iay confide=
re en Romme, & par Italie, femblablemēt en Languedoc, & beau=
coup dautres lieux. Si on veult entre noz lettres fignificatiō daultre
forte de montee &
degrez, qui fōt de
grez a viz, efquelz
on va tornant au
tour du cētre & no
yau de la dicte viz
Le I, & le O, & le
S, en dōnerōt fin
guliere apparen=
ce a caufe de le I,
qui eft en ligne per
pédiculaire & droi
cte, qui reprefen=
tera le noyau de
la viz, & le O .la
rondeur, & le S.la montee
et la tortuofite des marches . la
quelle chofe porra eftre moult bien cō=
fideree, & entēdue facillemēt par la figure qui fenfuyt,

SI on demã doit plates formes en nos dictes lres Attiques, on y en trouuera asses pour galeries, pour sales, & pour theatres quõ dit en Frãce Arenes, & pour Colisees Le I. peult estre figure de platte forme, pour vne galerie longue & droicte vniforme, la quelle veult regarder a la longue fa=

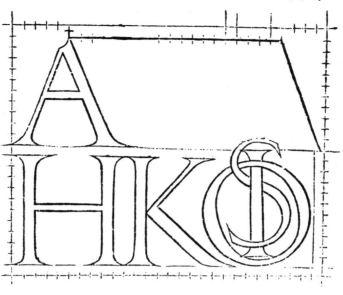

ce lorient, ou le septentrion. Le L. pour sales, & chambres qui doibuẽt estre situes pour la plus longue partie regardant en dos le mydy, & pour la petite partie, quon dit la patte, regardant en front lorient, qui est la situation la plus sayne de toutes, a cause du dict dos quon torne au Vent meridian, qui est pestilent tant aux corps humains que aux corps materielz & inanimez, & a cause de la face longue qui recoit en elle le Vent de Byze qui est pur, nect, & agile. & a cause de la face courte qui est au dedens de la patte de la dicte letrre L. en la quelle le beau soleil leuant regarde incontinent au point du iour, & y dure en y inspirãt toute suauite, pour la plus part dudict iour, laquelle chose iay cy faict en figure et deseing pour le bailler myeulx a entendre, & le mettre deuant les yeulz des bons estudiens.

Le vent meridian est pestilécieux, et le vent de Byze sain.

IE dis cecy en passant, pource que ie voy peu de gens qui basticẽt aux champs, scauoir philosophiquement cest a dire, scientemẽt & deument, asseoir leurs edifices, veu quilz ont place ample & a cõmandement. En cites ou souuẽt a cause des partages heredi taires quon y faict de iour en iour, places sont estroictes, fault edifier selõ la rue & selon le lieu, mais aux champs fault tenir raison accordant a nature et a la sãte des corps humains. Qui en vouldra scauoir amplement, si lise en Vitruue autheur en ce tresexpt, & en Leõ Baptiste, Albert Philosophe en tre les modernes tressauãt. La figure de L. seruant a platte forme, est telle qui sensuyt.

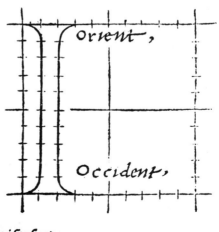

Orient,

Occident,

Vitruue.
Leon Baptiste.
Albert.

E.ij.

Auréges.

LA plate forme du Theatre, côme
ien ay veu vng en vne Cite pres
Auignon sus le Rosne dicte & nômea
Aurenges. qui a le frôtispice, cest a di=
re, la face de deuãt en droicte ligne, &
le derriere en circonferéce ronde, peut
estre moult bien côsideree, en la lettre
D. de laqlle la iambe droicte sera pour
le dict frontispice & face anterieure,
qui regardera Septétrion, & le derrie=
re qui est rond tornera le dos au mydy.

**Plate for
me du
Collisee
de Rôme**

La plate forme du Collisee q iay veu
mille fois en Romme, est toute manife
ste & tres apparéte en le O. entendu q
icelluy Colisee estoit iadis quãt il estoit
entier, tout rond par dehors, & par de

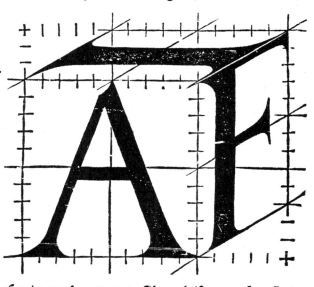

dans en figure oualle. Ie porrois dire a ce propos beaucoup daultres choses,
mais a cause de brefuete ie passeray oultre, & viédray a môstrer cômant nosdi=
ctes lres Attiqs accordét en nôbre des corps de leur largeur selô la quadrature
de pspectiue, cômãt la figure Cube cy dessoubz designee, ie nous manifestera.

IAy cy deuant dict
que A. est de dix
corps de haulteur, &
de dix de largeur. F.
de six de largeur, &
I .en chef de trois, les
quelz A. F. & I. iay
côstitue en perspecti
ue & quadrature, en
sorte quon peult en
la presente figure co=
gnoistre la manifeste
perfection de noz let
tres Attiques qui ac=
cordét si bié les vnes
auec les aultres, qlles
obseruent & gardent
mesure symmetrique
Iacorderois ainsi tou
tes les aultres, mais ie
les laisse pour les bons esperits, a eulx y exercer, si leur plaist y prendre esbat.

LA grace a Dieu, au moigs mal q iay peu, iay cy dess⁹ accorde noz deux l̃es
pportiônaires & triũphalles I. & O. Seblablemét A. H. & K. au corps hu=
main. Ie veulx dauãtage en méoire & moralite des. IIII. Vertus Cardinalles,
qui sôt Iustice, Force, Prudéce, & Atrépãce, les accorder au visage & teste du=
dict hôme humain, q ie diuiseray en quãtre corps seullemét, pour tousiours pse
uer a plus ãple demôstratiô de la diuine symmetrie de nosdictes lres Attiqs.
Premieremét dôcqs no⁹ prédrôs vng quarre equilateral, & le diuiserôs en qua
tre pties esgalles, puis aps y figurerôs vng visage hũain seullemét pour la pmie=
re demôstration, & y escriptôs & logerons aux quatre angles en memoire des=

**Quatre
vertus
Cardi=
nalles.
Diuision
du visage
humain,**

dictes quatre pties, les quatre vertus Cardinalles pour mõ strer q̃ noz l̃res Atti
ques cõ sistẽt pfaictemẽt en certaie quadrature qui gist en lõgitude & altitude.

Lettres Attiques, pour estre entie=
rement ordõnes & faictes, requie
rẽt pat Iustice, lobseruatiõ de la haul=
teur & largeur delles selon leur facon.
Par Prudence, reigle & compas. Par
Force, cõtinuelle & obstinee perseue
rance a les diuiser, mesurer & deumẽt
pportiõner. Par Atrẽpence, certaine
discretiõ a les asseoir ẽtre deux lignes
principalles equidistãtes, & a les y lo
ger en deue espace pres ou loing lune
de laultre, selõ qui leur appartiedra.

Cõsiderez en la dicte figure diui=
see en quatre parties, commãt la
face humaine accorde a la diuision,
et la diuision a icelle. La prunelle de
loeuil assize sus la ligne centrique &

Iustice.   Prudence.

Force.   Atrempence.

Significa
tion des
quatre
vert⁹ car=
dinales,
auec let=
tres Atti=
ques.

diametralle, nous mõstre ce que iay dict cy dessus, que toute lettre ayant bri=
seure, la doibt auoir assize sus la dicte ligne ceutrique precisemẽt, & nõ ailleurs.

Notable
regulier.

SVs icelle face, entre les deux yeulz, tout au lõg du nees, & dessus la bouche
designerons nostre lettre proportiõnaire & triũphalle I. pour bailler tous=
iours myeulx a entendre noz raisons, ia par plusieurs fois cy dessus escriptes.

Les bons esperits peuuent icy en=
droit aparceuoir la diuine cõtem
plation des Anciens qui ont volu fi=
gurer leur lettre proportiõnaire lon=
gue depuis la supreme ligne du Quar
re iusques a la plus basse, & depuis la
summite de la face humaine iusques
au bas du mẽton, & lont imaginee en
tre les deux yeulx, y prenãt deue pro
portion ainsi cõme le nes en vng hõ=
me bien forme, est la mesure de tout
son corps p dimẽsion faicte en nõbre
multiplie p certaine raison. Ie dis en=
cores dauantage, q̃ le I. qui est droict
en ligne ppẽdiculaire ainsi assiz entre
les deux yeulx, nous signifie q̃ nous

Ordon=
nance de
la lon=
gueur &
largeur
de le I.
au visage
humain.

doibuõs auoir le visage esleue enuers le ciel pour recognoistre nr̃e createur, &
pour cõtẽpler les grãs biẽs & la sciẽce quil nous dõne. Et quil soit vray q̃ Dieu
veult quayõs nr̃e cõtẽplatiõ enuers le ciel, il no⁹ a dõne la teste eleuee en sus,
et aux bestes baissee en bas. Ouide Poete iadis nõ Crestiẽ, & neaumoings grãt
Philosophe, auoit bien ceste opinion quant au Premier liure de ses Metamor=
phoses, apres auoir elegamment descript la Creation du monde, & volant en
son stile Poeticque aussi descripre la Creation de Lhomme, dit.

Ouide.

» Sanctius his animal, mentisq; capacius altæ
» Deerat adhuc, & quod dominari cætera posset.
» Natus homo est, siue hunc diuino semine fecit

E.iij.

Ouide,

Ille opifex rerum mundi melioris origo.   Et vng peu apres.

Pronaq; cum fpectent animalia cætera terram,

Os homini fublime dedit, cœlumq; videre

Iuffit, & erectos ad fydera tollere vultus.

Ceft a dire. Oultre ces chofes, dit il, que iay dictes, la creation de Lhôme hu
main reftoit encores, lequel Homme debuoit dominer fus toutes aultres cho=
fes crees. Doncques le grant Createur de luniuerfel monde la faict naiftre en
forte que toutes beftes brutes baifferont leur tefte & veue en terre, & luy, il aura
la tefte & vifage eleue au ciel.

Ordon=
nance de
le O. au
vifage
humain.

La face humaine & le O. en la fi-
gure cy pres faicte, font acordez
en forte quon y peut cognoiftre com=
ment les bons Anciens ont imagine q
ainfi que la figure ronde eft la plus ca=
pable, & la plus parfaicte de toutes,
la tefte de Lhôme qui eft quafi ronde
eft plus capable de raifon & dimagina
tion que tout le demorât du corps na=
turel. Auffi la tefte humaine a en elle

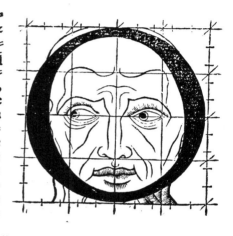

La tefte
de lhôme
a fept cô
duyts de=
fperit vi=
tal.

plus de fenfualite & deficace que nulle
aultre partie du corps, entendu quelle
a en elle fept conduyts & origines de=
fpert vital, en fignification des fept
Ars liberaulx. Iceulx côduyts font les
deux Oreilles , les deux Yeulx , les
deux Narines, & la Bouche. Les Oreilles font, pour conceuoir le nom des let=
tres. Les Yeulx, pour les cognoiftre & difcerner. Les Narines pour aimonifer
la voix, & le fon en les pferant. Et la Bonche pour les pnuncer felô leur accét,

Notable
fingulier.

leur ton, et leur diftinction. Les chaperôs fourres des Recteurs & Docteurs en
Vniuerfitez, & Côfeillerz en Cites ont efte ordônez au tour de la tefte aps &
fus la figure & perfectiô de le O .pour denoter q telz pfonnages doibuét auoir
leur tefte abfolumêt parfaicte de toute Sciéce, & Vertus, qui côfiftét principal
iemêt côme iay pieca dict, en la vraye cognoiffance de pures & bônes lettres,
lefquelles ne enrichiffent feullement Lhomme, mais le anobliffent, & le pro=
duyfent iufqs a imortalite de fon nom.

Ordon=
nançe de
le I. & de
le O. en=
femble,
au vifage
humain.

La figure cy prochaine a efte faicte
pour monftrer au doit & a loeuil
conunât non feullement le I. & le O.
fe acordent chacuue a part elle, a la fa=
ce de Lhôme, mais encores bien tou=
tes deux enfemble. Iene doubte q de=
tracteurs, & enuyeulx en iapperont,
mais fi nen lairay ie a efcripre ma fan=
tafie & fpeculation, pour faire plaifir
et feruice aux bons eftudiens. Iefcay,

Digref=
fion,

comme iay dict cy denant au Premier
liure, que Science na ennemys que les
nô fcauâs, qui ne vallét qua reprédre
aultruy, & ne fcauoient dire vng bon
mot, ne faire vng iufte traict de plume.

LEs Grecs de ces deux iettres I. & O. ainſi logees lune ſus lautre comme les
voyez en la ia dicte figure, ont faict vne autre lettre quilz appellent Phi.
la quelle Phi.vault autant que vng P. & vne aſpiration. & la quelle Ilz ont en
vſage en lieu de F. qui nont pas entre leurs lettres. Il ſemble que noſtre ditte figure ſoit vng Reſbus & choſe Hierogliphyque, & que ie laye faicte pour faire
refuer & muſer les muſards, mais tout bien conſidere, non eſt. Car en memoire
des trois Graces, dittes en Grec. χαριτισ. deſquelles la premiere eſt nommee.
Paſithea. La Segonde, Egiale. & la tierce Euphroſyne. côme teſmoigne Boccace au.XXV. Chapiſtre de ſon cinquieſme liure de la Genealogie des Deux/
chamberieres de Dame Vénus, pour la ĝlle Venus, entendons toute hôneſte
et choſe decente, & pour ſeſdites chamberieres, tout acomplicement de cho
ſe bien ſeyante & auenant. Iay faict leſdittes deux iettres I. & O. & la face humaine enſemble, pour touſſours myeulx venir a la côſommee perfectiô de noz
lettres Attiques, qui ſont.XXIII. en nombre, Le quel nombre accorde aux
neuf Muſes, aux ſept Ars liberaulx, aux quatre vertus Cardinales, & aux dittes trois Graces. Leſquelles Muſes, Ars liberaulx, Vertus Cardinales, & Graces, ſont toutes en nombre.XXIII.

PViſque ie ſuis deſcendu ſi auant en contêplation des bonnes lettres, Il me
ſemble en ceſt endroit neſtre inutile ſi ie monſtre ĝ le nôbre des. XXIII.
lettres, pareillemét des neuf Muſes, des ſept Ars liberaulx, des.IIII.vertus car
dinales, & des.III.Graces a eſte ſegretement faict, conſtitue, & accorde au nôbre des conduyts vitaulx, & des plus nobles mêbres du corps humain, qui ſont
en nombre auſſi pareil de vingt & trois.

PRemierement pour les neuf Muſes, & pour les neuf Mutes, prendrons les
neuf côduyts deſperit vital, deſquelz, comme iay cy deſſus eſcript, les ſept
ſont en la teſte, & les autres deux au deſſoubz du vetre. ceulx de la teſte ſôt
deux oreilles. Les deux yeulx, les deux narynes, & la bouche. Les autres deux
ſont, le membre naturel a vriner, & le lieu de derriere pour deſcharger le ventre,
Pour les ſept Ars liberaulx, & pour les ſept Semiuocales, nous prendrons le
Cerueau, le Poulmon. le Foye, le Cueur, la Ratte, le Nombryl, & le Penyl.
Pour les quatre vertus Cardinales, & pour les trois Graces, pareillement pour
les cinq vocales latines, pour le Y. pſilon, & pour laſpiratiô H. nous prendrôs
les deux mains, les deux pieds, les deux eſpaules, & le Croppiô. Par ainſi nous
trouuerons armonyeuſemét le corps humain & homme parfaict eſtre le modele & ordônance au nombre des lettres. pareillement aux neuf Muſes, aux ſept
Ars liberaulx, aux.IIII.vertus cardinales, & aux trois Craces, ia toutes p plu
ſieurs fois a bon propos recenſees. pour la quelle choſe myeulx côfermer en ve
rue, & pour la bailler plus apparente en ſa raiſon, Iay cy deſſoubz pourtraict
& deſigne deux figures dhomme, Lune pour le logis des lettres, & lautre pour
leſdites Muſes & leur ſequele.

Marginal notes: Notable de la lettre Grecque appellee Phi. Les trois Graces chamberieres de Venus. Boccace Sens moral. Notable & belle coferece. Profunde ſpeculation. & accordan cc.

Lhom=
me lettre

ON peut voir en la
prefente figure com
mãt le nõbre des.XXIII.
lettres Attiques accorde,
comme iay dit, aux mem=
bres & lieux pl⁹ nobles du
corps humain, & non fans
caufe, Car noz bons peres
Anciés on efte fi vertueux
en leurs fpeculations quilz
ont volu fecretement entẽ
dre que lhõme parfaict eft
celluy en qui les bõnes let
tres & ciences font infi=
nuees & itimees fi biẽ qué
tous endroicts & mouue=
més de fon corps eft garny
du bon mot q̃ Cicero au
XXXV. Chapitre du pre
mier liure de fes Offices, &
au cõmancemant De Ora
tore Ad Brutũ, dict & ap=
pelle en Grec. Πρєπον. &
en Lati Decorũ. qui vault
autant a dire en noftre lan
gage Francois decẽt & cõ
uenable en toutes fes acti=
ons, & confequentement
en tous fes faicts & dits hõ
me vertueux,

Cicero,

Πρєπον.
Decorũ.

Avant que ie face lau=
tre portraict que iay
promis ie veulx cy bailler par efcript toutes les lettres ainfi quelles fe doibuent
appliquer aux neuf Mufes & leur fequelle, & aux dits lieux plus notables du
corps humain, afin que plus facilement on puiffe voir & cognoiftre leur bon
accord enfemble, Celluy accord eft tel qui fenfuyt,

Belle fpe
culation,
& nota=
ble,

B. Vrania. Lœil dextre,
C. Calliope. Loeuil feneftre,
D. Polymnia. Loreille dextre,
F. Melpomene. Loreille feneftre,
G. Clio. La narine dextre,
K. Erato. La narine feneftre,
P. Terpifcore. La bouche,
Q. Euterpe. Le lieu pour decharger le ventre,
T. Thalia. Le membre naturel a vriner,

L. Muſica. Le Cerueau.
M. Aſtronomia. Le poulmon.
N. Arithmetica. Le foye.
R. Geometria. Le cueur.
S. Rhetorica. La ratte.
X. Dialectica. Le nombryl.
Z. Grammatica. Le penyl.

A. Iuſticia. La main dextre.
E. Fortitudo. La main ſeneſtre.
I. Prudentia. Le pied dextre.
O. Temperantia. Le pied ſeneſtre.

V. Paſythea. Leſpaule dextre.
Y. Egiale. Leſpaule ſeneſtre.
H. Euphroſyne. Le cropion.

LEs lettres ainſi logees que voyes cy deſſus, ne ſõt pas logees en leur ordre Abecedaire quon tient communement, mais tout a mon eſſient les ay miſes & appliquees ſelon ma petite Philoſophie, pour bailler a cognoiſtre que leur nature & vertus veult quelles ſoient meſlees les vnes auec les autres. Pareil lemét les Sciéces auec les Ars. auec les quatre Vertus, & auec les Graces. Auſſi les Graces auec les vertus, auec les Ars, pareillement auec les Sciences, ainſi comme nous voyons qué ouurage de Marquetis & de Moſaique les pieces tãt petites que grandes de diuerſes coleurs ſont appliquees & aſſemblees les vnes auec les autres en ſorte quelles rendent & font vng oeuure treſbel & parfaict qui eſt dict en Latin. Opus vermiculatum. Opus teſſellatum, & Aſſarotum. du quel Pline en ſõ Hiſtoire naturelle, & Vitruue en ſon Liure Darchitecture par lent aſſez amplement pour ceulx qui en vouldrõt lire & ſcauoit. Nous voyons au prim temps que la beaulte dun pre & dun iardin eſt en la diuerſite & multitu de aſſemblee de diuerſes belles herbes & fleurs, qui de leur odeur rendent vne ſuauite digne quaſi deſtre appelee & ditte choſe diuine & digne deſtre immortelle.

Ouurage de Marquetis & de Moſaique. Pline. Vitruue. Belle cõparaiſon

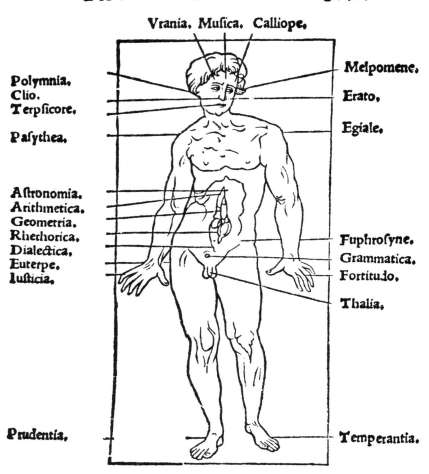

Vrania. Muſica. Calliope.

Polymnia.
Clio.
Terpſicore.

Paſythea.

Aſtronomia.
Arithmetica.
Geometria.
Rhethorica.
Dialectica.
Euterpe.
Iuſticia.

Prudentia.

Melpomene.

Erato.

Egiale.

Fuphroſyne.
Grammatica.
Fortitudo.

Thalia.

Temperantia.

Lhôme parfaict. EN la figure cy deuant faicte, on peut cognoiſtre commãt les nobles & bõs peres Anciens ont inuéte les Sciences & Ars liberaulx ſelon lacord & orſganique conuenance des plus nobles membres du corps humain. & ce, comme iay dit, pour monſtrer que Lhôme parfaict doibt tellement eſtre proportiõne en Science & vertus, que a tous endroicts & propos il ſoit decent & honneſte.

IE ſuis ſeur que iaure cy, comme en beaucop dautres paſſages, des gloſeurs & mordans, mais. Non pili facio. Ie ne les eſtime la valleur dun poil. Ie me deſdie au ſeruice du bien public, pour induyre les non ſcauans a contemplation & apprehenſion des bonnes lettres. «

Digreſſion en concluſion. ON peut cognoiſtre ma petite ſpeculatiõ auoir en ſoy quelque raiſon, enſtendu que iay accorde par Arithmetique & Geometrie toutes noſdites lettres Attiques pour monſtrer leur diuine perfection. Ie ſupplie aux liſans que ſi iay bien ſpecule, quilz men ſachent gre, & ſi non, quilz facent myeulx ſilz peuſ

» uent, afin que leur fcauoirne foit, Thefaurus abfconditus. Ceft a dire, Vng tre
for muffe, & inutile. Ie fcay quil ya mains bons efperits qui efcriroient volun=
tiers beaucop de bonnes chofes filz penfoient les pouuoit bien faire en Grec ou
Latin. & neaumoings Ilz fen deportent de paour de y faire incongruyte ou au=
tre vice quilz doubtent. ou ilz ne veulent efcrire en Francois penfant que la lã=
gue Francoife ne foit pas affez bonne ny elegante. Saulue leur hõneur elle eft
vne des plufbelles & graceufes de toutes les lãgues humaines, comme iay tef=
moigne au Premier Liure par authorites de nobles & anciens Autheurs Poe=
tes & Orateurs tant Latins que Grecqs.

NOus auons veu la conference & accord de noz lettres au corps humain en
general, & en efpecial a la tefte dicelluy corps, mais ie veulx encores cy
enfuyuant, les aucunes lettres accorder a la plaine face du vifage, Les autres
a la moitye, & les aucunes au tiers, & ce porra on cognoiftre par demonftratiõ
figuree & defignee en la figure qui fenfuyt, en la quelle feullement feront figu=
rez trois vifages, & puis apres trois lettres auec lefdits trois vifages.

Cõme ces trois vifa
ges cy pres defi =
gnez font q̃ lũ eft veu
en frõt, lautre a demy
ou enuyron, & le tiers
encores plus racourcy
tout aifi entre noz let=
tres Attiq̃s en ya quõ
voit en plaine fuperfi
ce & quadrature. Ceft
a dire, autant larges
que haultes. Les au =
tres font moings lar=
ges, & les autres enco
res plus eftroictes de=
ftandue en largeur. &
ceft ce que iay ia deuãt
dit, quant iefcripuoye
de combiem de corps

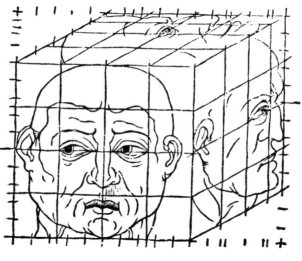

Vifages
en per=
fpectiue.

de largeur eft vne chacune de nofdites lettres. La haulteur en toutes & par tou
tes, excepte le Q, veult toufiours eftre egalle entre deux lignes equidiftantes co
tenans entre elles en efpace dix corps, ceft a dire, dix fois la groffeur de le. I.
Encores icelle lettre Q. a fa tefte de dix corps comme les autres lettres, & fa
queue de quatre corps qui fõt oultre les fufdit dix corps hors & deffoubz les dit
tes deux lignes equidiftantes.

Ordõnãce & accord des Visages & lettres en perspectiue.

Notable singuliec & general.

LA presente figure nous enseigne cõmant ainsi cõme le visage dun hõme en gardant sa hauiteur peut estre veu aucũe fois aussi large q̃ hault, & ce, en droict aspect, & aux autres fois moings large, selon quil est torne. Toutes noz lettres, cõme iay cy deuant dit, veulent tousious estre toutes dune haulteur, mais de largeur non.& la raison vient encores en ensuyuant le naturel du corps humain, & pareillement du vi

saige. Nous voyons quil ya des hommes plus gros de corps & de visaige que les autres.& les vngs plus alegres, plus dextres, & plus portatifz. Les vngs pl⁹ sains, & les autres plus sages. Les vngs plus vertueux, & les autres moings.ainsi ya il des lettres qui sont plus nobles & plus vallant que les autres. Cõme sont

Notable Des cinq vocalles.

A.

E.

I.

Terence

O.

V.

Lettres maniables.

Lettres Liquides.

L. M. N. R,

les vocales, sans lesquelles vraye syllabe Grecque, Latine, ne Francoise, ne peut estre. Car en chacune syllabe quon scauroit dire ya pour le moings vne vocale, Et bien souuant vne syllabe, pareillement vne diction, sans autre lettre, est faicte dune desdites vocales, qui sont cinq en nombre, cest a scauoir. A.E. I O.V Exemple de A seul faisant vne syllabe. Amen.faisant vne diction. Ne discesseris a me.Exemple en francois dudit A.seul en syllabe & en diction Aco stumez a biẽ dire & bien faire. Fxemple de le E.faisant syllabe luy seul & dictiõ Ftiam.eia, e regione.Exemple en francois quant il est seullement en syllabe. Estiene est en esmoy. Exemple de le I.faisant syllabe & diction. Item.Ibo.I. Terentius in Andria. I.præ, sequar. Exemble en francois sera seullement quãt il est mis en syllabe & non en diction.car I.ne peut estre ne faire diction en nostre langage, combien que en chifre & en conte est souuant mis pour vng. Dõques exemple sera.Item qui est receu de latin en Francois, & issue de table.O. pareillement peut faire syllabe & diction. Syllabe, Olor, omen. O Mœlibeæ Deus nobis hæc ocia fecit.Exemple en francois, Ostier doibt hõmage au caignard.O quil est peu de bõs amys. Le V.nest vsite quen syllabe, car en Latin Il ne faict point seul quelque diction. Donques exemple sera.Vsus vbique valet.En francois pouuons dire, Vsage, & Vsufruyct. Le Picard met bien le dit V.en diction quant il dit. V.est no fieux. V.est men baron.

IL ya dautres lettres qui sont maniables & si faciles en leur vertus quelles se scoulent, & quasi comme inuisibles seuanoissent en aucunes syllabes, ayant deuant elles vne Mute, & ne aident pas tousious la quantite des vocales mises deuant elles.& celles sont dittes en Latin. Liquidæ.quia liquescunt post Mutas positæ in eadem syllaba. Les Liquides, qui sont en nombre quatre cest a sa uoir L.M.N.R.sont en quantite metrique si fluentes, que aucuneffois font position, cest a dire, produysent & font longue la vocale precedente, & aucuneffois la laissent breue, cõme en ces dictiõs Latines.Patris.Tenebræ.Stagna

La quelle chofe on peult veoir amplement en Terentian la ou il dit.   Terétian

   Ecce ftagna madent triplici fic fyllaba pacto

   Temporis acceffu non tantum eft reddita longa.

   Sed dedit & vireis geminis augere Trocheum.

Alde auffi en fa trefelegante Grammaire enfeigne treffcauáment de cefte ma=   Alde.
tiere en fon .IIII .liure.au Chapitre De feptem modis communium fyllabarū.
la ou il dit.M.& N.liquidas & cætera.Iufques la ou il ya.Duæ præterea Mutæ
inueniuntur aliquando non producere antecedentem breuem:vt M.& N.liqui   Belle fi=
dæ.La quelle chofe ie laiffe aux bōs eftudiens pour le veoir au long fus le lieu,   militude.
et dis en fimilitude, que liquides font comme aulcuns hommes qui font grans
diffimuleurs, grans afronteurs, & fcauent leurs efchapatoires myeulx et plus
promptement que mouuoir leurs doitz.

EN noftre langage Francois ne pouuons vfer de la vertus de cefdictes Li=
quides fi non en Orthographe feullement, par faulte q noftre langue neft
pas ordōnee par reigles de Grammaire, comme font la Grecque & la Latine.

IL ya daultres lettres qui font fi vertueufes, que vne en vault deux, &
pource elles fōt appellees en Latin Duplices.Ceft a dire, Doubles lettres,
et elles font deux en nombre.X.& Z. Le X. eft mis pour c.& s.ou pour g.& f.   X & Z.
Le Z.pour double ff.ou fi voules aultrement dire,dictes pour deux ff. Pareille   font dou
ment pour f.& d. Les Latins ont cefte reigle, & nous ne la tenons q bien loing   bles lfes.
apres eulx, car comme iay dict, noftre lāgue neft pas encores affeuree par Rei=
gle comme la leur, mais elle le fera quelque fois fi plaift a noftre feigneur.

LEs Latins,comme iay dict,mettent X.pour c.& s.ou pour g.& s.quant en   Notez
lieu defcripre Regs regis, & Ducs ducis,il efcripuent Rex regis, & Dux   icy la bel
ducis. Semblablement en lieu defcripre Patriffo, & Pitiffo, ilz efcripuent Pa=   le reigle.
trizo, & Pitizo,comme font les Grecs.Et en lieu defcripre Gafda,ilz efcripuēt
Gaza. Ces deux lettres Doubles X. & Z. font bien auffi aucuneffois fimples
Confones en quantite de fyllabe,comme treffcauáment Alde le tefmoigne au   Alde.
fufdict.IIII.liure de fa Grammaire,au Chapiftre, De feptem modis commu=
nium fyllabarum.quant il dict.Quintus modus eft,cum correptam vocalem fu
fcipit Z.& cætera.

COmme il ya des hommes qui ne font guéres vertueux,mais de petite effi=   Notable
cace,fi non en nombre,comme eft le o.en Chiffre qui apart luy ne faict au   fingulier
cun nombre,mais auec les aultres,il les multiplie en valleur.Ainfi eft de la let=   de la let=
tre S.laquelle eft aucuneffois comme liquide, faifant longue en quantite de fyl   tre S.
labe la vocale qui la precede, & aucuneffois non, & bien fouuant feuanoift &
fe pert en quantite metrique. Comme dit Prifcian, en fon Premier liure, ou il   Prifcian.
traicte. De literarum commutatione. quant il dit. S.in metro apud vetuftiffi=
mos vim fuam frequenter amittit.Virgilius in vndecimo Aeneidos.   Virgile.

   Ponite fpes fibi quifq;,fed hæc quam angufta videtis.

   Idem in Duodecimo.

   Inter fe coiffe viros & decernere ferro.

Ie baillerois daultres exemples commant elle fe pert en metre,mais ie renuoye
le bon eftudient a Terentian autheur iadis trefgraue & folide en fon Art.& au   Terétian
bon Alde au.IIII.liure de fa dicte & ia fufalleguee Grammaire. In tertio mo=   Alde.
do communium fyllabarum.

Pour monftrer la mutabilite de la dicte lettre S.les Anciens lont figuree tor
tue & de moyenne largeur,comme nous verrons au renc de fa facon & fi
gure,aidant noftre feigneur,& en dirons côme des aultres,quelque bonne cho
fe,en enfuyuant la doctrine des bons Autheurs.

Nous nous aidons bien de le S.en efcripture,mais en pronûciation ie treu
ue quil en ya qui fen acquitent mal,car en lieu de dire. Deus deus meus
Iuftus & fortis Dominus.ilz begayent & mengent la queue difant. Deu, deu,
meu,iuftu,& forti.dominu.qui eft vng trefgrant vice,& trop commun a beau=
cop de fimples gens.Vng homme qui veult quon le croye facilemêt,& qui de=
fire quon adiouxte pleine foy a fes parolles,doibt en bien difant pronûcer ne
ctement & purement toutes fes fyllabes,tant a la fin des dictions que au comâ
cement.Car quant on ne pronûce bien,il femble aux auditeurs quon les moc=
que,ou quon ne fcait qnon dit.Et eulx fe fafchant de tel langage,penfent incô
tinêt ailleurs,ou fendormiêt,ou fen vont du lieu on quel on parle fi ineptemêt.
ou,qui pis eft,rompent le propos bien fouuent en eulx corrouceant.Ien dirois
affes dexemples en Francois,mais il fembleroit a daulcuns que ie le ferois par
mocquerie,par quoy ie men deporteray pour cefte heure,& reuiendray de re=
chef & dabundance a monftrer la diuine perfection de noz bonnes & diuines
lettres Attiques.

Les mal
pronun=
ceât le S.

Notable
pour biê
.pnuncer

Ie ne puis icy paffer oultre fans monftrer que nofdictes lettres ont efte inuen
tees par infpiration diuine.Il eft certain que le Roy des Poetes Grecz nom
me Homere au commancement du.VIII.liure de fon Iliade,a faind que ia=
dis Iupiter difoit que luy feul dune chaine dor tireroit biê a luy,fil vouloit,tous
les aultres Dieux,voire & auec eulx la terre,& la mer.Lucian entre les Dia=
logues des Dieux,introduyt Mars & Mercure monopolans & murmurans cô=
tre Iupiter a caufe de celle dicte Chaine,& Macrobe lung de plufgrans Philo=
fophes Latins en a faict memoire au Premier liure.In fomniû Scipionis . quât
il dit.Cûq; omnia continuis fucceffionibus fe fequantur degenerantia, per or=
dinem ad imum meandi,inuenietur preffius intuenti,a fummo Deo vfq; ad vl=
timum vna fe mutuis vinculis religâs,& nufquam interrupta connexio. Et hec
eft Homeri Cathena aurea/quam pendere de cœlo in terras Deum iuffiffe com=
memorat.Qui vouldra,dit il,bien fpeculer/& contêpler,il trouuera vne Chai=
ne & connexion qui fentretient de boucles entrelaffees,& pend du Ciel iufques
en terre,qui eft a dire,que toute infufion fpirituelle & corporelle que pouuons
auoit icy en bas,vient & procede du fouuerain createur de tout le monde. Ima
gynons doncques icy,& penfons que nous voyons cefte dicte Chaine dor pen
dant du Ciel iufques a noz piedz,& que icelle Chaine eft de la longueur & lar
geur bien proportionnee & conuenable a la fymmetrye de noftre lettre propor
tionnaire I.& nous cognoiftrons que la fiction de Homere a intelligence a lin
fpiration & a linuention des bonnes Lettres & Sciences lefquelles nont peu,
ne ne peuuent eftre cogneues fans laide & infpiration diuine.

Homere
Roy des
Poetes
Grecs.
Belle fa=
ble.
Lucian.
Macrobe

La chai=
ne dor du
noble Po
ete Grec
Homere.

Pour monftrer laccord de noz lettres a icelle Chaine dor, ie lay cy pres fi
guree & defignee auec noftre dict I.afin que auec mes dicts on puiffe my=
eulx cognoiftre a loeuil la Philofophie qui gift & que iay contemplee autour
de nofdictes lettres.

ON peult veoir en la figure cy pres
faicte & designee le diuin acord
de nostre lr̃e proportiõnaire a la Chai=
ne dor homerique. & cõmant ie lay pro
portiõnee en sorte & raison quil y a iu=
stement dix chainons & boucles acor=
dãs aux dix corps de la haulteur dudict
I. & pareillemẽt aux neuf Muses & leur
Apollo, q̃ iay piecza cy dessus figurez
et ordonnez ensemble. La raison pour=
quoy ien ay plustost assigne dix que pl⁹
ou moings, est clerement dicte, mais da
uantage ie treuue que noz bons Peres
Anciens ont volu entẽdre consommee
et entiere perfection au nõbre dixiesme
entendu quil est nombre Per, compose
de nõbre Per & Imper. Martianus Ca
pella en son. VII. liure ou il parle De
Decade, nous en est bõ tesmoing quãt
il dict. Decas vero vltra omnes habẽda

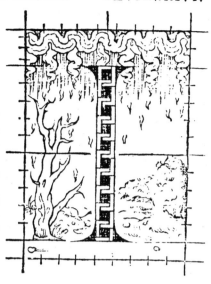

Ordoñ=
nance de
la Chai=
ne dor ho
merique
a le I.

Raison
notable
pour les
dix corps
de chacu
ne lettre,

Martia=
nus Ca=
pella,

quæ omnes numeros diuersæ virtutis ac perfectionis intra se habet. La dixene
dict il, voirement est de passe & dexcellence, en tant quelle contient & a en soy
tous les nombres de Per & Imper. Cest a dire de vertus & perfection.

IE puis doncques bien dire, & soubstenir veritablement q̃ iay bonne raison
dauoir proportiõne mes lettres en la haulteur de dix cors, qui est le plus no=
ble & parfaict de tous aultres nombres, entendu que les bons Peres Anciens
ont volu situer tous les nombres & signes Darithmetique & Chiffre soubz luy.
et que apres luy nya point de nombre qui aye nom particulier, mais nom repe
te, comme on voit en disant, vnze, douze, treze, & ainsi consequentement des
aultres nõbres qui signifient vng ou deux, ou trois, ou plus, apres & auec dix.

LE Roy des Poetes Grecz Homere, voulant monstrer secretement q̃ lhom
me parfaict en conseil est celluy en qui tout bon scauoir est & habite, in=
troduyt Agamenon au premier liure de son Iliade desirant pouuoir auoir De
cem Nestores, quant il dict. Ad quem respondens Agamenon. Enim vero, in=
quit, venerande senex Omnes sine controuersia Grecos Senatores vincis in di
cenda sentẽtia. Atq; vtinam fecisses pater Iupiter: tuq; o Minerua: & tu Apol=
lo: vt decem mihi ex omnibus Græcis forent tanto cõsilio viri. Breui profecto
Troia nostris manibus capta/deleretur.

Agamenon respondant a Nestor luy dict. O venerable homme Ancien : sans
faulte aucune tu surmontes en sentence & bõne opinion tous les Senateurs de
Grece. Ie vouldrois Iupiter/quil te pleust/& toy Minerue, peillemẽt toy Apol
lo: que de tous les hommes Grecz ien eusse dix semblables a Nestor. Sans faul
te, Troye prinse de noz mains, seroit en brief destruyte.

IE allegue icy ces belles choses pour tousiours plusamplemẽt mõstrer la grã
de & souueraine perfection de noz lettres. Elles sont si bien cõpassees & or
donnees quelles saccordent ensemble comme font les boucles & chainons du=
ne chaine dor, car les Letres & Sciences sont si cousines & seurs ensemble que
si vous aues cognoissance a lune, vous aues entree & acces aux aultres. Com=
me nous voyons par esperience au temps deste quant les Cerises sont bõnes a

Notez bi
en icy &
retenez.

Homere.

Decem
Nestores

Dix hom
mes sem=
blables a
Nestor.

Belle si=
militude.

menger, & q̃ on en cuyde prendre vne au plat, on en tyre apres & auec la pre=
miere quon cuyde prendre feulle, fix, ou fept, neuf, ou dix. Horace auffi en fon
Art poetic, a ce ppos, Ceft a dire, que le nõbre dixiefme eft trefparfaict a dict
Decies repetita placebunt. Les chofes, dict il, repetees dix fois, feront bonnes «
et a plaifir, & auec ce plus parfaictes. Iay dõcques a bõne raifon diuife la haul=
teur & largeur fuperficialle de noz lettres en dix corps, & la chaine dor en dix
boucles acordãs a noftre lettrre proportiõnaire I. Il en ya aucuns qui, comme
clercs parlent darmes, difent quelles veulent eftre diuifees feullemẽt en fix. Les
aultres en huit, & les aultres en neuf. Mais ie ne fcay quelz fix, quelz huit, ne
quelz neuf ilz entendent, fi fe font parties, ou corps, ou lignes. Mais ie croy
quilz en parlent plus pour cuyder monftrer quilz y entendent quelque chofe,
que par vray fcauoir ne experience, parquoy ie les laiffe en leur opinion mal
fondee en raifon.

Horace.

Belle rai=
fon & cõ
clufion.

Notez
icy cõtre
les nõ fca
uãfiã me
fure des
lettres
Attiques

PEu de gens euffent penfe que noftre fufdict Roy des Poetes Grecz Home
re par fa chaine dor euft fegretement, & foubz lefcorche de fable poetique
entendu linfpiration diuine des lettres & Sciéces, & la cõnexion dicelles. mais
en y auyfant bien pres, fi faifoit. combien quil femble de prime face que non.
Et pour le bailler a rumyner & confiderer aux deuots amateurs des bonnes let=
tres ie le allegueray icy afin quon le voye & entende bien,

Homere.

Γνωσετ᾽επειτ᾽οσον ειμι θεων καρτιστοσ απαντ᾽
Ειδ᾽αγε πειρησασθε θεοι ινα ειδετε παντεσ,
Σειρην χρυσειην εξ ουρανοθεν κρεμαντεσ,
Παντεσ δ᾽εξαπτεσθε θεοι, πασαι τεθεαιναι.
Αλλ᾽ουκ αν ερυσαιτ᾽εξ ουρανοθεν πεδιονδε
ζην υπατον μηστωρ᾽ ουδ᾽ει μαλα πολλα καμοιτε
Αλλ᾽οτε δη και εγων προφρων εθελοιμι ερυσσαι,
Αυτη κεν γαιη ερυσχι μ᾽ αυτη τε θαλασση.
Σειρην μεν κεν επειτα περι ριων ουλυμποιο
Δησαι μην.ταδε κ᾽αυτε μετηορα παντα γενοιτο.
Τοσσον εγω περιτ᾽ειμι θεων,περιτ᾽ς μ᾽ανθρωπων.
Ceft a dire en Latin. ainfi que Laurent Valle nous la tranflate.

Laurent
valle.

Agedum auream reftim e cœlo fufpendite, eaq; cuncti Dij ac Dee apprehẽ «
fa/me hinc detrahite in terram. Nullo id quantolibet nixu poteritis efficere. At «
cum mihi facere idem irato libuerit, in terras vos vniuerfos, & in maria vfq; de «
traherem. quinetiam circumligata refte hac ad fummitatem olympi omnia fu= «
perne alleuarem, vt intelligatis quantum ego Deos fimulatq; hoies antecello. «
Ceft a dire en Francois ainfi comme Iupiter eft introduyt parlant, quãt il dit.

La Chai
ne dor ho
merique.

SI vous voulez experimenter mes vertus & force, & voulez de moy certain
enfeignemẽt, defpefches vous, & pendes au Ciel vne chaine dor, & fi vous
tous/ tant Dieux que Deeffes pouuez, tirez moy dicy en terre : ie fcay que de
toute voftre puiffance ne le porrez faire. Mais quant ie feray courouce, fil me
plaift, ie vous tireray tous & ruyneray cã & la par terre & par mer. Et fi ya biẽ
plus, que de cefte dicte Chaine dor/ ie porrois leuer luniuerfelle terre & la mer
iufques au plus hault du Ciel Olympique. Et porce entendez combien ie exce
de & paffe en puiffance les Dieux/ & femblablement les humains.

Sens mo
ral.

DOncq̃s a bõ ppos cefte dicte Chaine dor quauõs appliquee a nr̃e I. nõ
fignifira en fens moral cõmãt la cognoiffãce & linfpiratiõ des lr̃es nous

vient du Ciel & de Dieu, que icelles lettres font fi affines & prochaines en con=
nexion, quelles participent toutes lune de lautre, femblalement les Sciences,
et confequentement les Vertus.

Virgile/grant imitateur Dhomere en lieu de cefte dicte chaine dor a imagi　Virgile a
ne & faint vng Rameau dor a fon Eneas, qui eft a dire en fens moral, que　imagine
tout hôme lettre & vertueux porte en fa main, Ceft a dire, a fon vfage, vng Ra　vng Ra=
meau de Sapience qui eft dor, cöme du plus precieux de tous les metaulx. La　meau dor
Sibyle, Ceft a dire, Linfpiration diuine, dit a Eneas, Ceft a dire, au deuot ama　en fens
teur & contemplateur de vertus, la quelle principallemét gift en lettres & bon　moral.
ne Science, ce qui fenfuyt: & eft efcript au. VI. liure des Eneides dudit Virgile,

" 　Accipe quæ peragenda prius, latet arbore opaca　　　　　　　　　　Virgile.
" 　Aureus & folijs & lento vimine ramus,
" 　Iunoni infernæ dictus facer, hunc tegit omnis
" 　Lucus, & obfcuris claudunt conuallibus vmbræ,
" 　Sed non ante datur telluris operta fubire,
" 　Auricomos quam quis decerpferit arbore fœtus.
" 　Hoc fibi pulchra fuum ferri Proferpina munus
" 　Inftituit, primo auulfo non deficit alter
" 　Aureus, & fimili frondefcit virga metallo.
" 　Ergo/alte veftiga oculis, & rite repertum
" 　Carpe manu, namq; ipfe volens, facilifq; fequetur.

Imaginez icy que voyez vne dame nommee Infpiration diuine, qui dit au　Infpira=
bon eftudient & vertueux ieune homme, ce qui fenfuyt tráflate en Frácois,　tion diuine

Efcoute, dit elle, ce quil te conuiét faire auát toutes chofes. Il ya en cefte fo
reft mondaine vng Rameau dor muffe en vne grandє arbre fort branchue/
et moult rallue. Ce Rameau a les Branches & fes feuilles fouples & bien mania
bles, & eft dedie a Iuno Deeffe dembas. Iceluy eft euuironne de grant nombre
de vielles arbres, & de vallees vmbrageufes. Et faches quil ny a hôme qui puif=
fe entrer en la profundite de la terre, quil naye auant cueilly ce dict Rameau
dor. Car la belle Deeffe Proferpine a inftitue quon luy en face vng prefent.
Auffi toft que tu en auras cueilly vng, incontinent il y en naiftra & fortira vng
aultre dor & de femblable matiere. Et pource doncques cherche bien, & conté
ple de tes yeulx, & fi toft que tu lauras rencôtre, cueille le de ta main. Tu le por
ras facilement auoir, en tant quil fe lairra comme de foymefmes & a ton aife
tirer de fon lieu.

Doncques ce beau Rameau dor cômela chaine dor Dhomere, eft enten=　Declara=
du Science, du quel les feuilles qui font. XXIII. en nôbre, font les vingt　tion du
et trois lettres Abecedaires. Et celluy qui le peult trouver en la gráde foreft des　Rameau
miferes & vallees de ce monde, eft vng Eneas. Ceft a dire, vng hôme de vertus　dor.
et digne de toute louange. Car Αινιασ, en Grec vault autant a dire, que, hom　Eneas.
me louable, & digne de tout hôneur. La caufe pour quoy ie dis & allegue ces　Notez
belles chofes en paffant, eft pour toufiours myeulx exaulcer noz bônes lettres,　icy & en=
et pour plus honneftement perfuader aux bons efperits mettre leur cueur & bô　tédez bié
amour aux dictes Lettres & Science.

IAy dict que ce Rameau dor auoit vingt & trois feuilles en fegrete fignifica=
tion de vingt & trois lettres Abecedàires. Et fi on me demandoit commant
ie le fcay, ie dirois que le noble Poete Virgile le ma enfeigne tandifque ie con=
templois fon Aeneas, voulát trouer ce dict Rameau dor pour defcendre es en=

fers de profunde speculation des vices & vertus de ceste vie mortelle. Et si quel
que noble cueur veult cognoistre au doyt & a loeuil le lieu ou il trouuera ce dict
nombre de vingt & trois, si life au Sixiesme liure des Eneides, la ou comme iay
allegue Virgile introduyt la Sibylle côseillât a Eneas chercher ce Rameau dor
et il trouuera que le Poete scientement & secretemêt la faict parler en .XXIII.
metres, defquelz le premier est.

Virgile.

Notez icy le beau secret et son explication

Tros anchisiade:facilis descensus auerni. Et en procedant le dernier metre est.
Vincere nec duro poteris conuellere ferro . En comptant ces deux metres , &
ceulx qui sont entre eulx, on y en trouuera .XXIII. metres. Et si on me repli-
quoit que ce sont metres & non pas lettres : ie dirois que pour la collocution &
description de la chose, il a faict metres en nombre .XXIII. Pour lintelligence
du quel nombre, il entendoit segretemêt lesdictes vingt & trois lettres Abecedaires, sans lesquelles on ne peult acquerir Science ne parfaicte Vertus. On ne
trouuera pas ces choses dedans les Cômentaires sus le lieu allegue, car les Cô-
mentateurs sarrestêt a suyure leur stile de Commentateur, & ie me suis arreste a
la contemplation, a la signification, & a la moralite des lettres. Il en ya qui disent que Virgile entendoit par ce Rameau dor, vng rameau de Guyst, qui est
quasi de couleur dor, & qui a des petits gtains ronds & blancs comme Perles,
mais saulue leur honneur, il entendoit, côme iay dict, Science : de la quelle les
feuilles sôt lettres. Si on oste les feuilles dung rameau, il nest plus rameau, mais
vne branche. Aussi si on oste les lettres de Science, ce nest plus Science, mais
Ignorâce. Et pour bailler ce propos deuant les yeulx, ien figureray icy pres de
chacûe vne figure & deseing. Cest a scauoir vng Rameau & vne Brâche. Mais
auant ce/iescripray ici les dictz XXIII. metres tout au long, afin que les estudiens soient solacez de ne les aller querir en Virgille.

Belle si-militude, de Sciêce et Igno-rance.

Virgile.

Tros anchisiade/facilis descensus auerni,
Noctes/atq; dies patet atri ianua Ditis,
Sed reuocare gradum/superasq; euadere ad auras.
Hoc opus, hic labor est. Pauci quos æquus amauit
Iuppiter, aut ardens euexit ad æthera virtus.
Dijs geniti potuere. tenent media omnia syluæ,
Cocytusq; sinu labens circunfluit atro.
Quod si tantus amor/menti si tanta cupido est
Bis stygios innare lacus, bis nigra videre
Tartara, & insano iuuat indulgere labori,
Accipe quæ peragenda prius. latet arbore opaca
Aureus/& folijs/& lento vimine ramus,
Iunoni infernæ dictus sacer. hunc tegit omnis
Lucus, & obscuris claudunt conuallibus vmbræ.
Sed non ante datur telluris operta subire,
Auricomos quam quis decerpserit arbore fœtus
Hoc sibi pulchra suum ferri Proserpina munus
Instituit, primo auulso non deficit alter
Aureus, & simili frondescit virga metallo.
Ergo alte vestiga oculis, & rite repertum
Carpe manu, namq; ipse volens facilisq; sequetur.
Si te fata vocant/aliter non viribus vllis
Vincere/nec duro poteris conuellere ferro.

VEla les .XXIII. metres esqlz nře rameau dor est descript, & au ql pouuôs
ymaginer .XXIII. fueilles desquelles en chascûe aura vne lettre escripte,

" QVant la Sibyle dit en oultre. Præterea iacet examinum tibi corpus amici. **Notablé**
" Heu nescis, totâq; incestat fumere classem. **singulier,**

Ce nest plus du propos dudit Rameau dor, mais dun autre, parquoy donques celluy qui bien auysera le sens interieur de Virgile, trouuera estre vray tout ce que ien ay ia cy dessus dit & escript selon ma petite apprehension.

LE RAMEAV DOR ET DE SCIENCE.

IAy designe le Rameau dor selon Virgile cydessⁱ, qui nous signifie cōme iay dit, Science. & pareillement La Branche sans feuilles, qui nous deuote Ignorāce. mais auysez bien au dit Rameau dor, commāt ie y ay ordone trois verges, ètre lesquelles celle du mylieu qui est la plus lōgue & la principalle, a neuf fueilles, dedās lesquelles sont escriptes lune apart de lautre, les neuf Mutes.B.C.D.F.G.K P.Q.T.qui nous representent les neuf Muses.Puis en lautre verge qui é du coste senestre, ya sept fueilles esquelles pareillement sont escriptes lune a part de lautre les sept Semi nocales.L.M.N.R S.X.& Z. qui nous representent aussi, Les sept Ars libe= raulx. Tout sembla blemēt la dextre & tierce verge a en elle sept fueilles, es=

Science, Ignorāce

Trois ver ges au Rameau dor, & leur signi fication,

LA BRANCHE DIGNORANCE

Notez & entendes bien icy,

quelles sont escriptes.Les cinq vocales Latines.A.E.I.O.V.& vne Greque. Y.& auec celles H .laspiratiō, laquelle pource quelle nest du tout reputee vrasye lettre, est escripte en la plusbasse fueille. Pour lesquelles six Vocales, & H. aspiration, entendons les quatre vertus Cardinales & les trois Graces de venus

F.iiij.

fte & decente honeftete. Parquoy donques on dit Rameau de Virgile font cõ-
prifes & entendues fegretement lefdites neut Mufes, les fept Ars liberaulx. les
quatre vertus Cardinales, & les trois Graces qui acomplicent le nombre des.
XXIII.lettres Abecedaires.

Conclufiõ pour le Rameau dor.

AV moings mal que iay peu, la grace a Dieu, felon ma petite Theorique, &
fpeculatiõ philofophiq̃, I ay appliq̃ la Chaine dor homeriq̃ a nr̃e lettre ,p̃-
portionaire I.& le Rameau dor de Virgile aux neuf Mufes & leur feq̃le.Mainte
nãt au plaifir de nr̃e feigneur, I eveulx eftãdre la ditte Chaie dor homeriq̃ q̃ iay
faicte en le I.feullemẽt de dix chainõs, qui reṕlẽtẽt les neuf Mufes & leur Apol
lo, en vigt & trois chainõs ,pportiõnez iuftemẽt tout a letour de lautre lettre p̃-
portiõnaire O.qui rep̃fenterõt encores, cõme ont faict les fueilles du Rameau
dor de Virgile, les.XXIII.lettres Abecedaires, & femblablemẽt lefdittes neuf
Mufes & leur feq̃le.La q̃lle totalle chofe pour eftre myeulx baillee a entendre,
I e lay cy pres & deffoubz figuree en vng defeing au moings mal que iay peu,
laiffant myeulx faire a ceux qui le pourront & le vouldront.

Difpcfition a la matiere cy pres enfuyuãt

Ordõnãce generalle, & tresbelle en conclufion.

EN la prochaine
figure iay defi-
gne & conftitue le.
O. en fon quarre &
fuperfice equilate-
ral felon fa deue ,p̃-
portiõ de dix corps
de haulteur & dix
autres de largeur di
uifez entre vnze li-
gnes tant dun cofte
que dautre, Cefta-
dire tãt de haulteur
que de largeur.com
me on peut facile-
ment cognoiftre a
loeuil & au cõpas,
pour monftrer la=
cord des dits.XX=
III.chainnons aux
XXIII.lettres que
iay efcriptes dedãs
les rayõs du Soleil,
chacune apart foy
lune apres laultre
au droit dun chafcũ
chaynõ, & par de-
hors entre lefdit ra-
yons de Soleil, Iay
efcript auffi & loge
les neuf Mufes, les
fept Ars liberaulx,
les quatre vert' Car
dinales, & les trois

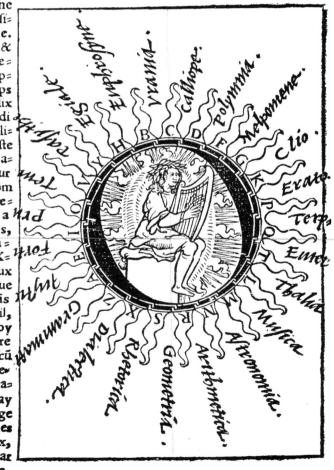

Graces fe logeãt chacune lune apart de lautre.& tout au mylieu de le O. Ie y
ay defigne & pourtrait Apollo iouant de fa diuine harpe. Pour monftrer que la
concathenation & ronde perfection des Lettres, Mufes, Ars liberaulx, Vertus Sens mo
Card, & Graces nous font infpirees & norices par Apollo, ceft a dire, par le ral,
Soleil, ou fi vous voules myeulx dire, dictez, par noftre vray Dieu & createur
qui eft le vray Soleil, fans laide du quel, tout corps & tout efperit eft toufiours
ebete & inutile, & fans le quel ne pouuons auoir en nous aucune cognoiffance
de lettres, de Science, ne de vertus quelconque.

LA rotondite de le O. en fa quadrature, & auffi la rotondite de la chaîne dor Reigle
homerique appliquee au dit O, nous fignifie la perfection & adherence de de Geo=
toutes vertus que doibt auoir tout bon eftudient en foy. Il eft certain en Geo= metrie.
metrie, que figure ronde, tant folide que non, eft la plus capable, & la plus par= Horace.
faicte de toutes. Quant Horace dit en fon Art poetiq.

" Graiis dedit ore rotondo
" Mufa loqui,

Il nentendoit pas que les Grecs euffent la bouche ronde comme la guelle dũ
puys, ou comme vne boule, mais entendoit que leur Mufe, leur Sciêce, & leur Beau
langue eft trefparfaicte. A cefte caufe doncques cefte rotondite nous fignifira, Notable
comme iay dit, toute entiere perfection qui gift en la vraye cognoiffance des bõ
nes lettres & Sciences.

ON peut donques a cefte heure fuffifammêt veoir noz deux lettres propor
tiõnaires & triũphãtes I. & O. eftre deumêt proportiõnees & appliquees Conclu-
" a la Chaîne dor homerique, & que a bõ propos en nous efioyffant pouuõs dire fion,
" & reiterer. IO. IO. Dicam⁹ IO. IO. dulces homeriaci. Dicite IO. Pæã, & IO.
" bis dicite Pæan. Non femel dicemus IO. triumphe.

POur monftrer que ceulx qui ont la cognoiffance des bonnes lettres ont le Ordõnã
fuperintendit & lexellence fus les ignorans, & pour eueiller & euertuer les ce pour
bons efperits, ie feray cy pres enfuyuant vne figure & defeing ou Appollo en le trium=
vng Char dor & de riche pierrerie fera mene triũphãmant par fes neuf Mufes, phe Da=
les fept Ars liberaulx, les quatre vert⁹ Cardinales, & les trois Graces. Les qua pollo.
tre vertus Cardinales tiendrõt les quatre coings dudit Char, & les trois Noms
Graces conduyront les trois cheuaulx dicelluy Char, nommez Eous, Pyrous, des che=
& Aethon. En ce triumphe vne chacune defdites dames portera en lune des fes uaulx ti=
mains vng gerule & bafton de festin. que les Romains appellent auiourdhuy rans le
vng Haulfe compaire. & fera fon office & contenence en iubilant & faifant grã= Char tri=
de chere & fefte triumphante. Appollo fera affis en fon Char iouant de fa diui= umphãt
ne harpe, Apres le Char feront menez Bacchus & Ceres, pareillement Venus Dapollo
liez & prifonniers en captiuite, pour nous mõftrer que pour triumpher aux let= Bacchus
tres fault eftre foubre en boire en méger, & en fenfualite charnelle. Toutes ces Ceres,
belles chofes ia paintes en parolles & defcription feront faictes en defeing, afin Venus &
que les non lettrez / encores en voyant lordonance y puiffent prendre plaifir a fens mo=
loeuil corporel, pour en refiouyr loeuil fpirituel, & pour les animer a la cognoif= ral di=
fance des bonnes lettres & Sciences.   ceulx.

LE TRIVM
PHE DA=
POLLO
ET DESES
MVSES.

a

Trium=
phe Da=
pollo, &
fens mo=
ral dicel=
luy.
France=
fco Pe=
trarcha.

OR voyez doncques le beau triumphe Dapollo, auec fes Mufes & autres dames compaignes qui nous monftrent a loeuil commant au moyen des bonnes lettres & Sciences tout homme en bien vfant peut paruenir a confomme hôneur & immortalite de fon nom. Si a ce propos on defiroit en veoir plus a plain, quon fen aille efbatre a lire aux Triũphes de meffer Erancefco Petratcha, & on trouuera au Triũphe de Renõmee commãt les Poetes, les Philofophes, & les Orateurs par leur ftudicufe vertus, côbien quilz foiét piecza morts corporellement, viuent fpirituellement, & viuront plufque nulz autres tant vertueulx ayent ilz peu eftre.

La gou=
te dor.
Iupiter,
Acrifius,
Danae,
Moly.
Homere.

IE porrois cy adiouxter dauãtage, & approprier, pareillement moralifer **La goute dor** en la quelle, felon les Poetes & Philofophes anciens Iupiter fe tranfmua pour defcendre du Ciel en Terre en la tour de Acrifius Roy de Grece, & pere de la belle Danae. Semblablement ie porrois auffi efcrire de lherbe & verge mercurialle nõmee en Grec Moly. De la quelle Homere faict menfion **cc** en fon Odiffee, au dixiefme liure, mais laiffant ces chofes a rumyner aux bons efperits, Ie pafferay oultre, & viendray a proportiõner & defcrire toutes noz lettres Attiques & Abecedaires lune apres lautre felon leur ordre vulgaire. Et pour y commancer, auec laide de Dieu, Il me fouuient que iay piecza dit cy

Lifflābe.
Diofcori
de, Mar=
cel Vir=
gile,
Hyacin=
thiol.

deffus, que toutes nofdites lettres Attiques font faictes & participantes de le I. & de le O. & que I. & A. auoient efte fantafiez en la fleur dun lis ayant couleur de pourpre, quon dit en Paris Lifflamble, & que Diofcoride, femblablement fon tranflateur Florentin nõme Marcel virgile, appellent Hyacinthus. que le langage vulgaire Italien nõme & dit Hyacintiol, ien fays cy prefvng defeing au quel le A. eft affis fus vng dit Lifflambe en quadrature & rotondite pareillement eft faict de la I. multiplie en triangle, ou fi voules autrement dire, dittez que le A, eft faict de trois I, affis & logez lun fus lautre, en prenãt de chacun ce quil conuient a former vng A parfaict, comme pouuez veoir au dit defeing enfuyuant, au quel iay faict le A, noir, & le refte des trois I, Ie lay laiffe en blanc comme chofe fuperabundante du dit A. Le defeing eft tel quil fenfuyt.

b
BACCHVS
CERES ET
VENVS
SONT ICY
MENEZ CA
PTIFZ.

VEla donques comme iay dit, commant le I,
eſt le modele & proportion aux lēttres At=
tiques, Ceſt a ſcauoir, a celles qui ont iambes dro=
ittes. Nous verrons de le O.ou nous ferons le B.
qui eſt de le I.& de le O. entendu quil a iambe &
panſe qui denote briſeure.

EN ceſt endroit louuant noſtre ſeigneur Dieu,
Ie feray fin a noſtre Segond liure, au quel
auons ſelon noſtre petit entendement demon=
ſtre lorigie des lettres Attiques & auós voulu ſua=
der & prier, la quelle choſe encorcs prions, que
quelques bons eſperits ſeuertuaſſent a mettre no=
ſtre langue francoiſe par reigle, afin quen peuſ=
ſions vſer honneſtement & ſeurement a coucher
par eſcript les bonnes Sciences, quil nous fault
mendier des Hebreux, des Grecs, & des Latins,
& que ne pouuons auoir ſans grans couſts / fraiz/
& deſpens de temps & dargent.

**LA FIN DV SEGOND
LIVRE.**

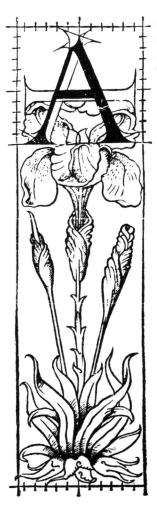

Ordõnã
ce de le
A, faict
de trois
I .ſus la
fleur du
Lilſlābe.

Notez
bien icy,
& enten=
dez.

V cômancemant du petit Liure que les
bons Peres baillent a leurs petits en=
fans pour commancer a aller a icicole,
et aprédre le Pater noster. Aue maria.
Credo in deu, & les aultres petites bon
nes choses de nostre creance, ya com=
munement vne Crox, & trois A. Mais
peu de gens prenent garde a scauoir &
cognoistre que cest a dire, ne a qlle cau=
se ya plustost vne Croix q vne Estoile,
vne Lune, ou vng Soleil, qui sôt signi=
ficatifz de quelque indice & demôstra=
tion, côme il est notoire en beaucop de
choses, Ne pourquoy ya plustost trois
A.q deux, ou quatre? Mais en cest en= *Notez icy & en= tendez vng beau segret nouueau*
droict, aidant nostre seigneur, ien escripray ce quil men semble, selô ma petite
Theorique & apprehension.

LA Croix non seullement selon nostre foy, pource quen elle fut nostre redé= *Raisô de la Croix.*
ption, signifie bon heur, mais aussi selon les Anciens Philosophes, est indi
ce & signe de quelque felicite, qui est requise a ceulx qui commancent a cognoi
stre & aprendre les bonnes lettres. Daultre part, la Croix est faicte de deux li=
gnes, desquelles toutes noz lettres Attiques sont formees. Cest de la ligne per=
pendiculaire, & de la ligne trauersante equilibree, faisant angle droict & esgal
en quadrature, desquelles iay escript au Segond Liure en plusieurs passages.
Oultre plus, quant les Ephesiens vouloiêt vser de leurs lettres magiques, les= *Ephesiês vsoiet de la Croix en Art magique*
quelles ilz escripuoient en certains lieux sus leur corps pour obtenir victoires,
et pour venir a fin de leurs negoces, comme Herasinc le tesmoigne en sa Segon
de Chiliade au. LXXIX. Prouerbe, ou est en tiltre. Ephesiæ literæ. Ilz y fai=
soient le signe de la Croix pensant, quilz en obtiêdroient plustost ce quilz pre
tendoient. Ilz vsoient de la Croix pource quilz voyent que le Monde est signe *Le Mon de est si= gne en Croix.*
en Croix. Cest a scauoir, en Orient, en Occident, en Mydy, & en Septétrion.
Et que aussi Lhomme, qui est comme disent aulcuns Philosophes, & est clere=
ment demôstre au. XXX. Chapistre du Liure du ieu des Eschecqs. Μυκροκοσ= *Lhôme est vng petit Mô de.*
μοσ, Vng petit monde, a en soy, & porte figure de la Croix. Et ce quât il a les
pieds ioinctz, & les bras estandus. Celius Rhodiginus au. VIII. Chapistre du
VI. liure de ses leczons antiques, baille beaucoup daultres bonnes & belles rai= *Celius Rhodigi nus.*
sons de la Croix, que ie laisse pour cause de breuete, y adressant les bons estudi=
ens qui se y vouldront aller esbatre.

IE me aresteray a la raison que iay dicte, que la Croix dautant quelle est de
ligne perpendiculaire & de trauersante, est le fondemenf a faire & designer
toutes nosdictes lettres Attiques comme ie le monstreray par exemple & figu=
re cy apres aidant nostre seigneur.

LA cause pourquoy on escript plustost trois A, que deux, ou quatre, est en= *Raison pour= quoy on escript trois A. Virgile.*
cores signification de felicite, car le nombre de Trinite est non per, & en=
tre tous les aultres nombres le plus noble & parfaict. Il est compose de nombre
Per & Imper, & luy total est Imper. Virgile a dict en ses Buccoliques. Nume=
ro Deus impare gaudet. Choses diuines, dict il, veulêt estre en nombre Imper. *Du nom= bre Im= per.*
Aussi auons nous en nostre bonne & saincte foy, le Pere, le Filz, & le Sainct
esperit. Lesquelz tous trois ensemble croyons estre vne Deite, & esgalle
puissance. Ainsi noz trois A. nont que vne Vertus en Syllabe, & Diction.

Pour nous monstrer ceste heureuse Trinité,/& felice repetition,le bon Prophe
te Hieremias en son premier Chapistre nous a laisse exemple par escript, quãt
ii a dict,A.A.A.domie Deus,ecce,nescio loqui,quia puer ego sum.A.A.A.
dit il,mõ seigneur Dieu:tu vois que ie ne puis parler,pource que ie ne suis que
vng enfant.Quant vng enfant naist,la premiere voix quil faict contiét en elle,
se dit on,ceste lettre A.& a ceste cause noz bons peres Anciés lont pluftoft mise la premiere au renc des lettres,quilz nont mis ou M.ou S.ou quelque aultre
de toutes les le tres.On porroit encores bailler beaucoup daultres bonnes raisons a ce propos,mais qui en desirera scauoir a plain, si en lise en Plutarche,
In Symposiacis.Decade nona, & il y porra cõtenter son esperit, sil est facile a
contenter.

Hieremi-
as.

Plutar-
che.

A.est mis   A.est appelle en Grec Alpha, & est souuantessois, tant en la saincte Escri-
pour cõ-   pture,que es Poetes,mis pour commancemant.Il ya au.XXI.& penulti
mãcemét me Chapistre de Lapocalipse.Ego sum Alpha & ω.Cest a dire en Latin.Ego
Lapoca- sum initium & finis.Et en Francois.Ie suis le commancemant & la fin.Pareille
lipse.   ment au dernier Chapistre.Ego sum Alpha & ω.primus & nouissimus, princi-
pium & finis.Ie suis,dit il, Alpha & ω,cest a dire,ie suis le premier & le dernier
ie suis le commancemant & la fin. Alpha doncques est mis pour commancement, & pource A,est mis le premier,en lordre des lettres Abecedaires, de la
quelle chose on peult veoir en Platon qui en dispute.

Platon.

Les abe   Il ya encores vne aultre raison segrete pour quoy Alpha signifie comman-
cedaires   cemant.Et celle est que les Grecs content & font leurs nombres par leurs
en Grec   lettres.Leurs dictes lettres,cõme aussi est faict en Hebreu,leur seruent de Chi-
seruent   fres , & signes de nombres a compter.Alpha.A.est mis pour le premier nom-
pour si-   bre, & pour vng.Vita.B.est mis pour deux.Gamma Γ.pour trois.Delta.Δ,
gnes de   pour quatre.Epsilon E.pour cinq,mais apres le dict Epsilon.ΣT.Cest a dire,
nõbres.   Sigma.Taf.ensemble sont interposez,& signifient six. Et puis Zita.Z.est mis
pour sept.Ita.H.pour huit. Thita.Θ.pour neuf.Iota I.pour dix.Apres
ce, Iota & Alpha.IA.ensemble, sont mis pour vnze. Iota & Vita.IB.pour
douze. Et consequamment ainsi des aultres lettres & certaines interpositions
que ie laisse pour breuete.

Alpha.   ALpha au Segond liure des Epigrammes de Martial est mis aussi, comme
Martial.   est dict du nombre des lettres Grecques, pour principal & premier, ou il
ya en escript.
Quem non lacernis Publius meus vincit,
Non ipse Codrus.Alpha penulatorum.

Ausone. Ausone pareillement en ses Epigrammes, ou il escript, Ad Eunum pœdago-
gum Liguritorem,faict mention de Alpha,mais ie le lairray pource que ses pa
rolles sont impudiques,& viens a dire,que A .qui est autant que Alpha,& qui
est escript de mesme & semblable figure,est mis & loge le premier en lordre
Abecedaire,pluftoft & myeulx que nulle aultre lettre.

A.vocale A.faict vne voix,& pource il est appelle vocale,& veult estre pronunce, cõ-
Martia-   me dit Martianus Capella en son Segond liure, De nuptijs Philologiæ,
nus Ca-   Sub hiatu oris congruo solo spiritu.Il veult estre pronunce a bouche ouuerte,
pella.   auec vng esperit cõgru.Il peult estre syllabe, & aucunessois diction,tant en La
A.sylla- tin quen Francois.Comme en disant en Latin.Nõ auertas faciem tuam a me.
be.   Et en Francois,On dit que lhomme a vingt ans beau peult estre,Il doibt aussi
A, dictiõ a trente,tort aparoiftre.

A, aucuneffois eft interiection & demõftrãce de laffection que nous auons au cueur pour quelque chofe a quoy nous auons fantaifie, & alors prent apres et auec luy la note dafpiration, comme en difant auec Virgile.

》 Hic inter denfas corylos, modo namq; gemellos
》 Spem gerens, ah, filice in nuda connixa reliquit.
Et en Francois.
》 Ah fringans yeulx volages & mondains
》 Voz fins regards vous font de ioye plains.
》 Prifcian en fon Premier liure, ou il traicte, De accidentibus literæ.baille raifon pour quoy lafpiration eft pluftoft mife apres la vocale A. en linteriection Ah, que deuant:difant que lentiere efcripture eft Aha, comme de Vaha Ses parol
》 les par efcript font comme il fenfuyt. Queritur cur in Vah & Ah poft vocales
》 ponitur afpiratio?& dicimus quod apocopa facta eft extremæ vocalis cui præ
》 ponebatur afpiratio, nam perfecta Vaha & Aha funt. Ideo abfciffione facta
》 extremæ vocalis,tamen afpiratio manfit ex fuperiore pendens vocali.Quia fu
》 um eft interiectionis voce abfcondita proferri.Ceft a dire.On demande,dit il, pour quoy en Vah & en Ah lafpiration eft mife apres la vocale / entendu que Vaha & Aha font les vocables parfaicts:et a ce difons quil fe y faict vne apo cope, ceft a dire, finalle concifion de la derniere vocale, en laiffant pendre lafpi ration a la precedente. Car la propriete & nature de linteriection eft deftre pro nuncee dune voix abfconfe & ftomaqueufe. Plaute, en fa Comedie nommee
》 Mercator,a mis A, materiellement & pour vne lettre prinfe en nombre, quant il a introduyt Demipho difant ainfi quil fenfuyt.Hodie ire in ludum occæpi li
》 terarium Lyfimache:ternas fcio iam.A.M.O.Ceft a dire.Lyfimache,iay au iourdhuy commance a aller a lefcole, ie fcay defia trois lettres.A.M.O.

LE A.affemble auec vne aultre vocale, faict vne Diphtongue. Ceft a dire, vne fyllabe contenant en foy deux vocales,& ce tãt en Grec quen Latin, mais en Frãcois ie treuue plus de deux vocales enfeble en vne fyllabe & Diph tongue, cõme ie porrois facilement prouuer, fi ie ne voulois paffer oultre pour eftre plus bref.

AVant touteffois que ie procede plus oultre,ie veulx icy trefuoluntiers a uertir Imprimeurs & Efcripuains fus cefte Diphtongue AE, & dire quel le veult eftre efcripte en maniere & facon que le A,& le E,foient feparez par le chef,& adherens par la poincte dembas.Quant ceft en lettre courante & nõ maiufcule,comme iay cy deuant dict,elles veullent bien eftre enfemble & ad herétes lune a laultre.En la quelle chofe Forbenius,& quafi tous aultres Impri meurs ont erre iufques a ce téps cy, quãt ilz mettent A.& E. adherens & affem ble en cefte facon, Æ, ou lung ne peult auec laultre fãs eftre corrõpu de fa vraye forme & figure. Entendu que fi le A, eft droict affis, le E eftant adherent au dict A,fera renuerfe. Ou fi le E.eft droict af fis,le A, pareillemét adherent a le E.fe ra auffi réuerfe, & aura fa premiere iãbe hors de ligne equilibree, qui eft chofe cõ tre lart de la facon de lettre Attique, qui veult toufiours eftre entiere & a la ligne perpendiculaire, fus ligne trauerfante & equilibree.

A.inter iection.
Virgile.

Prifcian.

Aha,& Vaha.

Plaute.

Ternas fcio. A.M.O.

Entédez icy no bles efcri puains & bons Im primeurs

Raifon trefma nifefte.

G.iij.

QVant le E. eſt droict aſſis en ligne equilibree, & que le A. luy eſt adhe rent en ſummit, le dict A . ſe treuue hors de la dicte ligne equilibree, en la facon que voyez icy pres en deſeing.

DOncques ſi vous voules bien eſcripre, & faire icelle Diphtongue de le A. & de le E. faictes les en la forme et facon quil ſenſuit, & vous trouueres la raiſon eſtre bonne ſans doubte aucune. Et ſi on vous replique que les aultres lettres veulent eſtre ainſi aſ ſiſes & ſituees lune ioignant a lautre, dites que non veulent, mais requerét eſtre en grande liberte loing a loing lune de laultre, leſpace dũg I. por le moigns entre les deux, & le A, eſtant en diphtongue auec le E. ne veult aucune eſpace intermiſe par la pointe de ſon pied, au quel le E. veult, comme iay dict, eſtre adherent.

IE reuiens a noz lettres, & les vois deſigner, eſcripre, & figurer toutes lune apres laultre, auec la bonne grace de noſtre ſeigneur Dieu.

NOus ferons doncques en la bonne heure, & au nom de Dieu, tout premie rement vne Croix, qui ſera, comme iay cy deuant dict, de deux lignes. Lune perpédiculaire, & lautre ligne diametrale & trauerſante equilibree, pour nous donner bon heur & commancement a entrer en noz lettres, & pour aider a les deſigner cõme y leur eſt requis ſelon Reigle & Cõpas. Icelle Croix veult eſtre auſſi haulte que large, & auſſi large que haulte, pour la loger en vng Quarre equilateral, dedans le quel ferons & deſignerons vne chaſcune lettre en ſon renc luy eſtant diuiſe iuſtement & preciſement en vnze lignes perpédiculaires, et aultres vnze lignes trauerſantes & equilibrees en Croix, qui rédront en nombre cent petits Quarreaux equilateraulx, & dune grandeur, deſquelz la largeur de lung, & du quel quon vouldra, ſera le modele & la certaine meſure de la largeur de la iambe en la lettre que vouldrons faire entre deux lignes equidiſtantes & equilibrees ſelon leſpace entremiſe que nous y vouldrons. Car en gardãt noſtre proportion & nombre des vnze lignes, nous pouuons faire lře Attique tant grãde & tant petite quil nous plaira . La dicte croix et le dict Quarre veulent eſtre en la forme qui ſenſuyt.

Le ſigne de la Croix.

Diuiſion du Quarre equilateral.

Bône rei gle pour faire lres,

CROIX DE LIGNE LARENE ET PLACE
PERPENDICVLAIRE EXERCITATIVE A
ET EQVILIBREE EN FAIRE LETTRES AT=
TRAVERS EQVIAN= TIQVES DE NOMBRE
GVLAIRE.   ET MESVRE.

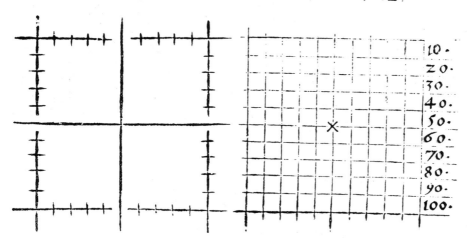

IEuffe bien commance au point & a la ligne, qui font comme iay dict cy de=
luant au commancement du Segond liure, le fondement de toute figure en
commenfuration, mais iay voulu commécer a la Croix, pour les caufes que iay
dictes cy deuant. Le Quarre que voyez apres la dicte Croix, eft larene & pla=
ce exercitatiue de nře ftudieufe defignation a faire vne chacune de noz lettres
Attiques. Vous y voyez vnze lignes perpendiculaires, & autant de trauerfan=
tes en Croix, qui vous rendent dix fois dix petits Quarreaux, qui viennent en
nombre total a Cent. La largeur de lung, comme iay dict, eft pour la largeur
de la iambe de la lettre que vouldres faire. Et notez, que quant vous viendra
a plaifir vouloir faire iettre Attique, debuez auant toute chofe, conftituer vng
Quarre felon la haulteur que la pretendez faire, puis y figner vne croix au my=
lieu, & confequemment les aultres lignes tant dung cofte que daultre en equi=
diftante mefure, en forte que ledict Quarre foit efgallement diuife, comme iay
dict, en vnze lignes perpédiculaires, & autant de trauerfantes. Ou fi vous vous
les myeulx faire: faictes voftre Croix, & puis autour delle voftre dict Quarre
diuife proportionnement comme iay ia plufieurs fois dict.

Norable
fingulier
et trefbei
enfeigne
ment.

AInfi doncques fus vng Quarre, diuife comme deffus, ferons no=
ftre premiere lettre, A .mais pour accorder a ce que iay efcript
cy deuant, nous le ferons en trois fortes, qui feront trois
A .lung fera noir, & a lendroit, lautre fera blanc, &
a lenuers, & le tiers fera dung Compas & dune
reigle, qui eft dicte en Latin Radius, pour
monftrer que toute lettre Atti=
que veult eftre faicte au Cõ=
pas, et a la Reigle.

Radius.

LA lettre A,cy pres deux fois defignee en fon Quarre, & faicte de le I. feul lement, eft auffi large que haulte, Ceft a fcauoir de dix corps de largeur, & dix aultres de hauteur, contenus entre les vnze lignes tant perpendiculaires que trauerfantes. A la bien faire, font requis cinq tours de Compas, pour lef-

Tel fi- quelz faire iay figne les lieux & centres de tel figne.+.ou le pied Centrique du
gne+. Compas veult eftre affis pour faire fa circüference. Oultre ce,notez que ie fais
eſt pour auffi icelluy figne +.hors du Quarre fus la ligne perpédiculaire & mediane de
aſſeoir le lafpiration H .de le I. de le O .de le S .de le X .& du .Z. non pour y affeoir
pied cen- le pied dudict Compas,mais pour monftrer que ceft lendroit du fummit dicel-
trique du les dictes lettres qui font quafi femblables en pied & en tefte. Touteffois,il ya
Compas et doibt auoir differéce,excepte en le O .qui eft tout vniforme en exterieufe cir-
cunference.A. eft en figure pyramidale & triangulaire enfuyant raifon natu-
A.eſt en relle.Nous voyons que chofes edifiees en Pointe,font plus conftantes & dura
forme de bles que celles qui font auffi larges en hault quen bas.Daultre part A .eft aucu
Cõpas. nement en forme de Compas.Les deux pattés reprefentent les deux pieds, &
la fümite eft pour la tefte. Le trauerfant traict dudict A .nous fignifie vne reigle
en fegrete demõftration que a bien faire & defigner lettres Attiques,le Cõpas
et la Reigle y font neceffairement requis.Oultre plus A. a les iambes elargies
et epattees, comme vng homme a fes pieds & iambes en marchant & paffant
Martia- oultre:pour nous fignifier fegretement que de luy qui eft le premier en lordre
nus Ca- abecedaire,fault proceder au B.au C.& a toutes les aultres lettres felon leur di
pella. fpofition & ordre.A.veult eftre pronunce apertement, & comme iay cy deffuf
Mention dict,ou eft allegue Martianus Capella. Sub hiatu oris cõgruo folo fpiritu. La "
des Ita- quelle chofe les Italiens obferuent trefbien, tant en Latin quen leur vulgaire,
liens. au quel la plufpart de leurs dictions eft terminee en A. Comme quãt ilz difent
Mention vna charta,vna bella dona,mya forella,& daultres vng millier. A la caufe de
des Da- quoy,pour la frequentation des dicts Italiens,qui eft aux ferez & bancquez de
mes de Lion, les dames Lionnoifes pronuncent gracieufement fouuent A. pour E.
Lion. quant elles difent.Choma vous choma chat affeta. & mille aultres motz fem-
Mention blables,que ie laiffe pour breuete.Au contraire les Dames de Paris,en lieu de
des Da- A pronuncent E.bien fouuent,quant elles difent. Mon mery eſt a la porte de
mes de Peris,ou il fe faict peier.En lieu de dire. Mon mary eſt a la porte de Paris ou il
Paris. fe faict paier. Telle maniere de parler vient dacouftumence de ieuneffe.

,, Les Anglois ont auſſi ce vice de pronuncer E. pour A. aumoings quãt ilz par-
,, lent en Latin, quant ilz diſent. Domine kenis intreu t kemerem, & comedit to
,, tes kernes quæ erent in erke. Ieſus Merie. quid feciemus. En lieu de dire. Domi-
,, ne canis intrauit cameram, & comedit totas carnes quæ erant in archa, Ieſus
,, Maria, quid faciemus. Tel vice leur eſt excuſable pour la difficulte de leur pronunciation qui vient la pluſpart du profond de leur gouzier en ſortant a le-
ſtroit entre leurs dens. Qui vouldra bien ſcauoir pronůcer A. quil ſeſbate vng
peu a lire au Segond Liure dun Autheur nõme Galeotus Martius Narnien- Galeot-
ſis, en ſon Liure intitule. De Homine, au lieu ou il parle. De literis. & il y trou- Martius
,, uera bien a cler, & au long de ſa deue pronůciation. quant il dit. A. ex duabus Narnien-
,, lineis conſtat, quæſuo contactu angulum conſtituůt acutum, ſpiritum ab vtraſ- ſis.
,, que parte palati emanantem indicant. Quæ vero per tranſuerſum poſita eſt,
,, certam menſuram hiatus oſtendit, quanto opus eſt in huius elementi enuncia-
,, tione. Ceſt a dire. A. eſt faict de deux lignes qui ſentretouchent par le bout denhault, & font vng angle agu. Et pource ſont indice de la voix ſortant dentre lune & lautre partie du pales & concauite ſuperieuſe de la bouche. La ligne auſſi
qui eſt poſee en trauers, monſtre la certaine meſure de lhiation qui eſt requiſe a
pronuncer ceſte lettre & vocale A. Donques le traict qui eſt en trauers dudict
A. nous ſignifie quil veult eſtre pronunce de la bouche neſtant trop ouuerte, ne
trop cloſe.

LE Segond A. que iay cy deuant
promis, & faict a lenuers, comme
le voyez en la figure cy pres deſignee,
eſt faict en tout & par tout ſemblable au precedent, ſi non que la groſſe
iambe eſt en ceſtuy la premiere, & a
lautre elle eſt la derniere. Gardes vous
deſtre legiers de cuyder quil ne ſoit a
lenuers, car iay veu mains hõmes qui
le faiſoient ainſi a lenuers pour le precedent, qui eſt a lendroit. Ceſtuy cy
eſt faict pour aider & bailler eſperit a
Orfeuures & Graueurs, qui de leur bu
rin, echope, ou aultre vtil grauent &
taillét lettre Attique a lenuers / & quõ

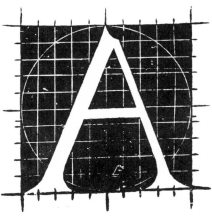

Le A, a
lenuers.
pour Im-
primeurs
Orfeu-
ures, &
Gra-
ueurs.

Bon no-
table.

dit a gauche, afin quelle ſe rencontre adroit quant elle ſera imprimee & miſe a
ſa droite & ſeine veue. Ie lay faict tout a mon eſſient blanc, & ſon quarre noir au
contraire de celluy qui eſt a droit, afin quon ne ſe y treuue abuſe. Car comme Menſion
iay dit, ien ay veu / & voy mains qui ſe y abuſent. Auant que la lettre dimpreſ- de la let-
ſion ſoit paracheuee, elle eſt faicte deux fois a lenuers, & deux autres fois a len- tre dim-
droit, En la premiere fois a lenuers / ſont les poincõs dacier, eſquelz la lettre eſt preſſion.
toute agauche. Les matrices ont la lettre a droit. La lettre deſtaing fondu / eſt
comme les ia dits poincons, toute a lenuers. Puis finablement au papier imprime toute la lettre ſe rencontre a lendroit, & en ſa veue requiſe a lire tracti- Notable
uement. Iauois oublie dire que la groſſe iambe de le A. eſt de lun des dix corps
de ſon quarre en largeur, & lautre iambe dun tiers. Le traict qui eſt trauerceát /
veult eſtre large des trois pars de la dicte groſſe iambe comme pouuez veoir aux
deſſeings cy deuant faicts & proportionez.

G iiij

EN enſuyuãt mes dits, iay cy pres
deſigne & proportione vng A. au
quel par bon accord vng Compas &
vne Reigle ſõt figurez. ou ſi vous vou
les autremēt dire, dittes que iay faiƈt
dun Compas & dune Reigle vng A.
ſelon la ſecreƈte doƈtrine des bõs An
ciens, qui pour nous induyre a bien
faire lettre Attique, nous ont conſti=
tue la premiere de leurs lettres en figu
re & repreſentatiõ des deux vtilz tre=
ſcertais qui ſont neceſſaires & requis
a bien faire non ſeullement lettre At=
tique, mais auſſi bien lettre de forme
& toute autre. Entre tous les vtilz ma
nuelz Le Compas eſt le Roy, & la

Reigle la Royne. Ceſt a dire, les deux plus nobles & ſouuerains, & ſoubz leſ=
quelz, tous les autres vtilz, & toutes choſes bien ordõnees / & deument faiƈtes,
ſont raiſonnables.

IAurois icy coleur de dire & deſcrire les louuanges & perfeƈtions du diƈt Cõ
pas & de la Reigle, mais ie le lairray pour quelque aultre plus ſtudieux que
ie ne ſuis a y paſſer le temps. Ie nen diray pour ceſte fois autre choſe, ſi non que
iamais homme neſcripura bien en lettre Attique / ny en autre lettre, ſans Cõ
pas ne ſans reigle. & que en toutes choſes ou il ny a deue proportion, qui

conſiſte ſoubz Compas & Reigle, Il ny a ordre ne raiſon. Parquoy doncques
ſeigneurs / & deuots amateurs de Sciéce aymes le Cõpas & la reigle, en vous
y recreant & exerceant pour cognoiſtre la raiſon & verite des bonnes choſes.

Les italiens ſouuerains en Perſpeƈtiue, Painture, & Imagerie / ont touſiours le
Cõpas & la Reigle en la main, auſſi ſont ilz les pl⁹ parfaiƈts a reduyre au poiƈt,
a repreſenter le naturel, & a bien faire les vmbres quon ſache en Chreſtiente.
Ilz ont dauantage vne grace, quilz ſont froiƈts & ſtudieux auec ſoubriete de
boyre, de menger, de parler legierement, & de ne eulx trop toſt trouuer en com
paignye, en quoy faiſant ilz aprénent plus ſeurement, & myeulx, & ſe donnét

reputation, quilz neſtiment pas petite choſe. Nous nauons pas tant de telles
belles vertus en ceſt endroit quilz ont, auſſi nen voyons nous par deſſa qui ſo=
ient a cõparer a feu Meſſire Leonard Vice, a Donatel, a Raphael durbin, ny a
Michel lange. Ie ne veulx pas dire quil ny aye entre nous de beaulx & bons
eſperits, mais encores ya Il faulte de continuer le Compas & la Reigle.

IE reuiens a mon A. faiƈt dũ Compas & dune reigle, & prie les liſans en ce
petit Oeuure quilz ne pencent point que ie laye ainſi excogite & faiƈt pour
leur en faire vng reſbus / & les y faire reſuer, mais pour les cõſeiller par dits rai=
ſonables, & pour leur mõſtrer au doit & a loeuil que la vraye lettre Attique, cõ=
me iay dit, veult eſtre neceſſairement faiƈte a la Reigle & au Compas.

AVant que ie procede a venir deſcripre & faire la Segõde lettre Abecedai=
re, qui eſt le B. Ie veulx icy conclure & dire, comme iay dit deſia cy deuant,
que A. eſtant bien faiƈt en ſon art, veulx auoir ſa iambe droitte / groſſe de la di=
xieſme partie de ſa haulteur, qui eſt la largeur dun des dix corps contenus entre

les vnze lignes faictes & proportiõnees en son Quarre, & nõ pas de la neuuiesme partie de sa haulteur, comme dit frere Lucas Paciolus du bourg Sainct Sepulchre en la Diuina proportione quil dict auoir faicte. Ses ,ppres paroles sont en vulgar Italien comme il sensuyt.

Frere lucas Paciolus.

QVesta letera A. si caua del tondo, e del suo quadro. La gamba da man drita vol esser grossa de le noue parti luna de lalteza.

Lãgage Vulgaire en Italië.

CEst a dire en francois. Ceste lettre A. se tire de son rond & de son qnarre. La iãbe de la main droite veult estre grosse de lune des neufz parties de sa haulteur Il ne deuise son quarre quen neuf parties. & ncn baille encores point de raison. parquoy soubz correction me semble quil en parle comme clerc darmes, en errant tout a la premiere lettre, & par ainsi aussi a toutes les autres. Iay entendu que tout ce quil en a faict il a prins secretemẽt de feu Messire Leonard Vince, qui estoit grãt Mathematicien, Paintre, & Imageur. Sigismunde Fante noble Ferrarien qui comme iay dit cy deuant sefforce enseigner escripre diuerses sortes de lettres, ne baille point de raison de la proportion de sesdittez di uerses sortes de lettres, & mesinement de la lettre Antique. Aussi a il erre en le A. en le E, en le. L. Au. Q. S. T. & en le. X. qui ne sont faicts de mesure ne de facon comme ilz requerent. Le bon oeil du scauant & studieux homme le porra facilement cognoistre au liure que le dit Sigismũde a faict imprimer, & intitule,

Leonard Vince. Sigismũde Fante Ferrarië,

THESAVRO DE SCRITTORI.

IAy diuise mon dict Quarre en dix parties que iappelle Corps cõtenuz en tre vnze lignes tant perpendiculaires que trauerceantes, & en ay assigne les raisons ia viessa au Segond Liure en plusieurs passages, quant ie parlois des neuf Muses & leur Apollo qui faict le dixiesme. Si iay bien dit ou non, Ie men raporte aux bons estudiens & Philosophes tant naturelz que poetiques. Ie ne me veulx pas preferer aux Italiẽs mais ien ay dit ce quil men semble pour esueiller bons esperits a myeulx faire si leur plaist & silz peuuent. Oultre tout ce que iay dit du myen, Notez que pour les arondicemens des bouts des iambes tant en sũmit quẽ bas, & pour faire les pãses des lettres ie fays vng tel signe +, pour monstrer le lieu ou doibt estre assis le pied centrique du Compas a faire les dits arondissemens & pẽses, & ce tant par dedans que par dehors les lettres. comme iay signe au premier A. abecedaire de ce troisiesme liure, qui en a vng en teste, & quarre aux deux pattes. Lesudit Paciolus né a dit mot, ny autre autheur que iaye veu ne ouy. Quant ie diray cy apres. Ceste lettre cy est faicte de tãt de centres, ou de tant, ce sera a dire quil y fauldra autant de fois asseoir le Copas a y faire circunference interieure ou exterieure accordãs & adherens aux lignes droites ou brisees qui y escherront debuoir estre faictes,

Raison, trescertaine.

Notable repete, pour les lieux a asseoir le Compas a faire lettre Attiques. Autre notable,

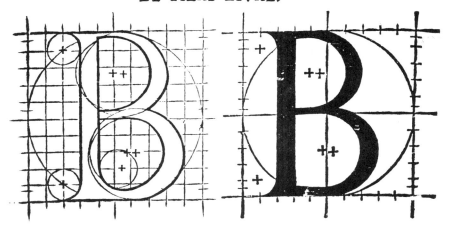

LA lettre B .cy pres defignee, & faicte de le I.& de le O , eft de dix corps de
haulteur, & de fept de largeur arondye tant dedãs que dehors par fept cir=
cũfereces, & pource y ay ie figne fept petites telles croix + pour y affeoir au cẽ
tre le pied du Compas a les faire. La penfe dembas veult eftre plufgrande que
la haulte dun corps , & la brifeure veult eftre affize fus la ligne diametrale du
quarre, comme a toutes les autres lettres enfuyuantes. Aulcuns Anciens faifo=
ient le B .de fix tours de Compas feullement, comme ie vous ay faict cy pres le
B.Noir, en le ayant laiffe au bas de la iambe en la grande panfe, fans arondif=
fement & tour de compas. Faictes le y rond ou quarre comme il vous plaira.

Martia=
nus
Capella.
B.Vita.

B.dit Martian⁹ Capella en fon troifiefme liure. De nuptijs Philologiæ, Labris
per fpiritus impetũ reclufis dicimus.Nous pronũceõs, ou debuons pronũcer le
B.de noz lefres fentreouurans de la force de lyffue de noftre alaine. B.en Grec,
eft dict vita, & y eft .pnũce cõme vng V.cõfone. quãt ilz difent. ΒΑΡΒΑΡΟΣ.

Menfion
des Ga=
fcons.

Varuaros. ΒΑΒΑΙ. Vauæ. La quelle pronũciation les Gafcons tiennent en
leur langage en beaucop de dictions.comme quant ilz veulent dire. Iay beu de
bon vin, Ilz difent. Iay veu de von bin. Pareillement en Latin. Nõ in folo pa=
ne bibit homo, pour, viuit homo. Et en ce difant le fens eft bien fouuãt peruer=
ty felon le bon francois, & felon le Latin, comme voyez aux dits exemples alle
guez, ou il ya pour iay beu, iay veu, & pour viuit, bibit. Ilz font beaucop dau=
tres incongruytes, comme quãt ilz difent, Vng veau bieillard, pour, vng beau

Mi, ante
Pi.

vieillard. En lieu de le V.confone ilz difent. B, & en lieu de B, V. cõfone. Quãt
My en grec, ceft a dire, M, eft deuant Pi. ceft a dire deuant. P, le Pi. eft pronũ=

P .en B.
B. en V.
confone.

ce cõme les Latins & nous ,pnũceõs le B. Iceulx Grecs efcripuét. ΛΑΜΠΑΣ.
&. ΠΕΜΠΩ. par Pi. & pronũcent Lambas, & Pembo. Les Gafcons ne pronũ=
cent feullement B .pour V, confone, en francois, mais pareillement en Latin,
comme quant ilz difent. Vona dies.pour. Bona dies.. Bibat Fauftus, pour Vi=

Menfion
des Ga=
fcons.

uat Fauftus. Beni ad me & viues, pour, Veni ad me/ & bibes. a loccafion de ce
quilz ont le V.confone en fi frequéte locution. Il femble que les Latins les ap=
pellent pluftoft vafcones par V .que Gafcones. pour en dõner fecretemét quel=
que intelligence.

Menfion
des Ale=
mans.

IAy veu des Alemans auffi qui prononceoient P, pour B. quãt ilz parloient
en francois.comme voulãt dire. Vela vne bien belle & bonne befte, Ilz di=
foient.Vela vne pien pelle & ponne pefte. Ce vice la leur eft ordinaire.

IE paſſe oultre,& viens a vouloir tenir ma promeſſe,en la quelle ay dit a la
fin du Segond liure,que pour mõſtrer que toutes noz lettres Attiques, ſont
faictes de le I,& de le O. Ie deſignerois vng B. en ſorte quon les y porroit co=
gnoiſtre.La figure ſera celle qui ſenſuyt.

ON peut veoir en ceſte preſente fi
gure & deſeing commant ainſi
que iay dit par pluſieurs fois cy deſſus,
le I,& le O. & principallement le.I.
ſont le modele, & les deux lettres deſ=
queles toutes les autres Attiques ſont
faictes & formees, En ce B, cy pres,
voyez que la iambe droicte eſt vng I.
que iay laiſſe en blanc, pour le mon=
ſtrer plus clerement.& pareillement le
O,en la panſe deinbas eſt blanc, le re
ſte du B,eſt noir tellement que ſi vous
lons amplir le I,& le O.blãs,de noir,
Ilz rendront le B,entier & parfaict,
en laiſſant vng peu de la panſe de le O
qui eſt interieure adherète au pied du
dict I.blanc.

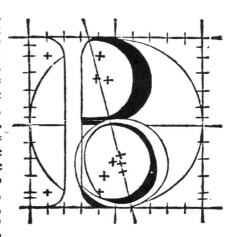

AFaire ceſte ditte figure & deſeing, fault vnze cētres pour aſſeoir le pied du Notable
Compas a y faire les circunferences, leſquelz centres iay ſignez aux lieux pour nõ=
ou ilz doibuent eſtre faicts en leurs quarre.Au B. noir que iay faict cy deuant, bre de cē=
nen ya que ſix, qui luy ſont requis,mais en ceſtuy cy,en ya dauantage,a cauſe tres.
de le dit I,& de le O,qui y ont leur tour & figure entiere ſans preiudice du B,
qui en eſt faict & forme. Et pource doncques que a ceſte heure voyons le dit I, Dittez
& le O, eſtre modele des autres lettres,en ſigne de ioye. Dicite Io Pæan,& Io Io,en ſi=
bis dicite Pæan. Nõ ſemel dicatis Io triumphe.Io Io,dicatis Io Io dulces ho= gne de
meriaci. ioye.
Tandis que la ioyeuſe chanſon reſonnera,ie men viendray a la lettre C,& la Bellle
deſigneray en la forme qui ſenſuyt. chanſon.

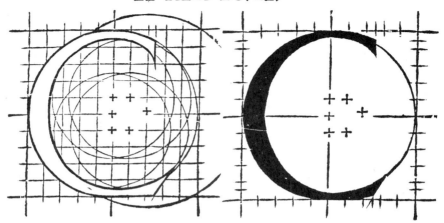

LA lettre C.cy pres faicte en son quarre & proportion estant de la haulteur de le A,& B.deuāt faicts,est faicte de le O. brise,& a seullemēt neuf corps de largeur.Le Compas y requiert six centres pour la rendre faicte en sa totale circunference,Notez quil est seullement faict des ia dicts six tours de Compas & deux traicts.le traict de dessus a perpendicule & a plomb, le traict dembas, en oublique,& angle finissant en agu.Aulcuns le font a poincte ague en bas,& pour icelle faire conuient asseoir le Compas sus le summit de la septiesme ligne & le estandre iusques au bas du rond interieur en circunference,comme pouuez veoir en la figure cy pres faicte & deseignee.

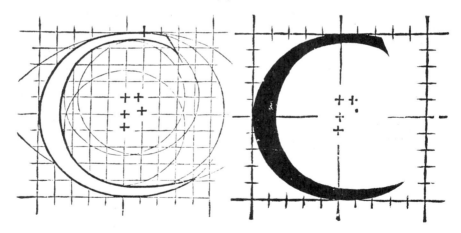

Le C.est lettre la=
tine.
Priscian.

Martia=
nus Ca=
pella.

LE C,est lettre purement Latine,car les Grecs en lieu du C. ont Cappa.k. le quel Cappa.K. les Latins ont vsurpe,& Priscian dit que les dicts La= tins lont comme lettre superuacue & dabundance, quant il dit en son premier liure ou il traite.De literarum potestate.K.superuacua est, vt supra diximº,quæ «
quanuis scribatur nullam aliam vim habet quam C. Cest a dire. K. est lettre su= «
peruacue,comme auons dii cy dessus,la quelle,combien quelle soit escripte, si «
na elle autre vertus que C.Les Grecs escriuent.Κακοσ,& Κωκυτοσ.& les La=
tins Cacus & Cocytus. C , Comme dit Martianus Capella super molaribus «

linguæ extrema appulſis exprimitur. Elle veult eſtre pronūcee,& exprimée en
heurtant des deux coſtes de la lāgue contre les groſſes dents,quon dit maſchelieres.Les Anciẽs Latins bien ſouuent en lieu de C.eſcripuoient Q.comme en
eſcripuāt QVVR,& QVOI.pour Cur,& Cui.Ilz eſcripuoient auſſi aucuneſfois ceſte ſyllabe CE,a la fin de tous les Cas des Pronoms demōſtratifz commancẽs par aſpiratiō.cõme en HICCE.HAECCE,HOCCE,& les Poetes en oſtoient le E,final,& neſcripuoient que HICC, HAECC, HOCC,
comme Virgile a faict,quant il a dict.Hocc erat alma parens quod me per tela
per hoſtes Eripis.Hocc,audict lieu allegue, eſt mis cõme ſi le O.eſtoit long en
quātite de ſyllabe par la poſition de deux CC.eſtans apres luy.Priſcian en eſt
teſmoing en ſon.XII.liure,ou il traicte De figura pronomirū.quāt il dit. Ce,
quoq; ſolebant per oẽs caſus vetuſtiſſimi addere articularibus/vel demonſtratiuis Pronominibus,hoc eſt ab aſpiratione incipiẽtibus.vt hicce,hæcce,hocce,
vnde hoc quaſi duabus conſonātibus CC.ſequẽtibus Poetæ ſolent producere.
vt Hoc erat alma parẽs,quod me per tela per hoſtes Eripis.Et ſic in antiquiſſimis codicibus inueniſ bis c,ſcriptū. quomodo & apud Terentium in Andria.
Hoccine eſt credibile,aut memorabile.

Eſcripture ātique
QVVR.
QVOI.
CE,ſyllabique,ad iection antique
Priſcian.

Virgile.
Terece.

Les Italiens de leur bonne coſtume pronuncent le C.mo!,& quaſi commé
ſi la ſyllabe ou il eſt,eſteit eſcripte auec aſpiration H.tant en Latin quen
leur vulgar. Et ce ſeullement deuāt deux vocales E.& I.& deuant la Diphtõgue AE,en Latin.Ilz eſcripuent.Ma donc Felice a yna cicatrice,& ilz pronūcent.Ma donc Feliche a yna chicatriche.En latin ilz eſcripuẽt.Cæſar, Celius,
et Cicero.& pronūcent.Chæſar, Chelius, & Chichero. La quelle choſe nous
ne gardons pas en noſtre pronunciation de lāgage Frācois,né de Latin.Touteifois les Picards y ſont fort bien vſitez en beaucop de vocables de leur langage.Comme quant ilz veulent dire Cela, Cecy.ilz pronuncẽt Chela , & Chechy,comme ſyl y auoit en lorthographe yne aſpiration.H.deuāt la vocale E.
et deuant I.Au contraire,la ou le bon Frācois eſcript & pronunce la dicte aſpiration H.deuant C.& O.comme en diſant Chanoine,& Choſe. le Picard dit.
Canoine,& Coſe. Le Francois dit, yng Chien, yng Chat, & yne Mouche,
et le Picard pronunce, yng Quien, yng Cat, & yne Mouque. Le dict Picard
pronunce le C. deuant V,comme nous.en diſant.Cuydez vous q̃ ie ſoye Crapot deaue? ſans y faire ſigne daſpiration. Touteſſois il dit De chu monde,en
eſcripuant & pronunceant laſpiration H.deuāt le dict V. En latin il pronunce
le C.myeulx que ne faiſons,car il le pronūce gras/& comme aſpire, mais il ne
leſcript pas aſpire. Il dit Amiche,& Sochie, Chichero erat pater eloquentiæ.
mais il eſcript bien Amice,& ſocie, Cicero erat pater eloquentiæ.Entre toutes
les nations de France,le Picard pronūce treſbien le C.Et pour en teſmoigner
myeulx,pour la ſingularite du langage,& de ſa pronunciation,auſſi pour la di
uine voyne du factiſte & Poete Picard quila faict,ie veulx icy alleguer & eſcrire yng Epitaphe en langage Picard,ou ie croy quon trouuera de la grace.

Menſion des Italiens.
Notable ſingulier.

Menſion des Picards.

Le Picard pronūce treſbiẽ le C.

Epitaphe antique en langage Picard,quõ voit eſcript,ſe ma on dict,
au grant Semetire ſainct Denis,a la noble Cite de Amyens.

Soubz moy pierre
Chi giſt Pierre
De Machy
Quon a chi
Mort boute
Se bonte
Dieu luy ſache

Epitaphe en lāgage Picard,

Veoir en fache
Sefpoufee
Eft pofee
Chi empres
Qui apres
Trefpaffa
Et paffa
De chu monde
Dieu la münde.
Tant vefquirent
Quilz acquirent
Vnze enfans,
Bruns, blondz, blancs.
Or font morts
Tous ches corps
Qui poriffent
Vers noriffent
Ft attendent
Quilz reprendent
Soubz chez lames
Corps & ames
Pour aller
Et voler
Es faincts chieux
Che doint Dieux.
    Amen.

I Ay efcript lafpiration h . aux lieux de ce dict Epitaphe, pour monftrer com
mant le Picard pronunce le C . mol deuant E, & I, côme font les Italiens.

Reigle de Grain maire. Virgile.

C . a cefte vertus entre toutes les aultres Mutes, quelle faict la Vocale qui la
precede en Syllabe Latine eftre longue en quantite Metrique, comme en
Hoc, hac, fic, & hic quant il eft aduerbe. Car quant il eft Pronom, il peult eftre
bref, côme il y a a la fin du Sixiefme liure des Eneides de Virgile, ou il é efcript
Hic vir hic eft, tibi quem promitti fæpius audis.

C . deuant O . en pronunciation & langage Francois, aucuneffois eft folide,
côme en difant Coquin, coquard, coq, coquillard. Aucuneffois eft exile,
comme en difant Garcon, macon, facon, francois, & aultres femblables.

Notable fingulier.

A Vlcuns defignent & font le C . comme fi ceftoit le O . coupe par la pâle de la main droicte fans lentre ouurir, mais
comme ien ay veu en Rôme de bien Antique,
ie lentreouure par embas, en luy rendant
vne queue fubtile qui luy donne
grace et efperit.

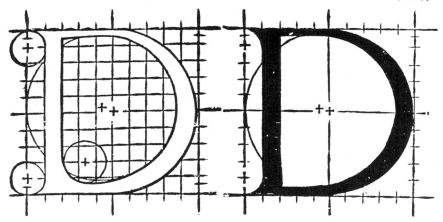

LA lettre D, cy pres deſignee, & faicte de le I. & de le O, a cinq centres cō
munemēt, & ſelon aulcuns Anciens a quatre ſeullemēt, & ce en faiſant le
bas de la iambe au dedens en angle equilateral. cōme ont voit cy pres en la let
tre D. qui eſt noire. D, eſt auſſi large que haulte touchant de ſes extremites aux
quatre lignes extremes de ſon quarre. Ie dis de rechef quelle eſt faicte de le I,
et de le O. cōme ie porrois bien deſigner, mais ce ſera pour y exercer ceulx qui
y vouldront prendre eſbat. Ie lay monſtre cy deſſus au B. pour ouurir la voye a
ceulx qui ſont de bonne volunte. Il ſuffira dicy en auant quant ie diray. Ceſte

Notable

lettre, ou ceſte la, eſt faicte de le I, & de le O, enſemble, ou de le I, ſeullement,
ou de le O. Les Latins lont figuree a leur plaiſir, cōme leur C. Car en Grec el=

D. eſt let

le eſt iuſtement triangulaire, & appellee Delta. Les Grecs ont eu ce dict Delta

tre pure=

en ſi grande extime quilz lont faict triangulaire, pour memoire de lexcellence

ment La

de Liſle auſſi triãgulaire que le Nile fleuue miraculeux Degype faict au lieu ou

tine.

eſt Memphis: & pour la figure de Sicile, qui eſt dicte des Grecs Triquetra. ceſt

Delta.

a dire, aiant trois môts faiſant trois coings & angles. Pareillemēt pour le par=

Le Nile.

taige du Mõde qui fut diuiſe des tres Anciês en trois parties. Aſie, Afrique, &

Sicile.

Europe. Ilz lont, diſie, heue en ſi grande reuerence, quilz lont colloquee entre

Triqtra.

les ſignes celeſtes, & lont appellee, Deltoton, cōme Higine le mõſtre bien en

Deltotõ.

» ſon liure Daſtronomye poetique, quãt il dit. Deltoton eſt ſidus velut litera græ

Higine.

» ca in triãgulo poſita. Itaq; ſic appellaſ. Mercurius ſupra caput Arietis ſtatuiſſe
» exiſtimaſ. Ideo vt obſcuritas Arietis huius ſplendore quo loco eſſet ſignificare
» tur, & Iouis noie, græcè Διoσ. primã literã deformaret. Nõnulli Aegypti poſi
» tionem, Alij qua Nilus terminaret Aethiopiã eſſe & Aegyptũ dixerũt. Alij Si

Le trian=

» ciliam figuratã putauerũt. Alij quod Orbẽ terrarũ ſuperiores trifariã diuiſerũt,

gle è vne

» tres angulos eſſe cõſtitutos dixerũt. Ilz ont faicte triangulaire, pour ſecretemēt

deſpl⁹ no

denoter q̃ ſa figure eſt vne deſplus nobles & notables de Geometrie & cōmen

bles figu=

ſuration, & qui eſt tres requiſe a deſigner & faire les lettres. Les Latins lont fi=

res de Ge

guree droicte par deuãt comme vng I. & ronde par derriere cōme vng O. pour

ometrie.

monſtrer q̃lle veult eſtre pronũcee en frapãt de la langue contre les dens de de=

Martia=

» uant, & ce Martianus Capella le teſmoigne quãt il dit. D. appulſu lingux circa

nus Ca=

» ſuperiores dêtes innaſciſ. Iay veu en Rõme, a la Sapience, ceſt a dire a leſcole

pella.

publique, & en beaucop daultres lieux par Italie, maints ſcauãs perſonages la

Menſion

pronuncer comme ſi elle auoit vng E. eſcript apres elle, quãt ilz vouloient dire

des Ita=

» Quid, quod, aliquid, ilz pronunceoient. Quide, quode, aliquide. Et cela eſt a di

liens.

re que la debuons pronuncer de limpetuofite de noftre langue frapant contre
noz dens de deuant. Ilz pronuncent le T. auffi comme fil auoit E. efcript a fa
queue, en difant: Capute, Sinciput. pour Caput, & Sinciput. Amauite, do=
cuite. pour Amauit, & docuit. Pareillemét mille aultres féblales. Ie vouldrois q̃ "
fuffions auffi diligens a acouftumer noz enfans a bien pronuncer, que font lef= "
dictz Italiens, ce nous feroit vng grant plaifir, & honneur. Les Anciés

Menfion des An= ciens La tins.
Latins efcipuoient V. pour E. deuant ND, es Gerundifz & Partici
pes venans de la Tierce Coniugation. quant ilz difoient, Scri=
bundis, & Legundis. pour Scribendis, & Legendis. Teren

Terece.
ce a dict. In fcribundis fabulis operam abutitur. Pri=

Prifcian.
fcian en eft tefmoing en fon premier liure, quant "
il dict. Apud antiquiffimos quoties ND. fe= "
quuntur in his quæ a Tertia Coniuga "
tione nafcuntur loco E, V, fcriptũ "
inuenimus. Vt faciundum, le= "
gundum, dicundũ, ver= "
tundũ. pro faciédũ, "
legendũ, dicen
dum, ver
tendũ.

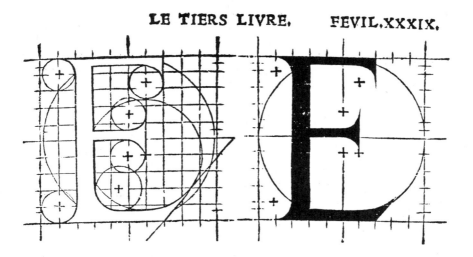

LA lettre E.cy pres defignee, faicte de le I .feullement , & de la quelle le
F.& le L. peuuent eftre tirez, eft la fegonde vocale en lordre Abecedaire
Greque & Latine,de femblable figure & proportion tãt audict Grec quen La
tin.En lettre de Forme, ou Baftarde, elle veult eftre aultrement faicte. Les La
tins lont vfurpee des Grecs, comme quaſi toutes les aultres lettres. Elle eft de
fept corps & demy de largeur, & veult auoir fept cêtres pour eftre faicte en fon
entier.comme ie les ay fignez en leur lieu pour y affeoir le pied du Cõpas. Au
cuns Anciens la defignent, & font en bas au dedans de la patte fans arondiffe=
ment, & a la ligne equiangulaire : comme ie lay figuree cy deffus & pres, en la
lettre E.noire.Martianus Capella dit. E, fpiritꝰ facit lingua paululũ preffiore.
E.dit il, eft pronunce en tenant noftre langue libree entre noftre palaix & con=
cauite fuperieure, & le fons de noftre bouche, en faifant fortir noftre voix tout
doulcement. Iay efcript cy deffus commant les Dames Lionnoifes pronuncêt
fouuant A .pour E. Pareillement les Normans E.pour O Y.& en ay baille ex=
emple,ie treuue en oultre que le Picard dit V.pour E.et le pronũce cõme afpi=
re,en difant. Chu garchon. pour Ce garcon. Les Lorains, & les Ecoffois en
parlant en langage Francois,au moings en y cuidãt parler,laiffent quafi touf=
iours a pronuncer le E, quant il eft a la fin des dictions. Les Lorains difent.
Sus lherbet, De ma mufet,Vne chanfonet,Ay dict mon comper,Ma comer,
Ioliet, Et frifquet,quen dictes vous? en lieu de dire. Sus lherbete,de ma mufe=
te,vne chanfonnete, A y dict mon compere, Ma comere ioliete, Et frifquete,
Quen dictes vous?Item fi veulent dire Simone,ilz pronuncêt Simon. Lione,
Lion.Bone,Bon.qui eft vice en Frãccis,felõ lart du Latin,qui ne veult quon
mette ne dye le genre mafculin pour le femynin.ou on commettroit le vice de
Barbarifme,qui neft receuable en bon langage. Les Ecoffois difent. Mon per
et ma mer, & mes deux feurs Robin & Caterin mont efcript yng pair de letr.
En lieu de debuoir dire. Mon pere, & ma mere, & mes deux feurs Robine &
Caterine mõt efcript vne paire de letres. Mais tel vice leur eft a excufer, pour
lignorãce quilz ont du lãgage Frãcois, & pour la difficulte de leur acoftumee
pnunciatiõ en leur langage maternel.Il peult eftre beaucop de telles abufiues
pnunciatiõs ꝗ ie laiffe a plus fcauãs ꝗ moy, pour les rediger par efcript & bõne
memoire , & viens aux Latins qui difoient ancienement, non pas du tout cõ=
me le Picard, E,pour V, quãt ilz difoient & efcripuoient Auger & Augeratꝰ,

Martia=
nus Ca=
pella.

Menfion
des Lion
noifes.

Anglois.
Normãs.
& Pi=
cards.

V. pour
E.

Menfion
des Lo=
rains &
des Ecof
fois.

Mêfion
des anci=
ens Latis

Auger.
Augera=
tus.
Priſcian.

pour, Augur, & Auguratus. Priſcian en eſt treſmoing en ſon premier liure, au Chapitre De literarum commutatione, quant il dit. In E. tranſit V. vt Pondus ponderis. Deierat, Peierat. pro Deiurat, Peiurat. Labrum, Labellum. Sacrũ, Sacellum. Antiqui Auger, & Augeratus. pro Augur, & Auguratus dicebant.

Lau=
theur du
Liure du
ieu des
Eſchetz,

E. a trois diuers ſons en pronunciatiõ & Rithme Francoiſe, cõme Lautheur du liure du ieu des Eſchedz lenſeigne treſelegamment au Chapitre ou il traicte de la qualite des Rithmes, quant il dict ainſi quil ſenſuyt. Nous debuõs ſcauoir que ce voyeu qui eſt appelle E. peult varier ſon ſon, ou eſtre pronunce en trois manieres, combien que nous auons vne ſeulle figure, ou vne ſeulle lettre qui nous preſente toutes ces trois manieres. La p̃miere maniere eſt quant on le pronunce en ſon droict ſon parfaict principal & premier comme nous le nommons communement, cõme quant nous diſons beaulte, ou loyaulte. La ſegõde maniere eſt, quant en le pronunceant on leſlonge ſus coſte du droict ſon deſſuſdict, Si comme quant nous diſons Matinee, ou Robine, & telz ſem= blables motz. Et en ces deux cas cy, le voyeu deſſuſdict faict varier le nombre et la meſure de la Rithme, pource que le ſon eſt en ſoy plain & parfaict. Et par ainſi il tient & occupe le lieu dune ſyllabe entiere. Et la tierce maniere eſt, quãt en pronunceant le voyeu deſſuſdict, il ne ſonne pas bien le voyeu ains flue, & pert auſſi comme ſon ſon. Comme quant nous diſons Nature, Creatu= re, Villennie, ou Felonnie. & ainſi en moult de diuerſes manieres. Et en ce cas le voyeu deſſuſdict ainſi pronunce, ne faict point varier le nombre des ſyllabes de deuant, ne la meſure. Et toutes ces trois manieres de pꝛoferer E. aucuneſfois ſe monſtrent en vng mot ſeullement, ſi comme, ſi on diſoit. Le ciel eſt bien eſtel le, Ceſt fin or eſmere. Et pluſieurs aultres ſemblables motz.

E. bien proportionne & eſcript, contient en ſoy F. & L. Si vous voules faire vne F. de le E. oſtes le traict de la patte dembas de voſtre E. & la dicte F. demorera faicte. Si en voles faire le L. oſtes dudict E. les deux traicts denhault, & elle demorera comme il luy appartiẽt a ſon naturel vray Art. Vous porres cognoiſtre cecy en vous y exerceant & en traictant le Compas & la Reigle, cõme il eſt requis a ceulx qui ayment les bõnes Sci= ences. Touteſſois pour vous ſola= cer de peine, ie vous en ay faict vng deſeing icy pres, afiin q̃ puiſſies my eulx cognoi= ſtre mes dicts eſtre cõme ie les vous ay ſignifiez et baillees p̃ eſcript.

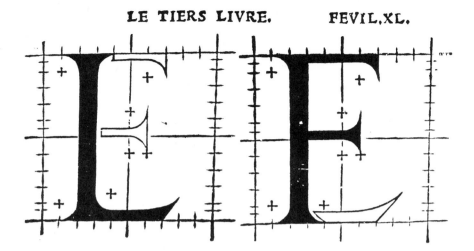

Q Vant Virgile dift en fes Priapees.
E ꝺ , fi iungas, temoneinꝗ; infuper addas,
Qui medium D, vult fcindere/pictus erit.

” Il nentédoit pas felon fa fantafie, & felon fon propos & intelligence que E.
deuft eftre faict de le I, comme iay dit & enfeigne, mais bien autrement que ie
fcay bien, & touteffois ie me deporteray le declarer, pource que la chofe y en=
tendue/eft impudique, le laiffant fcauoir a ceulx qui le fcauët.& fantafier ou de•
prifer aux non chalans de le fcauoir. I en ay bien volu toucher vng mot en paf=
fant, pource quil femble que le dit Virgile veille enfeigner a efcrire & faire le E,
& le D, quant il dit, E ꝺ , fi iungas, mais non faict, & pourtant ne vous y
areftez.

Virgile,

N Otez en paffant que la plufgrande part des dictions francoifes contien=
nent en elles plus fouuant la vocale E. que nulle autre vocale ne lettre,
comme il eft manifefte en efcriuant ou en lifant liures en langage francois.

E , A yant deuant luy vne afpiration. h. peut eftre indice & interiection de
quelque affection de noftre volunte.& ce tant en Latin quen noftre fran=
cois. Prifcian eft tefmoing pour le Latin quant il dit a la fin du quinziefme li=
” ure, ou il traicte. De Interiectione. Inter has ponunt etiã fonituum illiteratorũ
” imitationes, Vt rifus. Haha, hehe, & Phi, Hae, & hoe, & hau. Pour exemple
en francois. Ie remets le bon eftudient a Maiftre Pierre Patelin, & aux autres
bons autheurs en francois.

Prifcian.
Menfion
des inter
iections.

H.iiif.

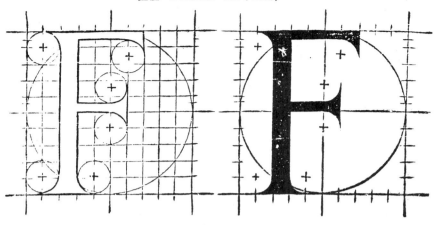

LA lettre F, cy pres defignee, faicte de le I.& tiree de le E, eſt de ſix corps
de largeur preciſement, & veult auoir ſix centres pour eſtre bien faicte, leſ=
quelz iay ſignez en leurs lieux en les faiſant a ce requis. Ieſcrips raiſonnable=
ment en ce Liure par pluſieurs paſſages, q̃ toute lettre Attique veult eſtre plus
large en chef que en pied, mais on me porroit alleguer & dire que le F. le P. le
T. le V. & le ypſilon. ſont contre ma raiſon. a quoy ie reſponds, que iay bien
fonde mes dits, conſidere & entendu que ceſdictez lettres F. P. T. V. & Y. ne
ſõt pas lettres primitiues ne delles meſmes. mais lettres tirees daultre lettres. cõ
me le F. de le E, Le P. du B. le T. de laſpiratiõ, le V. du lambda lettre Grecq̃ tor
ne de deſſuſen ſoubz & le Y. eſt tire de le X. cõme porrezvoir ſil vous plaiſt vous
y exercer. F. eſt ditte Digamma æolicum au Premier liure de Priſcian en beau=
cop de lieux, pource quelle a eſte figuree & faicte de deux Gamma. lettre Gre=
que mis & eſcript lun ſus lautre en ceſte facon F. Digamma eſt a dire deux Gã=
ma, ou deux fois Gamma. Gãma en Grec eſt la lettre pour & au lieu de la quel=
le Les Latins & nous auons G, mais il ya difference en la figure de lune lettre
a lautre. Car le Gamma veult eſtre faict comme vne L, ayant ſa patte dembas
tournee en hault, en ceſte facon. Γ. Le G. eſt tout autrement faict, & pource eſt
il purement lettre Latine. Donques quant il ya vng Gamma droit aſſis ſus vng
autre Gamma, ce ſera noſtre lettre F. qui eſt comme iay dit, appellee en Priſciã
& autres bons autheurs, Digamma. Dauantage, elle eſt ditte Digamma æoli=
cum, pource que les Eoliens qui eſtoient vne des plus nobles nations de Gre=
ce lauoient en frequent vſage, meſmement les Poetes, comme le dit Priſcian le
teſmoigne en ſon dit premier liure quant il allegue le poete Alcman. diſant.
Και χειμα πυρτε δαϝιου. & quant il allegue Lepigramme quil veit & leut en
vne table de la ſeiche vallee pres Cõſtãtinoble, La q̃lle ſeiche vallee, il appel=
le en Grec. χερολοφον. En lepitaphe eſtoit ainſi. Ογναϝον Δημοϝων σαϝα
χαϝιον. Ie treuue que les bien Anciẽs Latins eſcriuoient ſouuant F, en lieu de
le V. eſtant conſone. Comme en diſant, Folfo, & Fifo, pour Voluo, & viuo. Cõ
me on peut voir. En lancien Epitaphe trouue a Lion, ſub vineis.

Priſcian,
Digãma
æolicum.

L, tor=
nee eſt
vng Gã=
ma.
Gamma
aſſis ſus
vng au=
tre Gam
ma eſt
vne. F.
Priſcian.
Alcman.
Menſion
des La=
tins.
F. pour
conſone.

LE DICT EPITAPHE, COM=
ME ON MA DICT, EST
TEL QVIL SENSVIT.

ALIARTOS .F. GELIDVS OPTVMVS
INSVLANVS QVOI MAXVMA VIRTVS.
HAIC LABOR BACCHICOLAI
QVAE CASTOR APVD ME CYMNERIIS
IN TENEBRIS CONDITA IACENT.
CAECVTIENTEIS OMNEIS
NOSTRATEIS
PRAITEREVNT. AGEDVM SAXA
LABORE FOLFITE HERCVLEO.
COMMVNIS EST MERCVRIVS, ET
DEXTRO HERCVLE IVPPITERIS
SENISSIMI CEREBRVM EFFODIETIS.
NIHIL SACRVM, CVLMOS
EXCVTIETIS
NAVCIFACIENDOS QVOM APYNAE
SINT ET TRICAE. AT AEDEPOL
ΚΟΙΝΑ ΦΙΛΩΝ ΠΑΝΤΑ.
ANNO MILLENO SEPTENO.
NEOMENIIS ROMANIS.

Épitaphe Ancien trouué a Lió.

Il ya a ce propos Folfite . quant il dit . Agedum, faxa labore folfite herculeo.
On en peut veoir beaucop dautres exemples au liure des Epitaphes de Lan=
ciene Rôme. Que iay veu imprimer au temps que ieftoye en la diéte Romme.

LEs Alemans ont cefte couftume de pronunciation, & non en efcripture, de
dire, & proferer F ,pcur V.confone, aumoings quant ilz parlent en Latin.
Silz voloient dire. Ego bibi vinum vetus.Ilz pronunceroient. Eio bibi finum
fetus.& cefte maniere de pronuncer leur eft propre & commune, car les Latins
quilz doibuent enfuyure,ne le pronuncent pas ainfi. Il femble que lefdits Ale=
mans maintienent telle pronunciation,pource que Prifcian a laiffe par efcript
en fon premier liure. Habet autem hæc F. litera hunc fonum quem nunc habet
V.loco confonantis pofita.

Menfion des Ale= mans.

Prifcian.

ABien pronuncer.F.Martianus Capella nous lenfeigne quant il dit.F.den
tes labrum inferius deprimentes lingua palatoq; dulcefcit. F.dit il eft doul
cement proferee de la langue touchant contre le palaix, & que les dents depri=
ment vt peu la lefure de deffus.

Martia= nus Ca= pella.

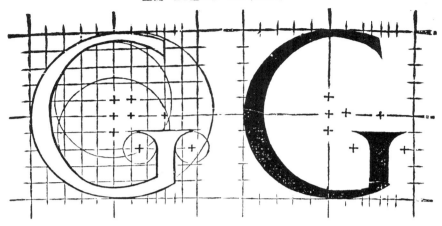

Maiſtre Simon Hayeneſue.

LA lettre G.cy pres deſignee,& faicte de le O.& de le I,trancône,eſt de neuf corps & demy de largeur.& requiert a ſa facô huit tours de Compas, parquoy y ay ſigne huit centres es lieux qui leur apartient.Maiſtre Simon Ha-yeneſue quon appelle vulgairement, Maiſtre Simô du Mans, faict au bas de la courte iambe du G vng petit demy rond qui luy donne tresbonne grace. Tou-teſfois ie lay veu aux Gaieries du Pape Iules ſegond entre le palaix ſainct Pier re & Beluedere,coupe a perpendicule & pource faictez le ainſi quil vous plai-ra. Le dict Maiſtre Simon eſt le plus grant & excelent ouurier en Architecture antique,que ie ſache viuât. Il eſt homme deſgliſe & de bonne vie, amyable & ſeruiable a tous en deſeings & pourtraicts au vray antique. leſquelz il faict ſi bons que ſi Vitruue & Lion Baptiſte Albert viuoient,ilz luy donneroient la palme par deſſus tous ceulx de decza les monts. G , en Grec eſt dicte Gam-ma.mais comme iay cy deuant dit , celluy Gamma eſt different en figure,car il eſt faict comme ſi vne L.eſtoit tornee en ſorte que ce qui eſt au bas fuſt mis au hault,en ceſte facon.Γ . G.& Gamma ont ſemblable vertus en ſyllabe, ſi nô

Reigle de ortho-graphe.

que Gamma eſtant eſcript deuant vng autre Gamma,ou deuant Chi.X.ou de uant Cappa, K. ou deuant .ξ. eſt pronunce par Gni. ceſt a dire,pour vne. N. Exemple. αγγελοσ. Angelus, αγκυρα. Ancora. αγχιστσ. Anchiſes. σφιγξ. Sphinx. Et la raiſon de ceſte pronunciation Greque, eſt pource que Gni.N.

Menſion des An-ciens La-tins.

ne ſe treuue point en grec eſcripte deuant . Γ.K.X.ξ. Les Anciês Latins eſcri-uoient a la facon des Grecs Aggelus & Diphthoggus,en y metât G.pour N, & pronunceoient Angelus & Diphthongus.maintenant Les Latins & nous eſcriuons N.deuant G. & diſons comme eſcriuons Angelus & Diphthongus.

Priſcian.

Priſcian nous eſt teſmoing de la dicte antique pronunciation,en ſon premier li ure ou il parle & traicte, De literarum commutatione, quant il dit . Et quidam “ tamen vetuſtiſſimi authores Romanorum euphomiæ cauſa G.pro N.ſcribebât “

Varro, V.eſt p=nunce apres G.aucu-neſſois & aucuneſ-foisnon.

vt Agchiſes.Agceps.Aggulus.Aggens.quod oſtendit Varro primo de origine “ linguæ latinæ his verbis.Aggulus.Aggens.Agguilla.Iggerût.G, en noſtre lâ= gage francois,comme en Latin,veult aucuneſfois V.apres luy,aucuneſfois nô “ Anguilla, & Anguille,Imaginari, & imaginer,corriger.Conge, Plonge, abre “ ge, Rogue,Morgue,Rigueur,Lâgueur,Regard,Guiſarmes,Guiſe, & aultres “ ſemblables en ſont exemple.Ie treuue que quant V.eſt interpoſe entre G.& Y. le V.& le Y.ſont diuiſez en deux ſyllabes.& quant en lieu de Y.ya vng I.G.V. & I.ne ſont que vne ſyllabe.Comme en diſant.Monſeigneur de Guyſe, vit a ſa

bonne guife. La pronunciation du G.fe dit Martianus Capella, Eſt ſpiritus cũ   Martia=
" palato. Il veult eſtre pronunce de noſtre voix iſſant par la concauité ſuperieure   nus Ca=
" de noſtre bouche. Les Alemans le pronuncent deuant A, deuant O, & deuant   pella.
V. bien differemment des Italiens & de nous, car ilz le ſonnent en I.confone.cõ   Menſion
me ſilz vouloiët dire.Ego gaudeo Gabrielem gobiones Gandaui comparaſſe.   des Ale=
" Ilz pronunceroient.Eio iaudeo Iabrielem iobiones Iãdaui comparaſſe.la quel   mans.
" le pronunciation me ſemble bien eſtrange pour la grande mutation qui ſe treu=
" ue.Silz voloient dire.Gaudeamus omnes in Domino. Nodus gordius erat inſo
" lubilis.Et Gutturnium eſt vas guttatim ſtilans.Ilz diroient.Iaudeamus.Iordi.
" Iutturnium & Iuttatim, qui ſembleroient vocables hors de vraye latinite.De=
" uant E, & deuant I, Ilz le pronuncent bien en diſant.Germinauit radix ieſſe.
" Gigis anulus erat fatalis.Mais,comme iay dit,deuant A, O, & V, Ilz ny pro=   G. pour,
nuncent pas aſſez latinement. G, a grande afinite auec C. tellement que bien   C.& C.
ſouuant il eſt pronũce la ou le C, eſt eſcript.comme nous voyons en ces ⸗ctiõs   pour.G.
Cneus, & Caius.qui ſont eſcriptes par C.& pronũcees par G. Dautres dictiõs
" ya eſquelles le G.eſt eſcript & pronunce en lieu du C.comme ſont. Quadringẽ=
" ta, & Quingenta,pour quadrincenta.& quincenta. Laffinite du G. au C. & du
C.au G.eſt vng peu trop obſeruee a Bourges dou ie ſuis natif, car il y en a qui   Menſion
pronuncent.Ignem, Lignum, & autres ſemblables dictions, comme ſi en lieu   de Bour=
" du G, eſtoit eſcript vng C.en pronunceant Icnem. & lienũ La quelle choſe ne   ges.
veult ainſi eſtre pronũcee ſelon la langue Latine, car les Italiens pronuncent
le G.bien mol quant il eſt entre I. & N. Les picards au cõtraire deſſuſdits Ale=   Menſion
mans qui pronuncent I.confone pour G.en lieu de le I.cõfone /pronuncent le.   des Pi=
G.en aucunes dictions. comme en lieu de dire . Ma iambe ſeſt rompue en no=   cards.
ſtre iardin,& y ay perdu mon chapeau iaulne.Ilz diſent.Me gambe ſeſt /rompue
en noz gardin,& y ay perdu men capiau gaulne.Ilz en diſent beaucop dautres
que ie laiſſe a eſcripre pour cauſe de breuete.   Menſion
Es plaiſanteurs & ieunes amoureux qui ſeſbatent a inuenter diuiſes, ou a   des plai=
les vſurper comme ſilz les auoient inuentees,font de ceſte lettre G, & dun   ſanteurs.
A. vne diuiſe reſueuſe en faiſant le A, pluſpetit que le G. & le mettant dedans   Menſion
ledit G.puis diſent que ceſt a dire.Iay grant appetit.En la quelle choſe ne lor=   des Reſ=
thographe,ne la pronunciation ne conuienent du tout,mais ie leur pardonne   buz.
en les laiſſant plaiſanter en leurs ieunes amours.Le dit G. grant & le A. petit   G .grant
veulent eſtre en la facon quil ſenſuyt.   A.petit.

Ilz en font beaucop dautres de di=   Diuers
uerſes lettres comme ſont.K.V.K.   Reſbuz.
A.B.& ten va.L.XX.L.X.NA.L
fut.ꝑ.L.ſen alla.G.ſus L.mõ cueur
a.VI.Quatendez vous,natendez plꝰ
Elle eſt tornee a tort Vng aſne y mord
droit. Pareillement.Paix vng I. vert
ſelle.qui eſt faict dune paix dũ I. vert
& dune ſelle. Et mille autres q̃ ie leur
laiſſe.

EN telles ſottes choſes la bõne Or
thographe & vraye pronũciation
ſont peruerties bien ſouuant, & cau=
ſent vng abus qui ſouuant empeſche
les bons eſperits en deue eſcripture,

ENtre tous ceulx qui iamais reſueirent ou feirent deuiſes de lettres, Celluy qui premierement feit la ſienne dune. S. fut le plus parfaict en francois, au n oings ſi lentendoit bien, & croy que ſi feroit il, veu qui ne la feit dune S. Attique, ne Greque, mais dune lettre francoiſe, quon appelle Lettre de forme en la quelle le. S. eſt large, & a bon propos miſe en ſignification de largeſſe, en la forme qui ſenſuyt.

Largeſſe

LEs Deuiſes qui ne ſont faictes par lettres ſigni-ficatiues, ſont faictes dimages qui ſignifiet la fantaſie de ſon Autheur. & cela eſt appelle vng Reſ-

Notable en Reſ-buz,

buz au quel on a reſue, & faict on reſuer les autres. Telz Images ſont ou hommes, ou femmes, beſtes, oyſeaux, poiſſos & autres choſes corporelles & materielles, deſquelles choſes ie voy vng Reſbuz de quatre verſets & lignes en francois eſtre moult bien inuente, car toutes les dictions deſdites quatre lignes ſont paintes en diuers Images, & ya en ſub-ſtance.

Reſbuz treſſingu-lier & bie faict,

On me tient fol, faiſant folle folye.
Ainſi ie vis, puis ainſi ie folye.
Fol entre folz, coquard entre mains vis,
On me maintient, car follement ie vis.

PAreillement le Reſbuz des Trois mors, & des Trois vifz, eſt daſſez bon-ne inuenſion. Ien treuue eſt vocables latins qui ſe font & prununcent en Images & vocables francois, comme ſont. Habe mortem præ oculis. Et. Non habebat mortem ante oculos. Semblablement Cras habebo te. Ien voy vng en Grec qui eſt moult bon, & de ſeulles lettres, mais il ſexpoſe en vulgar Italie, & ya. M. φ. Δ. Μ. Λ. qui eſt a dire en vulgar Italien. Mi fidelta mi lauda. En fran-

Beaulx & bons Reſbuz

cois le ſens y eſt bon, mais le langage naccorde pas aux dictes lettres, ny au vul-gar. car il ya. Ma fidelite me loue. Celluy qui eſt du Diamat eſt bon, & celluy ou ya. Iay mis mo eſtat au derriere. neſt pas mauuais, entedu quil eſt paint & faict dun Gay, & dun Mymonet. Ceſt a dire de Picard en Francois, du Singe qui ta ſte de ſa main a ſon derriere. Pareillement celluy ou ya. A Beſanſon ſept fem-mes a, eſt bien ingenyeux que ie laiſſe pour ceſte fois a declarer.

Menſion de leu-nesamou-reux. Ouide,

IFn porrois beaucop alleguer dautres, & en faire vng iuſte liure, mais pour ceſte fois ie paſſeray oultre & doneray eſpace aux Plaiſans & Ieunes Amou-reux qui ſeſbatent voluntiers a telles gentes petites choſes. Leſquelles toutes-fois ne leur viennent en leſperit ſans infuſion celeſte. De la quelle les Philoſo-phes Anciens ont ſouuant diſpute, & les Poetes chante, entre leſquelz Ouide au commacement du Sixieſme des ſes Faſtes a dit pour eulx & pour les Poetes.

Eſt Deus in nobis, agitante caleſcimis illo.   ``
Impetus hic ſacræ ſemina mentis habet.   ``

Eſcriptu-res fai-ctes par Images furent in-uentees par les Egyptiés

Ceſt a dire. Entre nous Poetes & Fantaſtiques auons inſpiration diuine en nous, qui nous eſmeut a plaiſantes inuetios, & les mettre a gracieuſe executio.

TElle facon de Reſuerie, Ceſt a dire deſcripture faicte par Images, fut pre-mierement inuetee des Egyptiens qui en auoient toutes leurs Cerimonies eſcriptes, afin que le vulgaire, & les ignares ne peuſſent entendre / ne facilemet ſcauoir leurs ſecrets & myſteres, Celles eſcriptures eſtoient appellees en Grec.

Hieroglyphica.Cest a dire.Sacra scripta, Sainctes escriptures,que nul ne pou
uoit entendre sans estre grant Philosophe, & qui peult cognoistre la raison et
vertus des choses naturelles.Quant ilz vouloiét signifier Lan,ilz deseignoient
et faisoient en pourtraict ou painture, vng Dragon se mordant la queue. Pour
signifier Liberalite,ilz faisoient la main dextre ouuerte. Et pour Chichete, la
main close.Ilz faisoient mille aultres bonnes choses semblables par Images, q̃
vous porrez lire & cognoistre au.XXV.Chapistre des lecons antiques de Cæ- **Cælius**
lius Rhodiginus,& plus aplain en Orus Apollo,qui les a redigees par escript, **Rhodi-**
en vng volume que porres trouuer en Grec, si le y volez, & en latin aussi, & le **ginus.**
quel iay trãslate en Frãcois, & faict vng p̃sent a vng myen seignr̃ & bon amy. **Orus**

PVisque ie suis descendu en propos de Deuises,Resbuz, & escriptures Hie **Apollo.**
roglyphiques:ie veulx icy declarer ma Deuise & Marque, pource que ie
y voy maintz personnages estre desirans de lentendre. **Mension**

PRemierement en icelle ya vng vase antique qui est casse,par le quel passe **de la De-**
vng Toret.Ce dict vase & Pot casse,signifie nostre corps, qui est vng pot **uise / &**
de terre.Le Toret signifie Fatũ,qui perce & passe foible & fort. Soubz icelluy **Marque,**
Pot casse ya vng Liure clos a trois chaines & Cathenats, qui signifie q̃ apres **du p̃ient**
que nostre corps est casse par mort, sa vie est close des trois Deesses fatales. **Autheur**
Cestuy liure est si bien clos, quil ny a celluy qui y sceust rien veoir, sil ne scaict
les segrets des Cathenats, & principallement du Cathenat rond, qui est clos & **Moralite**
signe a lettres.Aussi apresque le liure de nostre vie est clos, il ny a plus homme **du Pot**
qui y puisse rien ouurir, si non celluy qui scaict les segrets. Et celluy est Dieu, **casse.**
qui seul scaict & cognoist auant & apres nostre mort,quil a este, quil est, & quil
sera de nous.Le feuillage & les fleurs qui sont au dict Pot, signifient les vertus
que nostre corps pouuoit auoir en soy durant sa vie.Les Rayons de Soleil qui
sont au dessus & au pres du Toret/ & du Pot, signifient linspiration que Dieu
nous donne en nous exerceant a vertus & bonnes operations. Au pres dudict
Pot casse,ya en escript.NON PLVS.qui sont deux dictions monosyllabes/ **Nõ plus.**
tant en Francois/quen Latin, qui signifient ce que Pittacus disoit iadis en son
Grec,Μιδ'εν αγαν.Nihil nimis.Ne disons/ne ne faisons chose sans mesure, ne **Pittacus.**
sans raison,si non en extreme necessite. Aduersus quã nec Dij quidẽ pugnant.
Mais disons & faisons.SIC.VT.VEL.VT.Cest a dire.ainsi cõme nous debuons,ou au moings mal que pouuons . Si nous voulons bien faire,Dieu nous
aidera, & pource ay ie escript tout au dessus. MENTI BONAE DEVS
OCCVRRIT.Cest a dire.Dieu vient au deuant de la bonne volunte, & luy
aide.

ALde le Romain,Imprimeur a Venize,auoit sa marque Hieroglyphique, **Alde.**
mais il ne lauoit pas inuentee,en tant quil lauoit empruntee de la deuise
de Auguste Cesar,la quelle estoit en Grec.Σπευδε βραδεωσ.qui est a dire en **Auguste.**
Latin.Festina lẽte.Ou encores en Latin tout en vng mot,Matura.Et en Frãcois,Haste toy a tõ aise. Icelle Deuise estoit painte & deseignee par vne ancre
de nauyre,& autour dicelle vng Daulphin. Lancre signifioit tardiuete, & le
Daulphin hastiuete.qui estoit a dire,quen ses affaires fault estre modere,en sor
te quon ne soit trop hastif, ne trop lõg/ou tardif. Virgile no⁹ est segret tesmoig **Virgile.**
que le dict Auguste Cæsar auoit la dicte ancre & daulphin en sa Deuise, quant
pour luy en faire memoire en ses Eneides, il a dict au cõmancemẽt du Premier
liure.Maturate fugã, Regiq; hæc dicite v̄ro. Qui en vouldra veoir & lire bien a
a plain, si sen aille esbatre a veoir le premier Prouerbe de la Segonde Chiliade
de Erasme,il y en trouuera se me semble a suffisance . Ma susdicte Deuise / & **Erasme**
Marque,est telle quil sensuyt.

MENTI BONAE
DEVS OCCVRRIT.

SIC, VT. VEL, VT.
NON PLVS.

VEla ma fufdeclaree Deuife & Marque faicte comme ie lay
penfee & imaginee, en y fpeculant fens moral, pour en
donner aucun bon amoneftement aux imprimeurs
et libraires de par dezca, a eulx exercer & em
ployer en bonnes inuentions, & plaifan
tes executions, pour monftrer ꝗ leur
efperit naye toufiours efte inutile.
mais adonne a faire feruice
au bien public en y be=
foignant & viuant
honneftemét.

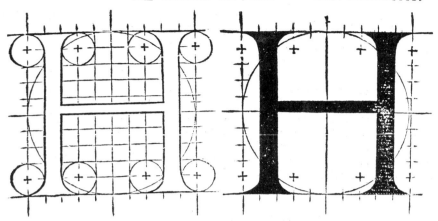

LA figure cy ptes designee & faicte de le I .auec huit cētres, est de dix corps
en Quarre. Cest a dire, aussi large que haulte. Les Grammairiens, & mes=
mement selon Priscian en son Premier liure ou il traicte De literarum potesta=
te, disent quelle nest pas lettre, mais la note & enseigne pour monstrer quant
quelque vocale, ou lune de ses quatre consones, C.P.R.T .doibt estre pronū=
cee grasse & a plaine voix venant du profond de lestomac. Iceluy Priscian dit.

Priscian,

H. autem aspirationis est nota, & nihil aliud habet literæ, nisi figuram, & quod
in vsu scribit inter alias lras. Cest a dire. H.est la note de laspiratiō, & na aultre
chose deficace de lettre, si non la figure, & aussi que par vsage elle est escripte.

H.a si peu de vertus auec les vocales, q si on len oste, le sens ne sera point
diminue. mais ouy bien dauec lessusdictes quatre consones. C.P.R.T.
Exemple des vocales. Erennius. Oratius. Exemple desdictes cōsones. Cremes
pour Chremes. Et a ceste cause comme dit Priscian au susdict lieu allegue, les
Grecs ont faict ces susdictes cohsones aspirees. Car pour Th. ilz ont faict Θ.
pour Ph.Φ.pour Ch.X. Le Rho na point este mue de sa figure, mais il prēt sus
luy vne demye croix en lettres maiuscules, ou vng point corbe en lettre courāt
qui denote la dicte aspiration. cōme on peult cleremēt veoir es impressions du
feu bon imprimeur Alde, que Dieu absoille.

Θ.Φ.X.Γ

Alde.
Aulus
Gellius.

Avlus Gellius au. III. Chapistre du Segōd liure de ses nuyts Attiques dit,
que H.a este mise des Anciens & inscree es dictiōs pour leur bailler vng
son plus ferme & vigoreux quant il dit. H. litera, siue illam spiritū magis quam
literam dici oportet, inserebant eam veteres nostri plerisq; vocibus verborū fir
mandis roborādisq;, vt sonus earum esset viridior vegetiorq;.Atq; id videntur
fecisse studio & exemplo linguæ Atticæ. Satis notum est Attiquos ιχθυν ηρον.
Multa itidē alia citra morē gentiū Græciæ cæterarū inspirātis primæ literæ di=
xisse sic, lachrymas, sic spechulū, sic ahenū, sic vehemēs, sic ichoare, sic hellua=
ri, sic hallucinari, sic honera, sic honustū dixerūt. In his verbis oibus literæ seu
spūs isti⁹ nulla ratio visa est, nisi vt firmitas & vigor vocis quasi quibusdā ner=
uis additis iutēderet. Cest a dire. La lre H.ou sil conuiēt myeulx la dire lesperit
vocal, estoit souuāt iscree des Anciēs Latins en beaucop de dictiōs pour les fit
mer & roborer, afin q leur son fust pl⁹ vertueux & vigoureux. Iceulx Anciēs le
faisoiēt a limitatiō des Atheniēs, au lāgage desqlz ιχθυν ηρον. & beaucop de sē
blables dictions estoiēt aspirees hors la costume des aultres Nations de Grece.
Aisi furēt aspirez Lachrymæ, spechulū, ahenū, vehemēs, ichoare, hallucinari
honera, & honust⁹. En ces vocables susescripts laspiratiō na este veue raisonna

L.ij.

Notable
fingulier.

ble, fi nõ pour y dõner fermete & vigueur, cõe fi elles eftoiét éforcyes de nerfz.
Es Romains ont figure cefte dicte note Dafpiration totalement a la figure & forme dune vocale Grecque nommee Ita. H. Les Grecs ont faict de
leur dicte vocale Ita.H.deux notes paffiues, & comme accents, pour monftrer
quant vne Vocale inceptiue, & la Confone Rho, auffi inceptiue & geminee en
compofition de Nom, ou de Verbe, doibuent eftre afpirees ou non. car en cou
pant iuftement la dicte vocale Ita, par le mylieu & en deux parties perpendicu
laires, la premiere partie eft & fert pour monftrer la Vocale afpiree, ou la dicte
Confone Rho, & laultre partie pour la vocale, ou R ho. non afpiree. La dicte

⊦. ⊣.
Signes
dafpira-
tiõ, & de
lettre nõ
afpiree.

vocale Grecque Ita, fe diuife ainfi, ⊦.⊣ .& fes parties font efcriptes fus lettres
maiufcules, comme iay dict, fus les vocales inceptiues & fus Rho, quant il eft
inceptif, & quant il eft double en la diction par compofition de vocables, ou
aultrement.

LA refemblence de cefte dicte afpiration Latine, & de la vocale Grecque
Ita, a efte caufe que mille modernes ignorans la langue Grecque ont erre,
et errent tous les iours en lorthographe, ceft a dire, en la deue efcripture de ces
deux fouuerains & precieux noms. IESVS. & CHRISTVS. Car en les efcriuant en abrege, il efcripuét IHESVS, auec vne afpiratiõ latine, & XPΣ, auec
vng X. & vng P. Latins. Quãt en Grec. IHΣ.veult eftre efcript par la dicte vo
cale Ita.H. & XPΣ.par Chi. & par Rho. Lerreur leur eft venue, cõme iay dict,
pource que Ita, & Lafpiration Latine font de femblable figure. & que Chi. &
Rho. auffi refemblent quafi a vng X. & a vng P. latins. Parquoy en ceft endroict cy, ie prie tous bons efperits q̃ dycy en auant quãt ilz vouldront efcripre
les treffaincts & glorieux nõ & furnom de nr̃e Saulueur, filz le veulét efcripre

Entédez
icy bons
et deuots
Creftiés?

en Latin, quilz tiennent cefte orthographe. IESVS, CHRISTVS, fans y
mettre ne efcripre lettres qui ne y foient deument requifes. Et filz le veulent
efcripre en abrege, quilz les efcripuent pluftoft en Grec que aultrement, & ce
fera bien faict ainfi, IHΣ, XPΣ. ou il ny a que lettres Grecques purement y requifes. La vocale Grecque Ita.H. quant elle eft conuertie en Latin, elle fe trãf-
late en E lõg pour quãtite de fyllabe, comme en ce glorieux nom, IHΣOYΣ.

Iefus,
Chriftus.

IESVS. & en mille autres femblables. Parquoy doncq̃s fault efcripre IESVS
fans afpiration quelquonque, & CHRISTVS, fans X. & fans P. Quãt au
Grec du quel eft tire le Latin, nen ya point.

SI vous volez veoir plus amplement de lorthographe de ces deux noms pre
cieux Iefus & Chriftus, & la vraye fubftance de tout ce q̃ ien ay cy efcript,
prenes efbat a aller veoir & lire vng petit traicte que Alde a faict & intitule, De

Alde.

poteftate literarum Græcarũ, au Chapitre, Quemadmodũ Literæ, ac Diph-
thongi græcæ in latinum trãfferantur. Vous y porrez contenter voftre bon de-
fir, fi vous plaift vous y efbatre.

Aſpiration Latine eſt eſcripte des Alemans ſimple note de lettre, mais ilz   Menſion
la pronuncent double, pluſque ne font les Latins/& Italiens, car ſilz vou   des Ale=
„ loient pronuncer en Latin. Heus heri habui herum hoſpitē. Ilz diroient com   mans.
„ me ſil y auoit double aſpiration, ainſi. Hheus, hheri hhabui hherum hhoſpitē.
Et meſbahis quilz ne leſcripuēt auſſi bié quilz font deux VV.des quelz ilz vſent
treſſouuant es vocables de leur langage maternel. Ilz me font ſouuenir dung ia
dis nomme Arius, qui auoit laſpiration tant a ſa main, & ſi acoſtumee, quil la
pronunceoit, ou il neſtoit pas a propos. Parquoy le noble Poete Catule, feit   Catulle.
contre luy ceſt Epigramme.   Arius ex
„ Chommoda dicebat, ſi quando commoda vellet   ce.ſit en
„   Dicere, & hinſidias Arius inſidias.   la ſpira=
„ Et tamen mirifice ſperabat ſe eſſe locutum.   tion
„   Cum quantum poterat dixerat hinſidias.   Latine,
„ Credo ſic mater, ſi liber auunculus eius
„   Sic maternus auus dixerat, atque auia.
„ Hoc miſſo in Syriam/requierant omnibus aures,
„   Audibant eadem hæc leniter & leuiter,
„ Nec ſibi poſt illa metuebant talia verba,
„   Cum ſubito affertur nuncius horribilis.
„ Ionios fluctus poſtquam illuc Arius iſſet,
„   Iam non Ionios eſſe, ſed hionios.

Celluy Arius dōcques diſoit. Chommoda, Hinſidias, & Hionios, par aſpi=
ration: & il ny en fault point. Ainſi font leſſuſdicts Alemans dacoſtumance
quilz ont de parler & pronuncer du fons de leur poulmon & eſtomac. Les Pi=   Menſion
cards, comme iay cy deſſus dict, la pronuncent moult bien auec le C. & ſans   pe Pi=
icelluy C. Et ie ne cognois Nation en France qui aye la langue plus apte & di   cards.
ſerte a bien prononcer Grec, Latin, & Francois, que Picards.

         Grāmai=
Celle Aſpiration eſt treſmal pronuncee de ie ne ſcay quelz Grammairiens   riens de
de village, en ces deux Interiections Ah, & Vah, quātilz pronuncēt Ache,   village.
et Vache, comme ſi laſpiration eſtoit ou debuoit eſtre terminee en E. la quelle   Ah.&
choſe ne veult eſtre, car elle neſt ne Vocale, ne Conſone, ne Mute, ne Liqui=   Vah.
de, & par conſequenſe lettre aulcune. Parquoy doncques veult eſtre pronūcee   Reigle
ſans auoir propre ſon, mais ſeullement enſuyure ia vocale auec qui elleſt adiou   pour La=
xtee. Oultre plus Ah, & Vah, ne peuuent ne ne doibuent eſtre terminees en E.   ſpiration
car ſe ſont Interiections coupees au derriere, entēdu que les entieres ſont Aha
et Vaha. De la quelle choſe, comme iay cy deuant dict, Priſcian nous eſt teſ=   Priſcian.
„ moing quant il dict en ſon Premier liure, ou il traicte, De accidentibus litteræ,
„ Quæritur cur in Vah, & Ah, poſt vocales ponitur aſpiratio? & dicimus quod
„ Apocopa facta eſt extreme vocalis cui præponebatur aſpiratio, nam perfecta
„ Aha & Vaha ſunt. Pontan en ſon Premier liure, De aſpiratione. y adiouxte   Pontan.
Oha, qui veult auſſi laiſſer ſon A fin: l: & demorer Oh. Ie dis voluntiers cecy,
pource que ie voy pluſieurs y errer: & leur erreur eſt cauſe de corrūpre la quan=
tite de ſyllabe, & la maieſte de metre Poetic. Comme qui diroit en la premiere
Eglogue de Virgile.   Virgile,
„ Spem gregis, ache, ſcilice in nuda connixa reliquit,
   Et en la Segonde.
„ Ache Corydon Coridon: quæ te dementia cœpit?
   Item en la Sixieſme.
„ Ache virgo infelix: quæ te dementia cœpit?

Ce feroit tout gaſte le ſtile, & quantite metrique du Roy des Poetes Latins, &
pource fault pronuncer Ah, & Vah, quaſi en A, vocale venant dune abundan
te voix yſſant du proſond de leſtomac.

L Aſpiration, comme iay dict, neſt pas lettre, mais neaumoings elle ſe treu=
ue par licence poetique miſe pour lettre, & comme Double côſone faiſant
poſition & production de la vocale qui la precede. Comme il ya en Virgile au

Virgile. Premier liure des Eneides.

Poſthabita côluiſſe Samo, hic illius arma.

Hic currus fuit.

Spôdeus mo hic, eſt vng Spondeus. Ceſt a dire, vng pied & proportiô de metre Poetic,
contenant deux ſyllabes longues. parquoy. mo. en ce lieu la eſt long: non ſeulle
ment de ſa nature, mais comme ſi h. eſtoit Double conſone. & quelle ne ſe pert
point auec la vocale, comme elle a ſouuant de coſtume. Elle ſe treuue bien com

Horace. me Simple conſone en Lart poetic Dhorace ou il ya.

Cogitat, vt ſpecioſa dehinc miracula promat.

Dactilus La ſyllabe de deuant laſpiration eſt breue, & tierce ſyllabe dung Dactilus, & le
ſuſdict. de. ne ſe collide point auec le. I. ſequét, & apres la dicte aſpiration. Qui
vouldra veoir bien amplemement & treſelegamment de la grande vertu de la
ſpiration tant au commaucement des dictions, que au mylieu, & que a la fin,

Pontan. Pontan en eſt tres ſuffiſant Autheur, en Deux beaulx & bons Liures quil en a
diligentemét faicts & intitulez, De aſpiratione. Pour bien faire & deſigner no=
ſtre dicte aſpiration, fault que les deux iambes ſoyent totallement faictes com=
me I. & le traict tendant en trauers au deſſus de la ligne diametrale, veult eſtre
gros de lune des trois pars de la groſſeur de le dict I. La quelle choſe Fre=

Frere Lu re Lucas Paciolus na faict ny obſerue es lettres de ſon Liure intitu=
cas Pa= le, Diuina proportione. comme porront veoir ceulx qui y voul=
ciolus. dront bien prendre garde. Car en le A. en le E. en le F. & en

Laſpiratiô, il faict le dict traict trauerſant trop menu,
et trop bas, veu qui les a faicts deſſus & deſſoubz
la ligne diametrale de ſon Quarre.

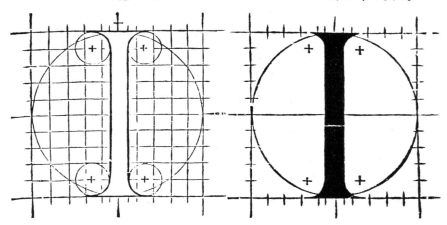

LA lettre I. cy pres designee & faicte de dix haulteurs de sa largeur, conte=
nue entre quatre centres, eit de trois corps de largeur en teste, & de quatre
en pied. Cest a dire de trois etiers, côme en la teste, & de deux demys aux deux
costez pour luy bailler patte, siege, & fondement a myeulx soubstenir sa ditte **Belle, &**
teste. Et la raison est prise au naturel du corps humain qui quant il est sus pieds, **bonne**
sesdits pieds sont plus epattes, & plus au large que ne contient en espace & lar= **raison.**
geur la teste. Vng homme se tient plus ferme ayant ses pieds moyenement au
large, que les ayant ioincts lun contre lautre. Ainsi dôques nostre I, veult estre
plus large en pied quen chef.

I. Comme iay souuant dit au segôd liure, est le Modele, La reigle, & le Guy= **Le I. est**
don de toutes les autres lettres, car a la haulteur & largeur de luy, toutes les **le mode=**
iambes tant droites que briees de toutes les dites autres lettres, sont mesurees **le de tou=**
& proportionees. Les iambes arondyes ensuyuent le O, mais encores celluy **tes let=**
O. garde le pesseur de le I, en ses deux panses. **tres.**

„ I. Veult estre pronunce, comme dit Martianus Capella, Spiritu prope den= **Martia=**
tibus pressis. Cest a dire. Dune alayne & esperit yssant entre les dents vng **nus Ca=**
peu serrees. Les Flamens en abusent en Latin, quant apres E. vient vne autre **pella.**
„ vocale. Car ilz pronûcent le dit E. en E. & Y. Comme en disant. Deyus Deyus **Mension**
„ meyus ad te de luce vigilo. En Grec, il est appelle Iota, & nest iamais autre que **des Fla=**
vocale, mais en Latin & en Francois il est aucunessois Vocale & aucunessois **mens.**
Consone. Et quant il est Côsone, encores est il aucunessois Simple consone, & **iota.**
aux autres fois Double consone. Exemple en Latin. Ibo iussus in maiorum adiu
torium. Exemple en Francois. Item. Iehan le ieune sera ieudi adiourne. Ce vo=
cable cy Iota, est bien vsurpe des Latins, & pour I. Vocale. & pour vng en nô=
bre. Martialis a dit a la fin du Segond liure de ses Epigrammes. **Martia=**
„ Vnum de titulo demere iota potes. **lis.**
„ Semblablement Sainct Mathieu a en son cinquiesme Chapitre. Amen quippe **Sainct**
„ dico vobis, donec transeat cœlum & terra, Iota vnum, aux apex vnus, non præ **Mathieu**
teribit a lege, donec omnia fiant. Ce Iota la se prent & sentent pour vng I, qui
en nombre est mis par les Latins & Francois pour vng.

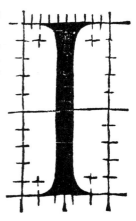

DE le I, toutes les autres lettres, cõme iay dit, pre=
nẽt & ont cõancemãt a estre faictes & escriptes.
Cest ascauoir , ou en estant garde en sa droitte ligne, ou
en estant reflecte & courbe, ou en estãt brise. Et luy seul
entre toutes les lettres garde sa droicte ligne perpendi=
culaire, a limitation du corps humain , qui luy estãt sus
ses pieds tout droit la represéte . En luy ouurãt les br`s
& iambes peu ou plus monstre la ditte briseure, comme
il peut estre facilement entendu en la sequente figure q̃
iay faicte apres celle que vng myen seigneur & bõ amy
Iehan Perreal, autrement dict Iehan de Paris. Varlet
de chambre & excellent Paintre des Roys, Charles hui
tiesme, Loys douziesme, & Frãcois Premier dece nõ,
ma comuniquee & baillee moult bien pourtraicte de sa
main,

Iehan
Perreal,
autremét
dict Iehã
de Paris.

I.V.L.
M.C.D.
Q.X.
Lettres
seruant a
nombres

POurce que a lai=
de de Dieu ie su
is venu a propos de
dire commant nostre
dit I, est souuant mis
en nõbre, il me sem=
ble nestre inutile dire
aussi quelles autres
lfes sont prises pour
nombre, tant en La
tin quen Francois.

DOnques ie dis
quil ya huit let
tres qui seruent a nõ
bre, Cest a scauoir,
Deux vocales. I. &.
V. Deux Semiuoca=
les. L. & . M. Trois
Mutes. C. D. & . Q.
Et vne double Con=
sone. X. Le I seul est
mis pour vng. Quãt
il est double, Il en
vault deux. Quant il
é triple, Il faict trois.
Et quant il est qua=
druple , Il signifie
quatre. Et notez quil
ne se multiplie plus
oultre auec soymes=
mes . Il se multiplie
auec les autres dittes

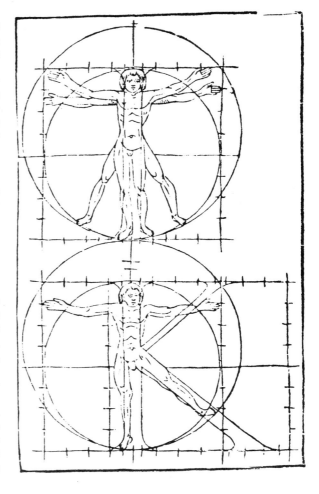

lettres,& ce feullement iufques a quatre fois,

Le V.eft mis pour cinq.pource quil eft la cíquiefme vocale.Sil ya vng I.apres　　V.
V. ce fôt Six.Sil y en a deux.ce font Sept.Si trois,ce font Huit.Et fi quatre.ce
font Neuf,comme on peut veoir aux nombres qui fenfuyuët.VI.VII.VIII.
VIIII.

LE.X.eft mis pour Dix.pource que fi nous confiderons bien ce que nous en　　X.
dit Prifcian au Chapitre.De acccidentibns literæ,& au Liure.De Nume-　Prifcian,
ris & ponderibus.Il eft la Dixiefme lettre en lordre abecedaire,en prenant C.　Notable
G.& Q.pour vne lettre,entendu quelles fe paffent lnne en lautre, Et pareille-　fegret.
ment B.& F.auffi pour vne,pource quelles eftoient iadis mifes en vfage lune　C.G.Q.
pour lautre,en difant.Bruges & Fruges.Et oultre plus en ne contant point S.　B.F.
pour lettre.Car anciennemêt elle neftoit efcripte ne prife que pour denoter quel　Bruges.
que fiflement,Comme aidant Noftre feigneur Ie diray cy pres en fon rêc abe-　Fruges.
cedaire.Quant il ya vng I,deuant X,celluy X.eft diminue dung, & ne fignifie　S.
que Neuf.Quant le I.Vient apres X.ceft Vnze.& ainfi côfequentemant iufqs
a quatre I.reiterez apres ledit X. qui font XI.XII. XIII. XIIII. puis pour
Quinze on efcript.X.& V. pour Seize,X.V. & I.& ainfi des autres nôbres en
multipliant & adiouxtant les I.les V.& les X.Iufques a Cinquâte,pour le quel　L.N.
nombre.L.eft mife.& ce a limitation des Grecs qui ont Gni,ceft a dire N. fer-
uant au dit nombre de Cinquante.L.& N.fe dit Prifciâ, en fon Premier liure,　Prifcian.
,, au Chapitre De accidêtibus literæ,& en fon Liure, De Numeris & Pond.In-
,, uicem fibi cedût.Ceft a dire.L.& N.font mifes & font prifes fouuant lune pour　Lympha
laultre,comme en difant Lympha & Nympha.　Nym-
　　　　　　　　　　　　　　　　　　　　　　　　　　　　　　　pha.

C.Vault Cent,pource quil eft la premiere lettre en cefte diction Latine Cen-　C.
tum.

D.Vault Cinq cês,pource que entre le D.& le M.en lordre abecedaire ya ciq　D.
lettres interpofees, qui font E.F.G.I.& L.le K. qui eft lettre Greque,& de la
quelle nauons que faire,Semblablement lafpiration H.qui neft pas lettre pro-　Notable
prement,mais note de lettre,ne y font pas contees.

OVltre plus. M.eft mife pour Mille, pource que en cefte diction Latine,　M.
Mille,elle eft efcripte la premiere. Au deffoubz du nôbre Mille ya deux
fois cinq cês, parquoy dôques D.eft pris pour Cinq cês,& deux fois cinq cens　Mille.
fe dit en Latin.Decies centum.& en vng mot Mille.Qui vouldra veoir a plain　Decies
,, de cefte matiere,fen aille efbatre a lire au liure des Abreuiatures antiques que　centum.
feit iadis Probus Grammaticus,& en Prifcian ou il traicte,comme iay dit, De　Probus
numeris & pond,Pareillement au liure que Galeotus Narnienfis a faict & in-　Grâma-
titule.De Homine interiori.Semblablement au commancement du troifiefme　ticus.
Liure que monfeigneur Bude a intitule De Affe & partibus eius,ou il ya.Mille　Prifcian.
per.M.fcribebant & cætera.　　　　　　　　　　　　　　　　　　　　　Galeot⁹.
　　　　　　　　　　　　　　　　　　　　　　　　　　　　　　　Bude.

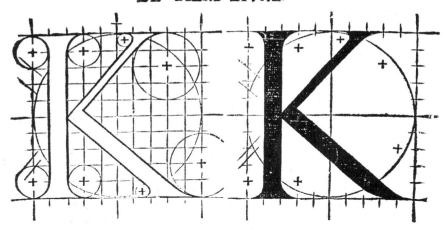

LA lettre K cy pres defignee, & faicte de le I, tant entier que brife, eſt autāt large que haulte, Ceſt a dire de dix corps en ſus, & dix en trauerſceant, & requiert huit tours de Compas, pour le centre deſquelz iay ſigne le lieu ou le pied dudit Compas veult eſtre aſſis.

Martianus. Capella,

K. Dit Martianus Capella, veult eſtre pronunce de lyſſue du gouzier & du palais ſans mouuement de la langue. K. neſt pas lettre Latine, mais purement Grecque, & pource ſemble elle eſtre inutile & ſuperuacue en la ditte lāgue Latine, car en lieu delle C. & Q. ſont en vſage, deſquelz les Grecs nont figure ne deſeing. Priſcian dit en ſon premier Liure, ou il traicte. De acci-

Priſcian,

dentibus literæ. K. enim & Q. quāuis figura & nomine videantur aliquam ha- « bere differentiam cum C. tamen eandem tam in ſono vocum, quam in metro cō- « tinent poteſtatem. Et K. quidem penitus ſuperuacua eſt. Ceſt a dire. K. Voire- « ment & Q. combien quen figure & nom ilz ſemblent auoir aucune difference « auecle C. touteſfois ſiont ilz ſemblable vertus & puiſſance au ſon des voix & en mettre. Et pource K. eſt lettre ſuperuacue. K. donques eſt lettre Greque ap-pellee en ſon propre nom Grec Cappa. Καππα.

Karolus,

IAy dict & preuue cy deuāt au Premier liure q̄ les lettres Grecques ont cy eſte en vſage auant que les Latines. mais a ce propos ie le puis de rechef confer-mer, en tant que K. nous eſt encores en vſage en ce nom cy. Karolus. & en la fi-gure de la piece dargent vallant dix deniers tournois que nous appellons auſſi vng Karolus. Si alors que le premier coing & eſtampe du Karolus fut faict, les lettres Latines euſſet eſte icy en grāt & puiſſāt cours duſage, on euſt eſcript Ca-

Notable ſinguler Greciſ-mus.

rolus qui eſt diction Latine, par vng. C. mais comme iay dit ſelon luſage des let-tres Grecques qui eſtoient en cours, on leſcriuit par K. comme le voyons enco-res en la ditte monoye. Il ny a pas long temps que la langue Latine a eſte puri-fie & ſeurement vſitee par deca. & quil ſoit vray, Ie men raporte au vieilard

Magiſter Alexan-der de vil la Dei,

Greciſme, au bon magiſter Alexander de Villa Dei. & mille autres Autheurs modernes, qui voulant enſeigner la langue Latine y eſtoient bien peut ſcauās, tellement que ceulx qui ont auiourdhuy ſoreille necte, ſont treſſfaſches quant ilz oyent reciter leurs vers Leoniques, & compoſitions arides.

Es Latins ont retenu le K.pour en vfer en aucunes dictions quilz auoient
comme Greques, comme en.Kalendæ.Karthago.Katherina.mais a la parfin encores les ont ilz efcriptes par C.comme on peult veoir au Liure des Epitaphes de lanciene Romme nagueres imprime en la ditte Romme. K.en Grec
pource quil eft la primiere lettre en cefte diction. Κακον. qui eft a dire en Latin.
Malum.& en Francois, mal. & chofe mauuaife.comme tefmoigne Erafme en   Erafme.
fa troifiefme Chiliade, au Chapitre.CCCCCLXXXII. eft venu en Prouer-   Prouerbe, en difant. Διπλουν Καππα Duplex Kappa. Double K.ou fi vous voules   be grec
aultrement dire, Double C.fignifie deux mauuaifes chofes extrememēt cōtrai-
res a vne bonne.comme on porroit Imaginer dung aigneau eftāt par les chāps
entre vng Lion & vng Loup.Il ya encores vng aultre Prouerbe Grec qui eft.   Aultre
Τρια Καππα Κακιστα.Tria Cappa peffima.Trois K.ou fi vous voules autre   Prouer-
mēt dire.Trois C.trefmauuais.qui eft a dire fecrettemēt q̃ iadis eftoiēt en Gre-   be grec.
ce trois Nations de trefmalicieufe nature,& celles eftoient, Les Capadociens   Menfion
Les Cretenfes,& Les Ciliciens qui eftoient tous & toufiours cauteleurs & co-   des Ca-
ftumiers a toute tromperie. A propos de. Tria Cappa.mis en Prouerbe grec,   padociēs
iay veu en Romme vng feigneur & plaifant amoureux,qui, cōme ceulx de par   des Cre-
deffa font fouuant pour lamour de leur Dame, portoit en fa Deuife, vng B.   tenfes &
vng A.& trois.C.ainfi efcripts.B.A.CCC.& par ce entendoit le nō de fa Da-   des Cili-
me par amour qui eftoit appellee, Beatrice.Le quel nom eft pronunce en vul-   ciens.
gar Italien,comme fi le C eftoit afpire & quon le deuft ainfi efcrire.Beatriche.   Beatrice.

IE dis cecy en paffant,pour monftrer que K.veult eftre pronunce fec,& pur.
& le C.vng peu mol,quafi comme fil eftoit afpire.

LEs Grecs nafpirent iamais leur Cappa. K.mais ilz ont vne aultre lettre en   Menfion
lieu,qui porte fon afpiration,& eft nommee Chi. & vault autant que C.&   du Cap-
H.tellement que filz vouloiēt efctire.Cha.che.chi.cho.ou Chu.Ilz efcriroient.   pa,& du
χα.χε.χι.χο.& χυ.La quelle chofe ie laiffe aux bons efperits a eulx y exercer   Chi,
& efbatre.

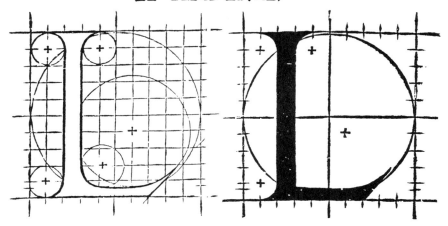

LA lettre L. cy pres defignee, eft de dix corps de haulteur, & de fept & de=my de largeur. pour la perfection de la quelle cinq tours de Compas y font requis, & a ceulx faire ay figne cinq croix es lieux quil apartient affeoir le pied dudit Compas.

AVcuns Anciens comme iay dit cy deuant ou ie parlois de la lettre E. la faifoient de quatre centres feullement en faifant le bas de fa iambe au de=dans & fus fa patte en angle equilaterai. comme ie la vous ay faicte cy pres ou elle eft figuree fans lignes & noire.

Martia=
nus
Capella.
L. Comme iay cy deuant, au Chapitre, de la lettre E, dit & monftre, eft tiree du dit E. en oftant les deux traicts trauerceans de deffus. L. dit Martianus Capella. lingua palatoq; dulcefcit. Ceft a dire. L. veult eftre pronuncee de la lã=gue & du palaix, qui eft côcauite fuperieure de la bouche, auec vng doulx efpe=rit de voix, en la quelle chofe eft entendue fa figure, qui eft dune ligne perpen=

Prifcian.
diculaire faifant a fon talon vng angle fus le quel elle eft affize. Prifcian en fon premier Liure, au Chapiftre. De literarum commutatione, dit que Pline eftoit

Pline.
dopinion que L. contenoit trois fons en pronũciation Les mots dudit Prifciã

Prifcian.
font telz quil fenfuyt. L. triplicem, vt Plinio videtur, fonum habet, Exilé, quã=do geminatur fecundo loco pofita, vt. Ille, Metellus. Plenum, quando finit no

La lettre
mina vel fyllabas, & quando habet ante fe in eadem fyllaba aliquam confonã=

L. a trois
tem. vt Sol, fylua, flauus, clarus. Medium autem in alijs. Vt lectus lecta lectum.

fons en
Ceft a dire. L. a trois manieres de fons comme il femble a Pline. Le premier fon

pronun=
eft exile & fimple en doulceur, & ce eft quant elle eft double & geminee, comme

ciation.
en difant. Ille, & Metellus. Le Segond fon eft dit plain fon. & ce quant elle fi=nift & termine les dictions ou fyllabes, & quant elle a deuãt foy en mefme fyl=labe vne Confone comme en difant. Sol, fylua, flauus, clarus. Le troifiefme & dernier fon, eft moyen & ce eft quant elle fe treuue aultrement mife en fyllabes

Notable
ou dictions qui neft dict aux deux premieres manieres de fons. Qui la vouldra

fingulier
bien pronũcer, Il la doibt proferer comme fil vouloit dire cefte fyllabe cy, EL.

pour la
Et a ce propos ie veulx bien en ceft endroit enfeigner la iufte & deue pronun=

pronun=
ciation de toutes les lettres Abecedaires, en la quelle chofe ie voy mille perfon=

ciation
nes errer, quant ilz difent. A. boy. coy. doy. ou il fault dire. A. be. che. de. com=

des let=
me fi leur nom, excepte des Vocales, fefcriuoit en facon de fyllabe. La quelle

tres.
chofe pour le bailler myeulx a entendre & perfuader, Iefcriray leurs dits noms

et pronunciations par fyllabes en la forme qui fenfuyt. A.be.Che.de.E.ef.ge. ha.I.Ka.el.em.en.O.pe.quu.er.es.te.ix.ypfilon. ou fi vous voules aultrement dire, dictes y Grec. Et puis la derniere qui eft Zita, fera pronuncee efd. Lerreur de la fufdicte fotte pronunciation, eft venue de ie ne fcay quelz maiftres defcole tant de Ville que de Village, qui fe meflent de vouloir enfeigner aultruy, & eulx mefmes ne le font cõme ilz deburoient eftre. Ceft vne grande honte fentre mettre faire vne chofe fans bon fondement & parfaicte fcience.

P Our monftrer au doyt & a loeuil que L. veult eftre pronũcee comme cefte fyllabe cy el, ie dis quelle eft faicte de la E. & que fa pronunciation en parti cipe entendu quelle eft tiree dudict E. Laquelle chofe ia foit que ie laye ia mõ ftre au Chapitre dudict E. neaumoings fi le monftreray ie de rechef, afin quon puiffe facilemẽt cognoiftre mes dits eftre vrays, & ce tefmoing la figure cy pres rciteree, defignee, & affize, ou iay vng peu fepare les deux haults bras & traicts trauerceans dudict E. en laiffant la dicte L. entiere & parfaicte.

De la deue prõ nũciatiõ de le L.

V Ela euidentement cõmant le L. eft tiree de le E. & quelle veult eftre pronuncee, comme iay dict, el. non pas Elle. en quoy mille ignorans errent tous les iours, & celluy qui in uenta & feit premieremẽt le Refbuz qui fe dict, Elle eft tornee a tort. Le quel Refbuz fe paint & efcript dune L. a lenuers, & dung A, tortu, y abu fa de la vraye pronunciation : mais il luy eft a pardõner, pour la licéce qui eft permife & cõcedee a telz plaifans imagineurs & refueurs en Amours.

Refbuz.

Elle eft tornee a tort.

L eft mal pronũcee en dictions La tines au pais de Bourgoigne & de Foreft, quãt pour la dicte lettre L. on y pronunce le R. comme iay veu & ouy dire a maints ieunes efcoliers defdicts pais quant ilz venoiẽt icy en Lu niuerfite de Paris au College, ou pour iors ie regentoye. En lieu de dire Mel, Fel, Animal, Aldus, ou Albus, & maintes aultres fem blables dictions: ilz pronunceoient Mer, Fer, Animar, Ar dus, & Arbus, qui eft abufe de la deue & iufte pronun ciation: & qui caufe fouuant non feullement fens confus, mais fens contraire. Parquoy ie prie les Peres & Regents de y mettre ordre, et acouftumer leurs enfãs & difciples a bien pronuncer. Ceft vne des plufbelles vertus qui foit requife a vng hõnefte homme & bon Orateur, que bien prõ nuncer.

Menfion des Bour guynons et Fore ftiens.

Beau no table.

K.f.

IAy dict cy deuant au Segōd Liure en plusieurs passages, q̃ noz bonnes lr̃es Atti-ques ont participatiō auec les Neuf Muses, et sept Ars liberaulx. Ie veulx icy mōstrer p figure & deseing Da-strologie qui ē vne des-dictes sept Ars libe-raulx, la raisō de la pat te de le L. presente let tre, & ce a propos q̃lle est le mylieu & nōbryl des lr̃es Abecedaires.

Considerez bien icy ceste figure.

LA lettre L. fust ia-dis faicte & figuree des bōs Anciēs en per spectiue & cōsideratiō du corps humain & de son vmbre au regard de laspect du Soleil estant au signe de la Balāce, quon dit, au signe de Libra, au mois de Septēbre vng hōme nud estant pieds ioincts aux rayz du Soleil quāt il est au dict signe de Libra, repre-sente & faict la figure de la dicte lr̃e L. en menāt vne ligne oblique du dernier bout & angle agu de la patte, au p̃mier bout & angle aussi agu de la sūmite dela dicte lr̃e L. Pour quoy monstrer a loueil, ien ay faict vne figure & deseing cōe le voyez cy pres iprime. Et pource q̃iay cy cōtemple ceste figure doctrinalle & demōstratiue, il me sēble estre hōneste alleguer icy vng passage plain desperit, q̃ feit iadis le pl⁹ plaisāt de to⁹ les bōs Poetes Anciēs nōme Plaute. qui appel la ceste dicte lr̃e L. Literā longuā. Lr̃e lōgue, en voulāt signifier q̃ vng hōme ou vne femme estāt pēdu p le col, rep̃sente de son corps & de ses pieds le L. cō-me lexposent tresingenieusemēt & elegātemēt Philipes Beroal, & Iehan ba-ptiste le piteable, q̃iay veuz & ouyz lire publiquemēt il ya. XX. ans, en Bonoi-gne la grace, tous Cōmentateurs sus le dict Plaute. & ce au lieu de la Comedie intitulee Aulularia, ou la vieille féme nōmee Staphyla, dit. Nec quicquā meli⁹ est mihi, vt opinor, quā ex me vt vnā faciā lr̃am longā, laq̃o collū qñ obstrin-xero. Cest a dire. Et il ny a chose qui me soit meilleure, cōe ie cuyde, si non q̃ie face de moy vne lettre lōgue, en me pendāt & estranglāt dune corde par le col. Rhodigin⁹ au. VI. liure de ses lecons antiq̃s au Cha. VIII. est contre lopinion des dess⁹ alleguez Cōmētateurs Beroal, & Iehā Baptiste le piteable. & dit que L. nest pas Lr̃a lōga, mais dit q̃ cest la lr̃e T. qui doibt estre dicte & entēdue en Plaute, Lr̃a lōga. ou il me semble estre de petite raisō. Celle desdicts Cōmen-tateurs me semble meilleure, & ie allegueroys les mots dudict Rhodigi⁹, se ne-stoit q̃ ie ne y veulx adherer, & q̃ ie seroys trop lōg, & porrois sortir les limites de mō p̃pos. Ie ne veulx touteffois blasmer le dit Rhodigin⁹, ne ne puis, pour la grāde excellēce de sō scauoir & des Oeuures quil a faicts. Syl ya este ebete, ien laisse le iugemēt a plusgrās & pl⁹ scauās q̃ ie ne suis, & dis pour luy, Qñq̃ bon⁹ dormitat Homer⁹. qui est a dire. Quil ny a si bon qui ne erre aucunesfois, aussi bien quō dit q̃ Homere erra a daucūs passages des ses Oeuures poetiques,

Le Soleil au signe de Libra.

Plaute.
Litera longa.
Phillipes Beroal.
Iehā Ba-ptiste le piteable.

Rhodi-ginus.

Prouer-be anciē.

LA lettre M. cy pres deſei
gnec, eſt faicte de le I. ſeul
lemét. & eſt de treize corps de
largeur, ceſt a dire, trois corps
plus large q̃ haulte. & requiert
a bien eſtre faicte ſix tours de
Compas, pour leſquelz faire/
iay figuré les lieux ou le pied du
dict Compas veult eſtre aſſis.

CEſte lettre M. eſt comme
ſont aulcus hommes, qui
ſõt ſi gros que leur ſainture eſt
plus longue que la haulteur de
leur corps, & ſachez a ce pro‐
pos, que toutes noz lettres At
tiques ont eſte iadis faictes des
Anciens, les vnes quarrees ,
les aultres plus larges q̃ haul‐
tes, & les aultres plus haultes
que larges. a la ſecrete ſigniſi‐
cation des corps des hommes,
entre leſquelz les pl⁹ parfaicts
et beaulx, ſont les corps de bõ
ne quadrature. la q̃lle quadra‐
ture ſe peult figurer en angle
equilateral, en ligne perpendi
culaire, ayant tous ſes angles
equilateraux, & en ligne tra‐
uerceante, ayant auſſi tous ſes

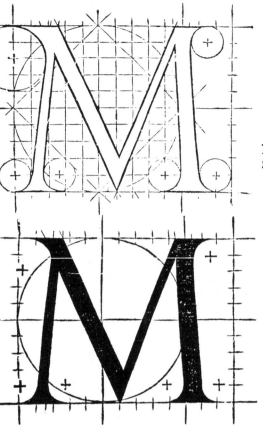

angles equilateraux . De la quelle choſe pouuez lire amplement au Premier
liure de Euclides.   Euclides

M. dit Martianus Capella, labris imprimitur. Ceſt a dire, M. doibt eſtre   Martia‐
pronũcee en ſorte que en la prouferãt, & que le ſon dicelle eſt en effect,   nus Ca‐
fault imprimer, ceſt a dire, ſerrer les deux leures lune auec laultre, ſans que la   pella.
langue ſoit remuee, ne quelle touche aux dẽts de deuant, ne de quelque couſte
que ce ſoit.

LA figure de le M. eſt toute vne tant aux Grecs que aux Latins, & eſt nom‐   M.
mee en Grec, Mi. qui eſt autãt a dire que M. qui veult eſtre pronũcee dung   Hemito‐
ſon imparfaict, & quaſi retire au dedãs de la bouche, cõme en diſãt, em. a la   nium.
raiſon de quoy aulcuns Anciés iadis la diſoiẽt Hemitoniũ. Ceſt a dire, lettre a   Galeotus
demy ſon. De la q̃lle choſe Galeotus Martius Narnienſis eſt teſmoing en ſon
Segond liure intitule, De hoie interiori. Priſcian au lieu ou il traicte De literarũ   Priſcian.
cõmutatioue, dit q̃ M. a trois manieres de ſons. Obſcur, Apert, & Moyen. Ses
mots ſõt telz quil ſenſuyt. M. obſcurũ in extremitate dictionũ ſonat, vt Tẽplũ.   M. a trois
A pertum in pricipio, vt Magnus. Mediocre in mediis, vt Vmbra. M. dit il. en   ſons.
lextremite & a la fin des dictions ſonne obſcuremét, cõme en ceſte diction Tẽ‐
plũ. Elle a ſon auſſi au comãcemét qui eſt apert, cõe en ceſte diction Magnus.
Pareillement elle a ſon moyen au mylieu, cõme en ceſte diction Vmbra.

Menſion
des Nor-
mans.

LEs Normans ſabuſent en la deue pronunciation de ceſte lettre M. quãt elle eſt finalle es dictions Latines, car pour Templum, ilz diſent Templun.
en pronunceant N. pour M. & Patren, pour Patrem. qui neſt obſerue la raiſon
de Grammaire Latine.

Bon No
table.

A Ce propos pource que ie voy maints parlans, & maints eſcripuans errer
en ceſte dicte lettre M. Ceſt a ſcauoir en mettãt bien ſouuant N. pour M.
et M. pour N. Ie veulx icy treſuoluntiers eſcripre les lettres deuant les quelles
noſtre dicte M. ſe mue & change en N. & ce ſelon la doctrine du bon autheur
Priſcian. incontinent apres le lieu cy deſſus allegue, du quel les mots ſont telz
qu'il ſenſuyt. M. tranſit in N. & maxime D. vel T. vel C. vel Q. ſequentibus.
Vt Tam, tandem. Tantum, tantundẽ. Idem, itenditem. Num, nuncubi. Et, vt
Plinio placet, Nunquis, nunquam. Anceps, pro amceps. M. dit il, ſe paſſe & ſe
mue en N. & meſmemant quant D. ou T. ou C. ou Q. lenſuyuét, comme en ces
dictions Latines. Tam, tandem. Tantum, tantundẽ. Idem, identidem. Num,
nuncubi. Er cõme il ſemble a Pline. Nunquis, nunquã. Anceps, pour amceps.

Priſcian.
Pline.

Notable
treſſingu
lier pour
lettres ſer
uans en
Abreuia-
tions.
S. X. &
Z.

I Ay dict cy deuant au Chapiſtre de le I. que M. en nombre Latin ſignifie
Mille, & eſt vray, mais encores quant elle eſt ſeulle eſcripte auec vng point
la ſuyuant, elle ſignifie & vault autant que ceſte diction Marcus. Comme A. ſi
gnifie Aulus, BR. Brutus. C. Caius. & quãt il eſt torne ainſi Ɔ. il ſignifie Caia.
D. Decius. & torne ainſi ꟼ. Decia. FA. Fabius. GN. Gneus. IV. Iunius. K. en
noſtre vſage, Carolus. en Latin Calende. L. Lucius. NL. Non liquet. OPT.
Optimus. P. Publius. Q. Quintus. & ainſi torne Ꝺ. Quinta. R. Roma, ou Ro-
manus. RP. Reſpublica. SEX. Sextus. Ꝝ. Seſtertium. VAL. Valerins. X. De-
cimus. Y. & Z. nont point eſte vſitez en Latin pour telles ſignificatiõs & abre
uiatures de noms Latins, pource quelles ſont lettres puremẽt Grecqnes. Tou
teſfois Z. en Chifre, Latin, & Frãcois, eſt bien mis pour Deux, & eſcript auſſi.
Les ſuſdictes Abreuiations dune lettre, de deux, ou de trois, cõme ien ay bail
le exemple, ont eſte ordonnees par les Grecs & Inuéteurs des lettres Attiques
leſqlles pour leur quadrature requierent eſtre eſcriptes loing a loing, & en gran
de liberte, en la quelle choſe & liberte, ne peult eſtre compriſe gueres grãde ſub
ſtance ne ſens de langage eſcript, ſi on ny vſe dabreuiation.

Notable
treſſingu
lier & di-
gne de
memoire

A Limitation des Grecs & Latins nous vſons auſſi Dabreuiatures par ſeulles lettres en Noms propres, & ce en noz ſigns manueiz. Comme en voulant ſignifier Andre, Antoine, Anſeaulme, Alexandre, Anne, Agnes, & mille aultres ſemblables, nous eſcripuons vng A. Et pareillement en toutes les au
tres lettres, mais noz Surnoms nous les eſcripuons tout a long & entiers. La
quelle choſe les Latins nont pas obſeruee en tous les leurs, comme on peult
veoir par les Hiſtoires anciennes des Rõmains. Qui aura deſir ſcauoir biẽ lire
en Abreuiatures anciennes quõ peult veoir en Medalles & en Epitaphes: ſi ſa
dreſſe au petit & bon liure que Probus Grammaticus feit iadis. Il y en ya a ſuffiſance & abundance par lordre de toutes les lettres Abecedaires.

Abreuia-
tures Frã
coiſes p
lres ſeul-
les.

Probus
Gramma
ticus.

Notable

I E ne veulx paſſer oultre ſans dire que a bien faire vne M. fault premieremẽt
faire vng V. puis les deux iambes ſelon le nombre des lignes & poincts cy
deuant manſionnez.

LA lettre N.cy pres defignee, eft vng corps plus large que haulte.& veult auoir a fa deue facon cinq tours de Cõpas,cõe iay figne les lieux ou doibuent eftre les cêtres pour affeoir le pied du dit Cõpas.Aulcuns Anciens luy faifoiët le bas de la Segonde iãbe a pointe viue & ague,mais ie lay coupe en éfuyuãt Bramãt qui la aifi faicte aux galeries du Pape Iule, entre le Palaix fainct Pierre de Romme, & Beluedere.

N.veult eftre .pnũcee de la lãgue venant toucher cõtre les dëts de deffus, & cõtre la partie du palais prouchaine aux dictes dëts de deff⁹.ainfi cõe lenfeigne treffubtilement le bon Autheur Ancien Martian⁹ Capella, quãt il dit. N.lingua dëtib⁹ appulfa collidif. Ceft a dire.N. eft pronũcee fec & nect de la lãgue poucee cõtre les dëts.les quelles dents font entendues les fuperieures.

DE toutes les autres lfes Attiques ny a que le M.& le N. qui fortët hors de leur Quarre equilateral. Ceft a dire, qui foiët pl⁹ larges q̃ haultes.Cõme iay dict, M.eft pl⁹ large q̃ haulte de deux corps, & N. dung qui font trois corps pour les deux lfes,leql nõbre de trois, eft Imper:cõpofe de Per/ & Imper, qui font vng & deux. La q̃lle chofe fecretemët fignifie bon heur,comme iay cy deffus dict amplemët au Segond Liure:& pareillemët au cõmancemët de ce prefent Troifiefme/ & dernier. Et ce fecret bon heur eft icy des Anciés entêdu, pour mõftrer q̃ ceft grãde felicite aux hõmes de pouuoir auoir cognoiffance des bonnes lfes iufques a plus de la moitie.Iay dict q̃ le L.faict le mylieu du nõbre des lfes: & doncq̃s M.& N.vienent apres icelle L. pour fecretement offrir figne de bon heur & felicite a ceulx qui perfeuerent en la cognoiffance des bonnes Lettres & Sciences.En ce quelz les paffent & excedent leur Quarre equilateral, ceft figne dabundance, qui fignifie que ceulx qui abundent en cognoiffance defdictes bonnes lettres, abundent en tous biens & excellêce de perfection & vertus. La quelle chofe les bõs Anciens ont auffi fignifie en logeant apres lefdictes M. & N.le O. qui eft faict rond en vng Quarre equilateral, qui mõftre la totalle perfection des hommes bien lettres,entendu que le Rond & le Quarre font les deux plus parfaictes et plus capables de toutes les aultres figures defignees par Symmetrie & Commenfuration,en la quelle Commenfuration & deue proportion confifte la forme & figure de toutes noz bonnes & diuines lettres Attiques.

IE porrois ainfi adapter & moralifer toutes les aultres lettres, mais ce feroit affez pour faire vng volume plufgros que vne Bible, laquelle chofe ie ne puis a cefte heure,pour le têps qui requiert que iefoye plus bref, & que ie paffe oultre.

Martianus Capella.

Notable fingulier.

Menfion du nõbre Imper portants bon heur,

Sens moral, de le L.M.N. et O.

Menfion du Rond et du Quarre.

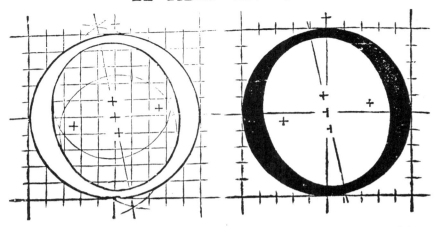

L A lettre O. cy pres deseignee, est aussi large que haulte, & rôde par dehors vniformement en vng Quarre equilateral. Par dedans, elle est rôde en forme de fons de cuue, Cest a dire rond vng peu estandu, & faisant deux coustez vng peu lôguets. a la quelle forme interieure & exterieure le Collisee de Rôme fut iadis edifie, côme on peult veoir encores aux ruynes qui en restent dedans la dicte Rôme. A faire celdicts deux ronds, differens, sont requis cinq centres, que iay signes aux lieux ou le pied du Côpas veult estre assis. Sa rotôdit e assize sus le Quarre, signifie toute perfection, côme iay dict nagueres cy deuât, a propos de quoy auons en nostre langage Frâcois, que parler rondemêt, esta dire, et signifie parler perfectemêt & amplement, en côprenant beaucop de sens en peu des parolles. La quelle chose est peculiere & commune aux Grecs, & principallement en la lâgue Laconique. desquelz Horace a dict en son Art poetic. Graijs ingenium, Graijs dedit, ore rotundo, Musa loqui. Et est a dire, que les " Grecs, de leur nature ont vng moyen music quilz parlent & escripuent rondement & amplement.

O. dit Martianus Capella, rotundi oris spiritu côparaî. Cest a dire. Le O. " veult estre pronunce dung esperit & son, sortant rondemêt de la bouche, côme sa figure & descing le môstre. O, en langue Latine est aucunesfois bref en quantite de syllabe, & aucunesfois long, & tout ce en vne mesme figure descripture. Mais en Grec il ya Omicron, & Omega. Cest a dire. O, breue: & O, " longum. O, bref: & O, produyt / en deux faczons descripture. Le Omicron est " tout rond par dehors vniformemêt, & les Latins lôt vsurpe sans corrompre sa figure. Le Omega en lêre maiuscule, est rond par dessus, & ouuert par dessoubz. Du quel la forme & vray descing nest gueres biê obscrue de aulcuns qui escriuêt & prononcêt ce passage du. XXI. & penultime Chapitre de Lapocalypse, ou est dict. Ego sum Alpha & Ω. au quel passage, en lieu de Omega, qui veult " estre ainsi faict. Ω. escripuêt O. tout roud, qui est vng Omicron. & le sens veult q̃ ce soit Omega, qui est la derniere lettre Abecedaire en Grec, car il se y prêt pour acôplicemêt & fin, en disât. Ego sum Alpha, & Ω. Cest a dire. Ie suis, dit " Dieu, cômancemêt & acôplicement de toutes bonnes choses. Omicron ne signifie pas acomplicemêt, parquoy doncq̃s me semble soubz humble correctiô quil y fault myeulx Ω. q̃ O. Daultre part, puisquil ya en escript. Alpha. tout au long & entierement, ie voldrois scauoir sil ne seroit pas bon escripre et dire aussi Omega? ainsi. Ego sum Alpha & Omega. Puis que Alpha est escript

Mension du Collisee de Roimne.

Parler rôdement.
Mension des grecs et Laconiens.

Martianus Capella.

Notable singulier.

Mension de Lapocalypse.

Notez icy, & en têdez biê

et pronunce au long, il me femble vray femblable que Omega le dcibue
eftre auffi, ou diré & efcrire. Ego fum A.& Ω, afin que A .ne foit cmplus efcript
ne pronunce au lõg que Ω. Ie ne veulx cy toutelfois corriger la fainde Efcrip=
ture, ne ne portois auffi, mais comme Grammarien, & que ma prefente matie=
re eft denfeigner a bien efcrire & pronuncer les lettres Abecedaires, Ien difpu=
te pour en auertir ceulx qui prenêt plaifir a bien dire, & bien faire, & qui aymêt
,, la purité de toutes lettres. Au texte de la Bible en Grec. ya. Εγω ειμι το.α. Και
,, το. ω. feullement par A .& Ω. fimples lettres. O .en Grec, en Latin, & en Fran=
cois eft vng Aduerbe vocatif. le quel eft pronuncc des Grecs par Accent circun
flect, & par vng ion non afpire quon dit exile & fec, mais en Latin Alde en fes
impreffions lefcript en aucuns lieux auec accent agu, En noftre langage Fran=
cois nauons point daccent figure en efcripture, & ce pour le default que noftre
langue neft encores mife ne ordonnee a certaines Reigles comme les Hebrai=
que, Greque, & Latine. Ie vouldrois quelle y fuft ainfi que on le porroit bien
faire. Exemple en Grec de Ω. vocatif. Theocritus in Thyrfide. Theocrite en fa
prmiere Eclogue nõmee Thyrfis. Ω ^ λυκοι ω ˆ θειοσ. Et vng peu apˆs. Ω ^ Παυ
,, Fαυ. Exemple en Latin. Virgile en fa premiere Eclogue. O ˆ Melibæe De⁹ no=
bis hæc ocia fecit. En Francois, comme iay dit, nefcriuons point laccent fus le.
O. vocatif. mais le pronunceons bien comme en difant O .pain du Ciel angeli=
que. Tu es noftre falut vnique. En ce paffage daccent, nous auons imperfectiõ
a la quelle doiburions remedier en purifiant & mettant a Reigle & Art certain
noftre lãgue qui eft la plus gracieufe quon fache. O .aucuneffois en Latin eft fi=
gnificatif dex clamation, & alors eft pronunce & efcript auec accent graue, &
aucuneffois auffi auec accent agu comme on peut veoir en Iuuenal quant il dit
,, O ˆ fortunatam natam me Confule Romam. Et Bude au premier liure De affe,
,, feuillet feifiefme en impreffion aldine. O ˆ a cre iudicium hominum, quib⁹ tamê
,, ipfis inter claffica recitanteis Italos exaudire tantum vacauit. Exemple quant.
,, O .eft agu. Bude au fufdit Liure. O ˆ tempora. O ˆ mores. O tant en Grec, quen
Latin, & en Francois auffi, au moings es Poetes & Orateurs eft toufiours vni=
que & feul en quelque fignification quil aye, mais ie treuue multiplie iufques
au nombre de trois au Segond Chapitre, du Prophete Zacharias, ou il ya.
,, O ˆ O ˆ O ˆ fugite de terra Aquilonis, dicit dominus. Mais encores ie treuue que
le texte latin naccorde pas au texte Grec. car au Latin ya trois O . & au Grec
deux. Ω. La quelle chofe ie veulx trefuoluntiers cy dire pour en auertir ceulx
qui lifent en la Bible afin quilz preignêt garde a la verite de lũ & de laultre. Au
,, texte Grec ya . ω ˆ ω ˆ φευγετε απο τησ βορρα λεγει Κυριοσ. Si ie vouloisdi=
fputer fus ce paffage, Ie porrois dire par auâture ãlque chofe de bõ, mais ien la
irray faire & dire aux Theologiens a qui il apartiêt accorder Lafainde efcrip=
pture, & la rendre en fon entier. Ie, qui en ce liure traide des lettres, men paffe
oultre, & viens a ma lettre Abecedaire enfuyuante, qui eft P.

Notes marginales:

Bons, & deuots efperits, entendez bien icy.

O. Ad= uerbe vo catif.

Alde,

Menfion de la lan= gue Fran coife.

Theocri tus.

Virgile.

Entêdez Icy de= .uots ama teurs de bonnes lettres.

Iuuenal,

Bude.

Zacha= rias Pro= phete.

Notable tres fin= gulier en la Bible.

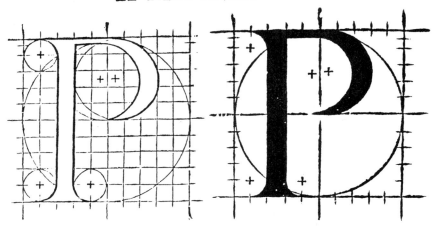

P .eſt tire du B.

LA lettre P .cy pres faicte & deſeignee de le I .& de le O ,eſt de ſept corps de largeur, & tiree du B. en oſtant la panſe baſſe dicelluy B .& coupãt le bout dembas de la panſe dicelluy. P. a deux corps loing deſa iambe droite, comme pouuez veoir cy pres en la figure. A biẽ faire le P .ſont requis cinq tours de Cõ-pas, pour leſquelz faire iay ſigne les lieux ou le pied dudit Compas veult eſtre aſſis.

Notable

P .Eſt pl⁹ hault que large de trois corps entiers, & comme iay dit, le bout de ſa panſe que iay appellee ie traict du mylieu veult eſtre coupe a deux corps loing de ſa iambe. Ie dis cecy ſcientement, pource que ie y voy quaſi touſiours errer ceulx qui ſe meſlent deſcrire en lettre Attique. Ilz font la ditte panſe adherente par deſſoubz comme par deſſus, la quelle choſe ne ſe doibt faire.

Martia-nus. Capella.

Priſcian.

Alde,

P .Dit Martianus Capella, labris ſpiritus erumpit. Le P .eſt prononce de la voix ſortant des leſures ioinctes , la quelle choſe peut eſtre entendue en la figure dudit P .Celluy P .eſt ſi bien tire du B .quil y auoit iadis ſi grande affinite de lung auec lautre, que bien ſouuant B, eſtoit eſcript & dit pour P . comme on peut veoir en ces dictions.τριαμβοσ.& Triũphus.Βυϙϙοσ, & Pyrrhus.Βυξοσ " & Pyxos.& inde Pixides. De la quelle choſe on peut veoir amplement en Priſ- " ſcian & aultres bons Autheurs Grammairiens, & ſingulierement en vng gra-tieux petit traicte que Alde a faict de la valleur & commutation des lettres Greques auec les Latines.

Priſcian.

LEs Latins a limitation des Grecs aſpirent aucuneſfois le P . pour vſer des dictions Greques qui ſeſcripuent auec Phi. φ .qui vault autant que P .& H & les bien Anciens Latins, comme le teſmoigne Priſcian en ſon premier Liu-ure, au Chapitre. De accidentibus literæ, vſoient dudit P H .pour F. auant que ledit F, fuſt en vſage. mais en fin, es dictions Latines F .fut obſeruee. Les mots dudit Priſcian ſont telz quil ſenſuyt. F. æolicum digamma quod apud antiquiſ " ſimos Latinorum eandem vim quam apud Aeoles habuit, cum autem prope ſo " num quam nunc habet F, ſignificabat P , cum aſpiratione. Sicut etiam apud ve "

,, teres Græcos pro φ, P. & H. Vnde nunc quoq; In græcis nominibus antiquã
,, fcripturam feruamus. pro φ. P. & H. ponentes. Vt Orpheus, Phaeton. Poftea
,, vero i Latinis placuit verbis pro P. & H. F fcribi. Vt Fama, Filius Facio. Ceft
a dire. F, lettre inuentee des Eoliens, & qui eft faiéte de deux Gamma. la quelle F. digam
F, en lufage des Anciens Latins auoit telle vertu quelle auoit en la langue des ma Æeo=
diéts Eoliens, a quafi le mefme fon qua mainteuant le F & fignifio tvng P. licum,
auec afpiration. comme femblablement entre les anciens Grecs en lieu de φ. P.
& H. eftoient mis. A la caufe de quoy maintenant es diétions grecques gardõs
lantique efcripture, en mettant pour φ. P. & H. comme en difant Orpheus
Phaeton. Mais puis apres es diétions Latines en lieu de P. & H. F. fut efcripte
comme en difant Fama. Filius. Facio En noftre langage Francois nous nafpi=
rons point le P. finon es diétions tirees du Grec ou du Latin auffi tire du Grec,
comme en difant Philibert. Philofophe, Philippe, Phantaftique & dau=
tres vng cent. P. en abreuiature Latine, fignifie autant que Publius.
Quant il eft gemine, Il fignifie Petrus Paulus, ou, Pater pa=
triæ, & quant il eft trois fois de fuytte efcript, Il figni=
fie, Primus pater patriæ. En Francois il eft mis en
abrege feullement pour Noms Pro=
pres, & ce, en feings manuelz de
Scedules, Quitances, &
lettres de Finances
& Praétique.

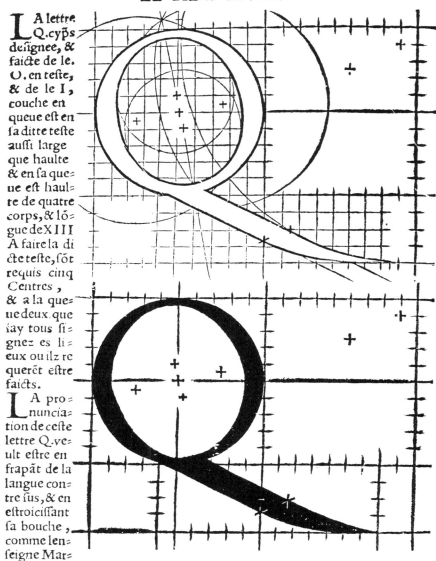

LA lettre Q. cy̓ps deſignee, & faicte de le. O. en teſte, & de le I, couche en queue eſt en ſa ditte teſte auſſi large que haulte & en ſa que ue eſt haul= te de quatre corps, & lō= gue de XIII A faire la di cte teſte, ſōt requis cinq Centres , & a la que ue deux. que iay tous ſi= gnez es li= eux ou ilz re querēt eſtre faicts.

LA pro= nuncia= tion de ceſte lettre Q. ve ult eſtre en frapāt de la langue con= tre ius, & en eſtroiciſſant ſa bouche , comme len= ſeigne Mar=

Martia= nus. Capella. Notable ſingulier Q V. Toutes les. XX= IIII. let= tres Gre= ques ſe= ſcriuent touſiours être deux lignes equidiſtā tes. Exemple en Dialo gue.

tianus Capella quant il dict. Q. appulſu palati ore reſtricto. Q. dit il, eſt pro= nunce de latouchement de la langue au palaix, & de la bouche retroicye.

IAy dit cy deuant au Segond liure que Q. eſt la ſeulle lettre entre toutes les aultres qui ſort hors de ligne, & la raiſon eſt que iamais neſt eſcripte en di= ction auec aultres lettres ſans auoir incontinent & ioignant apres ſoy vng. V. quelle va querir & embraſſer par deſſoubz comme ſon ordinaire compaignon, & feal amy. Q. eſt bien aucuneſſois mis en abreuiation tout ſeul auec vng poit, & ſignifie autant que Quintus. Mais en dictions entierement eſcriptes. Il veult touſiours V. pour compaignon. comme en ces dictions. Quis . Quia, Quando. Quidam, Quanquam, & vng cent dantres. Semblablement en Francois. Qui eſſe, Qui ceſt? Ceſt Quentin. Que veult il? Il quiert la rue de Quiquempoit. A quoy faire,Pour y trouuer quelcun pour aller iouer aux Quilles.

Q,& C.font quafi efgaulx en figure & vertus,fi non que Q.eft tout rond en
tefte,& le C.eft ouuert.Il ya fi grande affinite entre eulx fe dit Prifcian en   Prifcian.
fon pmier liure, q̃ bien fouuãt en dictiõs Latines Q.fe cõuertift en C.
" Les mots du dit Prifcian font telz quil fenfuyt.De Q.quoq; fufficiẽter tracta
" tum eft,que nifi eandem vim haberet quam C.nunquam in principijs Infinito
" rum,vel Interrogatiuorum quorundam nominum pofita per obliquos cafus ,in
" illam tranfiret. Vt Quis cuius, cui, Similiter a verbis Q. habentibus in quibuf=
" dam Participijs in C.tranffertur.Vt Sequor,fecutus. Loquor,locut⁹.Ceft a di   Q.en C.
re.Nous auõs , dit il , fuffifamment traicte de cefte lettre Q.la quelle fi elle na=
uoit femblable vertus que a le C.Iamais ne feconuertiroit on dit C. aux com=
mancemans des obliques de aucuns noms Infinitifz, ou Interrogatifz.comme
en difant.Quis.cuius, cui.Semblablement celluy Q.eft tranfmue en C.es Par=
ticipes venans des verbes ayant Q. comme en ceulx cy. Loquor, locutus. Se=
quor,fecutus. Les Anciens pour monftrer cefte grande affinite de Q. en C.biẽ   QVV.
fouuant efcriuoient QVV.pour CV.& au contraire CV .pour QVV. comme   pour CV
tefmoigne le dit Prifcian au dit lieu allegue, quant il dit.   & au con
" QVV.ponebatur.& econtrario.vt Arquus.Coquus,Oquulus,pro Arcus, Co   traire.
" cus.& Oculus.Quum pro Cum.Quur,pro Cur.   Prifcian.

NOus gardons cellediite affinite & mutatioz de Q.en C.en noftre langa=   Bon no=
gage Francois.en difant Quelque perfone, & quelconque perfone.Quel   table.
que vng , & quelcung & anciennement Quelquum. Au prim temps chante le
Coquu. & Au prim temps chante le Cocu.

LA lettre Q.a fi grãde authorite de tirer & auoir apres foy le. V.que le ayãt
tire, Il luy faict perdre vne grande partie de fon fon.la quelle chofe eft bien
obferuee en la pronunciation des Italiens qui apres G.& Q.prununcent beau=   Menfion
cop myeulx celluy V.que ne font les Francois.excepte ceulx qui ont frequente   des Ita=
en Italie,& fefforcent imiter lefdits Italiens.   liens.

POur monftrer ce que iay dit,que Q.tire & embraffe de fa queue le V. Iẽ ay
faict cy pres vng defeing au quel on peut veoir que le bout de la ditte que=
ue faccorde a la pointe du bout dembas de le V.& monftre fecretement lefpace
qui eft requife entre vne chacune des lettres eftans efcriptes en quelque Sentẽ=
ce,mettre ,propos,ou diction.Lefpace que verres eftre entre la lettre Q. & le.
V .ceft celle qui eft communement requife entre les lettres,finon en Impreffiõ
de liures.Toutesfois elle neft pas toufiours obferuee.car felõ le lieu & lefcriptu=   Belledo=
re quon y veult faire aucuneffois celle efpace eft de la largeur dung. I.aucunef=   ctrine.
fois dung F.aux autres fois dung E.& aux autres fois de plus ou moings felon   Notable
que la matiere & le lieu le requerent, & felon que lefcriuain a bonne difcretion.   fingulier.
Mais en tout & partout notez que toute lettre Attique veult eftre efcripte au   Laconif=
large , & en grande liberte,par quoy la fubftance quon y veult efcrire, requert   mus.
" eftre la pl⁹breue quil eft poffible, Comme celle quõ dit en Grec.Λακωνισμος.   Breue
" & en Latin.Breuiloquentia,& en Francois.Breue fentence.En la quelle chofe   fentence.
les Laconiens iadis en Grece auoient tresgrande grace , pource que de leur co=   Menfion
ftume ilz comprenoient grant fens en peu de parolles,comme on peut veoir en   des Laco
ieurs Apophthegmes,ceft a dire Dittons fententieux,que Plutarche a redigez   niens.
par memoire & efcript.De cefte Breueloquence Erafme parle en fa.II. Chili=   Plutar=
ade,au Prouerbe X M L V I I I.   che.

Le defeing de la lettre Q.& de le V.eft tel quil fenfuyt.   Erafme.

VEla le defeing des deux nobles com= paignons Q.& V.felon leur efpace requife es fyllabes des dictions ef= quelles fe treuuent bien efcriptes, ou a bié efcri= re.Et notez encores fus ce paffage.Q.neft ia= mais lře finalle en fyl= labe ne diction,

Q.neft point Lettre fi= nalle.

Notable OVltre plus, notez les centres feruans a faire la queue de noftre prefente lettre Q.que iay fi= gnez de A.& B.Et fachez que le pied le Compas veult eftre affis fus A.ou fus B.qui font dedãs le V.& chafcune des deux lettres fadreffe a fa femblable pour faire le tour du Compas.Les autres centres non fignez de lettres, feruent a fai= re la tefte de la lettre Q.& le V.comme pórrez veoir par experience & bon exer cice.

Aultre notable,

Sens mo ral,

NOtez encores dabũdance que la lettre Q.eft lettre Latine faicte de Omicron lettre greque, ou fi vous voules dittes quelleft faicte de le O.& vng trait par deffoubz.qui denote q̃ apres la per fectiõ que a le O.denote en la capacite de fa rotundite, & le propos de Prosperite que le P.fubfequent a le O.fignifie, ceulx qui perfeuerent es bõ= nes lettres, oultre leur perfectiõ de Sciẽ ce, font queue a leur fcauoir.Ceft a dire.acquerent des biens par leur vertus.que le V.qui eft la premiere lettre, de ce nom vert⁹, nous enfei= gne & monftre fecretement, comme peuuent iuger ceulx qui en ont la ftudieufe/& bon= ne cognoiffance.

LA lettre R.cy pres defeignee & fai
cte de le I.& de le O.eft auffi large
que haulte, & requiert a eftre bien fai=
cte fept centres que iay fignes es lieux
ou ie pied du Compas veult eftre affis.

R.Selon que dit Martianus Capel
la, In fpiritu lingua crifpate cor=
raditur.R,eft pronuncee de la langue
faifant ftrideur & fon ronflant aperte=
ment. Quat les chiens fe defpitet lung
contre laultre, auant quilz fentremor=
dent, en renfroignant leur geulle/ & re
traignat leurs dents,ilz femblent quilz
pronuncent le R.a la caufe de quoy le
Poete Perfe,étre les Satyriqs & Mor
dans le plus gentil, la dicte eftre Li=
tera canina ,Lettre canine , & celle q̃
les chiens pronuncent, quant il a dict
en fa premiere Satyre.

Sonat hic de nare canina, Littera.
Ceft a dire.La lettre canine, refone en
ceft endroict cy, dung cofte du nez.
Quat vng homme eft en ire, ou rechi=
gne, ou courouce,on dit quil eft de qlq
deplaifir irrite. Ceft a dire , exafpere.
et ce, pource quil ne fcauroit dire vne
doulce parolle,mais toute afpre , grie=
ue,& plai des lettres faifant ftrideur
lefquelles lettres font RR. repetees/&

Martianus Capella.

Perfe.
R.lettre
Canine.

afprement pronuncees. Et pour euiter cefte rude afperite, les Anciens Latins S.pour
efcripuoient & pronunceoient bien fouuant S. pour R. en telz noms comme R.
font Valerius,& Furius,difant, Valefius,& Fufius.Quintilian en eft tefmoing Quintilia
au Premier liure de fes Inftitutios dart Doratoire,quat il dit. Sed & quæ rectis
quoq; cafib9 ætate trafierut.Na vt Valefij & Fufij in Valerios Furiofq; vene=
runt.Ita Arbos,Labos,Vapos,etia Clamos ætatis fuerunt. Feftus en eft auffi Feftus.
tefmoing difant ainfi.S.quoq; pro R.fæpe antiqui pofuerut.vt Maiofib9, Me
liofibus,Lafibus,Fefijs.pro Maiorib9,Meliorib9,Laribus, Ferijs.La quelle Menfion
mode de pnuncer eft auiourdhuy en abuftant en Bourges, dou ie fuis natif, de Bour=
quen cefte noble Cite de Paris, quat pour R. bien fouuat y eft pronunce S. & ges, & de
pour S.R. Car en lieu de dire IESVS, MARIA. ilz pnuncet IERVS MA Paris.
SIA.Et en lieu de dire au comacemet du Premier liure de Eneides de Virgile, Virgile.
Mufa mihi caufas memora quo numine læfo, Ilz pronuncent abufiuement.
Mura mihi cauras memofa quo numine læro.
Ie ne dis cecy pour les blafmer,car il y en ya qui pronuncet trefbien. mais ie le
dis pour en auertir ceulx qui ne prenet garde ne plaifir a bien pronuncer.

IE treuue dauantage trois aultres Nations qui pronuncent le R. trefmal. Menfion
Les Manfeaulx, les Bretons, & les Lorains. Les Manfeaulx adiouxtent des Man
S,auec R, car fi youloient dire Pater nofter,ou Tu es Magifter nofter, Ilz feaulx,
L.j.

Menſion
des
Bretons,
et Lorais

Eraſme.

prouerbe

Notable
ſingulier.

pronunceroient Paters noſters, Tu es magiſters noſters. Les Bretons ne pro⸗
nunceut que vne R .ou il en ya deux eſcriptes. Comme en diſant, Homo cu⸗
rit.pour Homo currit. Au contraire les Lorains en pronuncent deux/ ou il
ny en a que vne. Car filz veulent dire, Sainſte Marie. vecy grande mo⸗
querie, & dure dyablerie, Ilz pronuncent. Sainſte Marrie, vecy grã
de mocquerrie, & durre dyablerrie. Ce ſont les Lorains contre
leſquelz le Prouerbe. Sept cents cinquante & trois de la Se⸗
gonde Chiliade Deraſme peult eſtre allegue, ou il ya.
Eretrienſium Rho .non pas contre les Picards, com
me eſcript au diſt Lieu le diſt Fraſme, & meſ ba⸗
his comme il ſey eſt abuſe, veu quil eſt ſi ſca⸗
uant, & quil na entendu que les Picards
pronuncent beaucop myeulx le R .que
les Lorais.& auſſi quil ne cognoiſt
quil nya Nation en France qui
pronũce myeulx que leſdiſtz
Picards . Peult eſtre quil
entent que Picards &
Lorais pource quilz
parlent Frãcois
ſont tous vne
Nation.

LA lettre S.cy pres deseignee, est
plus haulte q̃ large. Sa largeur
nest q̃ de six corps moings deux tiers
de corps. Lesquelz deux tiers se laiſ=
sent lung au Premier corps, & lautre
au Sixieſme. Et ce pour la largeur de
la panſe dembas, car celle denhault
nest q̃ de trois corps & deux demyz,
comme on peult clerement veoir cy
en son dict deſcing, ou iay ligne huit
centres es lieux ou le pied du Cõpas
veult estre assis a la bien faire. Frere
Lucas Paciol⁹ la deseigne aultremẽt
et plus confuſemẽt en ſa Diuine pro=
portion, en y faiſant pluſieurs Rõds
et Lignes droictes perpẽdiculaires,
mais ie ny mets tant de peine, car cõ
me on peult veoir a loueil, ma tradi=
tiue est plus breue & aiſee, & auec ce
plus ſeure. Ie ne le dis pour me ven=
ter, mais la veue en decouure le faict.
Le S. ſelon le dict Paciolus, est la pl⁹
difficile a faire de toutes les lettres,
mais en mon Art ie la treuue auſſi fa
cille que vne aultre. Elle veult estre
plus large en bas quen hault, par rai
ſon naturelle, pource quelle est faicte
de rond ſus rõd, deſqlz ſi lung veult
tenir ſtable & demorer ſus lautre, cõ
uiẽt quil ſoit pluſpetit. Et a ceſte rai
ſonable cauſe le nombre. 8. en chifre
est eſcript de deux o o. lung ſus laultre, & celluy qui est deſſus, est pluſpetit que
celluy qui est deſſoubz. Daultre part, nous voyons que Lhomme naturel ſe te=
nant tout droict ſus ſes pieds, comprent plus en largeur, & est plus eſpatte par
les pieds/que par ſa teſte.

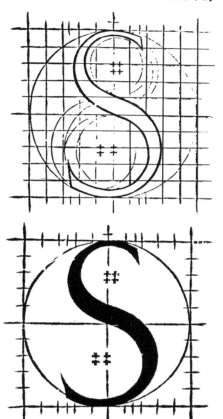

IE fais voluntiers icy ceſte demonſtration, pource que ien voy vng millier
qui inſcientement eſcripuent la dicte lettre S. plus large par le hault / que
par le bas.

„ S. dit Martianus Capella, Sibillū facit dentib⁹ verberatis. Ceſt a dire. Le S.
eſt pnuncee en faiſant vng ſifflement entre les dents ſerrees. En Grec, elle

„ eſt appellee Σιγμα. & eſt differéte en figure, car les Grecs leſcripuẽt quaſi cõe
vne M. couchee, ainſi Σ. & la pnuncẽt forte & ſolide, quaſi auſſi valide q̃ quãt

„ nous pnunceõs deux S.S. Quãt ilz diſent Μουσα, ilz pnuncẽt Muſſa. Ne ia=
„ mais ne la font exile ne adoulcye entre deux vocales, cõme nous faiſons. Silz
„ voloient dire Muſa, ou Philoſophia, ilz pronunceroient Muſſa, & Philoſſo=
„ phia. Et ainſi par tout ou elle ſe treuue entre deux Vocales.

„ LE S. eſt dicte deſdicts Grecs αρτικον σοιχειον. Ceſt a dire, Lr̃e inceptiue,
pource q̃lle peult eſtre miſe tant en Grec quen Latin deuãt toutes les Mu=
tes, & deuant le M. en ſyllabe/ou diction dune ſyllabe, comme ces dictions cy,

L ij.

Σβεννυω. Σπαρθη. Σκηπτρον. Στεμμα. Σθενοσ. Σφινξ. Σχημα. Σμαραγ‑ "
δοσ. Et en Latin. Scutum, Spatium, Stamen, Scribo, Strues, Stlembus, Splé "
didus. Elle peult auffi eftre adiouxtee en la fin des fyllabes & dictions a beau‑
cop daultres lettres, comme en ces dictions Latines. Scrobs, Frons. Hyems, "
Ars, Puls, Stirps, Lans, Thefeus. En noftre langage Francois elle peult eftre "
premife, & foubzmife en beaucop de facons a beaucop de diuerfes lettres, que

Menfion de la lan‑ gue Fran coife. ie lairay pour cefte fois a dire/pour caufe de breuete, & pour y laiffer efbatre &
employer quelque noble efperit qui vouldra aider a ordonner & mettre la no‑
ble langue Francoife par certaine reigle a deumét parler & efcripre felon la ver
tus des lettres, fyllabes, & dictions parfaictes en la dicte langue Francoife.

Μοναδι‑ κον. Le S. dauantage eft dicte des Grecs, Μοναδικον. Ceft a dire, folitaire, pource
quen la diuifion des Semiuocales, du nombre defquelles elle eft, elle demore
toute feulle en fa vertus. Car toutes les aultres font diuifees en quatre Liqui‑
des, qui fôt L. M. N. & R. et en deux Semiuocales appellees Doubles en leur
vertus, qui font. X. & .Z. Elle eft de telle vertus en pronunciation/& en quanti
te de metre, quelle eft aucuneffois ftable, & aucuneffois elle feuanoyft & fe
pert, tant en elle a peu deficace. A la caufe de quoy elle eft furnommee des

Ασημον. Grecs, Ασημον. Ceft a dire. Non noble, & fans efficace. Elle fe pert non feulle
ment feulle, mais encores faict euanoyr fa prochaine Vocale, & bien fouuant
faict muer la quantite de la Vocale qui la precede, comme on peult clerement
veoir en beaucop de paffages es Poetes Latins, dentre lefquelz ien allegueray

Ennius. quelques metres du Pere Ancien des Poetes Latins nomme Ennius que Au‑
lus Gellius a au. IIII. Cha. du. XII. Liure de fes Nuyts Attiques, quât il dit.
Doctus, fidelis, fuauis homo, facundus, fuoque "
Contentus, atq; beatus, fcitus, fecunda loquens in "
Tempore commodus, & verborum vir paucorum. "
Lefquelz metres fe mefurent en leur quantite, en forte que le S. fe y pert en
la facon quil fenfuyt.
Doctu' fi, delis, fauis ho, mofa, cundu'fu, oque "
Conten, t' atq; be, atus, fcitu'fe, cunda lo, quens in, "

Beau no‑ table. IE dis & allegue ces chofes icy afin que fil auenoit quon deuft efcripre en let
tre Attique telz metres ou le S. fe doiburoit euanoyr, on les porroit efcripre
honneftemét & fcientemér fans y mettre la dicte lettre S. au lieu ou elle fe por‑
roit perdre, & efcripre vng point crochu au deffus du lieu ou elle deburoit eftre.
Le quel point crochu eftant au deffus des lignes en fin des dictions, fignifie
quil ya quelque Vocale ou le S. oftez par vertus de la quantite du metre/ou de

Prifcian. la Vocale qui fenfuyt en la fequente fyllabe ou diction. Prifcian nous eft bon
tefmoing au Chapiftre, De literarum cômutatione, q le S. pert bien fouuât fa
vertus quant il dit. S. in metro apud vetuftiffimos vim fuam frequenter amittit.
Virgilius in Vndecimo Aeneidos. "

Virgile. Ponite' pes fibi quifque, fed hæc quam angufta videtis. Idem in Duodecimo. "
Inter fe coiffe vir' & decernere ferro. "

Ne. Ne auté Côiunctione fequéte, cû Apoftropho penit⁹ tollit. vt Viden, Satin,
Vin. Pro videfne, fatifne, & vifne. Ceft a dire. S. en metre des Poetes Anciens
bien fouuât pert fa vertus. côe en. XI. liure des Eneides de Virgile, ou il ya. Po
nite' pes fibi quifq;, fed hæc quâ angufta videtis. Et au. XII. liure enfuyuât, ou
il ya. Inter fe coiffe vir' & decernere ferro. Semblablemét quât cefte Côiun‑
ction Latine, Ne, enfuyt le S. icelle S. eft du tout oftee, & y figne on au deffus,

Apoftro‑ phus. côme iay dict, vng point crochu quon appelle Apoftrophus Côme en difant "
Viden' Satin' Vin' pour & en Lieu de dire, Videfne, Satifne, & Vifne.

LEs Dames de Paris pour la plufgrande partie obferuent bien ceſte figure poetique, en laiſſant le S. finalle de beaucop de dictions: quant en lieu de dire, Nous auons diſne en vng Iardin, & y auons menge des Prunes blanches et noires, des Amendes doulces & ameres, des Figues molles, des Pomes, des Poires, & des Gruſelles. Elles diſent & pronuncent. Nous auon diſne en vng Iardin: & y auon menge des prune blanche & noire, des amende doulce & ame re, des figue molle, des pome, des poyre, & des gruſelle. Ce vice leur ſeroit ex-cuſable, ſe neſtoit quil vient de femme a hôme, & quil ſe y treuue entier abus de parfaictement pronuncer en parlant. Menſion des Da-mes de Paris.

IL neſt de merueilles que .S. perde aulcuneſfois ſa vertus, quant dauantage bien ſouuant les Bœotes qui ſont vne Nation de Grece, mettét en ſon lieu vne aſpiration, en diſant Muha, pour Muſa. Ainſi côme tout au contraire auſſi elle eſt ſouuât trouuee miſe pour icelle aſpiratiô, en diſant Semis, Sex, Septê, Se, Si, Sal. qui ſont eſcripts en Grec par Δασεια. Ceſt a dire, par vng poit cro chu qui ſignifie la dicte aſpiration, & veult eſtre eſcripte au deſſus des vocales Grecques & de Rho. comme Priſcian en eſt Autheur en ſon Premier liure ou il traicte, De literarum commutatione, quant il dit, Sæpe vero pro aſpiratione S. ponitur in his dictionibus quas a Græcis ſumpſimus. vt Semis, Sex, Septê, Se, Si, Sal. Nam hemis, hex, hepta, he, hi, hals apud illos aſpirationem ha bent in prin ipio. Adeo autem cognatio eſt huius literæ, id eſt S. cum aſpiratio ne, quod pro ea in quibuſdam dictionibus ſolebât Bœotes idem pro .S. h. ſcri bere. Muha pro Muſa dicentes. Menſion des Bœo tes. Priſcian.

QVi vouldra veoir & ſcauoir a plain de la diuerſe nature & vertus de ceſtre lettre S. il en porra veoir aſſez & treſelegammant au. IIII. Liure de la Grammaire Dalde, au Troiſieme article du Chapiſtre, De ſeptem modis communium ſyllabarum. Alde.

CEſte lettre S. côme iay nagueres dict, eſt dicte en Grec Σιγμα, παρα το σιζειν. Ceſt a dire, faire ſifflement, & telle ſtrideur que faict vng fer chault et rouge quant on le trempe en leaue. Sigma doncques ſignifie & denote Silen ce, a la cauſe de quoy les Anciens bien ſouuant leſcripuoiét toute ſeulle au deſ ſus de lhuis du lieu au quel on mengeoit & beuuoit acompaigne de ſes bons amys. Pour mettre deuant les yeulx que les parolles & propos quon tient a ta bl... doiþuent eſtre ſobres & gardees en ſilence. La quelle choſe ne peult eſtre faicte, ſil ya exces de trop boyre & menger, qui ſont choſes impertinentes a hô neſtete de table, & a compaignye gracieuſe. Apropos de quoy Martial en ſes ingenieux Epigrammes a dict. Notez icy la bel le mode antique. Martial.

Accedent ſine felle ioci, nec mane timenda
Libertas, & nil quod tacuiſſe velis.
De Praſino conuiua me⁹, Venetoq; loquatur,
Nec faciant queriquam pocula noſtra reum.

AMon bancquet, dit il, ſerôt mots ioyeulx ſans amertume, en liberte de par ler côme a iun, auec lâgage de propos ǵ tu ne vouldrois laiſſer a bien dire. Bref que mon amy de table parle dune choſe & daultre, en ſorte que mon vin ne luy trouble ſes parolles.

SIgma doncques eſtoit indice & note pour le lieu ou on banquetoit hon neſtement, ſans grande effuſiô des paroiles. & icelluy lieu neſtoit capable que de ſept perſones qui eſt vng nombre de Per & Imper, & a propos du quel nôbre Imper, Virgile a dit au Premier liure de ſes Eneides. O ter quaterq; bti, Virgile.

pour monſtrer quen tel nombre de ſept pouuoit eſtre tenu propos & langage

Martial. ſans confuſion. Le dict Martial a dict.

Septem Sigma capit, ſex ſumus adde Lupum.

IL dict en aultre paſſage, que ce dict lieu pouuoit auſſi eſtre capable de huit

Aule perſones qui neſt encores hors du nombre des neuf Muſes, leſquelles Aule

Gelle. Gelle en lunzieſme Chapiſtre du. XIII. liure de ſes Nuyts Attiques, dit eſtre le

pluſgrant nombre de perſones requiſes a vng conuy, quãt il tient propos, que

Nombre tout honneſte conuy en nombre de perſones doibt comancer aux Trois Gra-

des perſo ces, & finir a Neuf Muſes.

nes requi Martial de rechef dit du dict Sigma.

ſes a vng Accipe lunata ſcirpum teſtudine Sigma,

Conuy. Octo capit, veniat quiſquis amicus erit

PRens, dit il, le Sigma eſcript en la voulte corbee, il y peult huit perſones,

Martial. et pource y vienge quiconque me ſera bon amy.

Qui vouldra veoir de cecy a ſuffiſance, il en trouuera au Septieſme liure des

Celius lecons Antiques de Celius, au. XVIII. Chapiſtre, ou il eſt traicte du dict Si-

Rhodigi gma, & daultres bonnes choſes.

nus. LA lettre S. doncques ancienement eſtoit tant ſignificatiue de ſilence, que

les Poetes Comiques en ont vſe & faict vne ſyllabe ipropre, ceſt a dire ſyl

labe ſans vocale, en y adiouxtant vng T. ſeullement pour impoſer ſilence a

quelcun parlant.& leſcripuoient ainſi. ST. Plaute en ſa Comedie nõmee Tru

Plaute culentus, en Lacte qui commãce. Rus mane me hinc ire iuſſit Pater, introduyt

ST. vng perſonage nõme Strabax, qui dit en ſoymeſmes,

Hodie efferam ad hanc argentũ quam mage amo quam Matrem meã. ST. ec-

Terence. quis? nulla eſt, ecquis aperit hoc oſtium? Semblablemẽt Terence en a vſe en ſa

Commedie nommee Phormio, ou il y a, Non is obſecro es, quem te ſemper di-

cunt, ST. quid has metuis fores?

ST. NOus vſons bien auſſi de ceſte ſyllabe impropre ST. quant nous voulons

faire taire quelcun / & luy impoſer ſilence, mais aulcuns leſcripuent par

Chut. Chut. qui eſt ſyllabe parfaicte. Ceſt a dire ſyllabe ayant en ſoy vne Vocale,

Nous en porrions vſer en diſant,

Eſcoutez ST. eſcoutez, voyez ou vous vous boutes.

Des lieux a en ce monde, ou ſouuant mal on ſe fonde.

IAy dict cy deuãt ou ie traictois de la lettre G. & des Reſbuz q̃ Plaiſanteurs

font des lr̃es, q̃ celluy qui inuẽta le Reſbuz de le S. large, quon dit lettre de

Largeſſe forme, & en feit ſa deuiſe pour en ſignifier ſecretemẽt & en entendre Largeſſe,

Silence. eut bon eſperit a linueſſion dudict Reſbuz, mais ſil en euſt entẽdu Silẽce cõme

les bons Peres Anciens entẽdoient, il euſt eucores myeulx faict. Silence & Lar

geſſe ſont deux belles vertus: mais Silẽce a plus deficace, cõme on peult veoir

Aule au. XV. Chapiſtre du Premier liure des Nuyts Attiques de Aule Gelle, ou il

Gelle. ya en ſentence du Poete Heſiode,

Heſiode. Optimus eſt homini linguæ thæſaurus, & ingens

Gratia, quæ parcis menſurat ſingula verbis.

Ceſt a dire, La langue qui ſe refraind, & meſure ſes parolles, eſt treſgrant tre-

ſor, & ſouueraine grace.

IE vouldrois a ce propos, que les ſeigneurs qui prenẽt plaiſir a edifier Palais

et Maiſons, & qui ayment Paintures & Deuiſes, feiſſent eſcripre, paindre,

S. ou ST grauer, ou tailler vne. S. ou ST. aux huys de leurs ſales & cuſynes, pour ſe-

cretement & manifeſtement impoſer Silence a vng tas de Caqueteurs faiſant

plus de bruyt apres boyre, que vng cent deſtorneaux au temps de Vendeges.

Ce feroit enfeignement & occafion a petits & grans deftre modere en parolles, & fe abftenir de dire chofe qui ne fuft belle, bonne, honnefte, & neceffaire.

IE reuiens a la doctrine de noftre S. & treune que les Tholofiens & Gafcons y comettent abus, a la prununcer, car ilz y prepofent vng E. en forte que filz vouloient dire. Schola, ou Scribere, ou femblable diction commanceant par S. Ilz diroient, Efchola, & Efcribere, qui eft vn grant vice en la langue Latine, Ie ne fay fi ce dict vice leur eft venu pource que difons en noftre langage Francois efcripre & efcole, & que en aucunes dictions prepofons E, deuant S. a limitation des Grecs qui efcripuent & prununcent Epfilon deuant Sigma, ceft a dire, E .deuât Σ .es Preterits imparfaicts des verbes commanceans par Sigma, Semblablement des verbes comanceans par Zita, Ξi. & Pfi, qui côprenent en elles la ditte lettre, Σ. en difât. Σπειρω ιοπειρον .ιοπαρκα. Στρεφω ιοτεφον ιοτραφα. Ζαω,εζαον, εζηκα. Ξεω, εξεον.εξεκα .φαλλω ιφαλλον.ιφαλκα Les Bretons bretonans la prununcent fort bien, & comme les Grecs, car entre deux vocales ilz la proferent folide. & nous comme les Latins la debilitons & faifons molle aucunement. Si ceulx Bretons vouloient dire Nifi Mu fa defiderium amifent. Ilz prununceroient le. S. fi folide, quil fembleroit que pour vne, y en euft deux, en difant Nifi Muffa deffiderium amifferit,

Menfion des Tholofiés. & Gafcons

Menfion des Bretons bretonans,

LA lettre T .cy pres defignee & faicte de le I, eft de dix corps de haulteur, cõme toutes les autres, & de huit & deux demys de largeur en tefte, & les pointes de fes bras & pied font arondyes de quatre tours de Cõpas, pour lefquelz faire iay figne les lieux pour les Centres a y affeoir le pied dudict Compas.

Martianus Capella. Menfion des Italiens. La Sapience, en Rõme Menfion des Lionnois. Menfion des Picards.

T. Dit Martianus Capella, appulfu linguæ, dentibus impulfis excuditur. Ceft a dire. T .veult eftre pronunce en frapant de la langue contre les dêts ferrees, Les Italiens le pronuncent fi bien & fi refonêt, quil femble quilz y adiouxtent vng E. quant pour & en lieu de dire. Caput vertigine laborat. Ilz pronuncent. Capute vertigine laborate. Ie lay ainfi veu & ouy pronuncer en Romme aux efcoles q̃ lon appelle La Sapience, & en beaucop dautres nobles lieux en Italie. La quelle pronunciation neft aucunement tenue ne vfitee des Lionnois qui laiffent le dict. T. & ne le pronuncent en facon que ce foit a la fin de la Tierce perfone pluriele des verbes Actifz & Neutres en difant Amauerun, & Arauerun. pour Amauerunt & Arauerunt. Pareillement aucuns Picards laiffent celluy T .a la fin de aucunes dictions en Francois. comme quant ilz veulêt dire. Comant cela comant? Monfieur ceft vne iument. Ilz pronuncent. Coman chela coman? Monfieur cheft vne iumen.

Thita, Teth, Thau.

T. en Grec & en Latin eft dune mefme figure & defeing, & eft appellee on dit Grec T af. qui denote quil eft fans afpiratiõ. Les Latins & nous lauõs aucuneffois feul & fans afpiration fequente, & aucuneffois luy adiouxtons celle afpiration, mais les Grecs ont pour le dit T .& H. vne feulle lettre quilz appellent ΘΗΤα. Les Hebreux auffi ont T .exile en vne lettre quilz appellent Teth, & pareillement. T .afpire auffi en vne autre lettre qui nonment Thau.

Afconius Pedian⁹ Mode de iuger ancienemêt Θ. T. Λ.

TAf, ceft a dire cefte lettre T, cõme dit Afconius Pediamus, eftoit vne des trois lettres defquelles les Anciens vfoiêt en leurs caufes criminelles & iugemens, qui, quant ilz vouloient iuger quelcun & le condamner coupable, Ilz iectoient en vng vaiffeau a ce faict expres la lettre. Θ. efcripte en vng petit papier, ou en vng parchemin, ou en autre femblable chofe cõuenante a eftre efcripte. Quant ilz vouloient abfouldre, Ilz iectoient au dit vaiffeau la ditte lettre Taf, auffi efcripte, Et quant ilz doubtoient de la caufe & matiere pendente, Ilz

iectoient Lambda qui fignifioit quilz nauoient encores affes bonne cognoiffan
ce de la ditte caufe. Vous trouueres de ce propos au. LVI. Prouerbe de la pre=
miere Chiliade. de Erafme, ou eft en tiltre. ☉. præfigere.　　Erafme.

T. a le C. pour compaignon precedent & adherent toufiours en vne mefme T C. CT
fyllabe, comme en ces dictions Pectus, Actus, & en mille autres fembla=
bles. a la caufe & raifon de quoy les Modernes efcriuains enfuyuant les Anciés
efcriuent encores en lettre courant c, & t, en vne lettre quon dit Abreuiature.
ainfi efcripte. ct. & elles deux comme iay dit, fe affemblent toufiours auec la vo
cale fequéte en vne mefme fyllabe, comme en difant, Pe, ctus. A, ctus. Ne, cto. M. auec.
" Le, ctus. Pi, ctus. comme il eft de le M. deuant N, qui veult toufiours eftre efcri N.
" te & prouferee auec la ditte N. en vne mefme fillabe ou eft la vocale qui les fuyt
comme en ces dictions. Mne, ftheus. A, mnis, O, mnis. Sa, mnis, & autres fem
blables. Ie dis cecy notãment pour aucuns qui les feparent ignorant laffinite &
laliance perpetuelle quelles ont enfemble.

T. Veult auffi eftre premis en mefme fyllabe deuant N. comme on voit en T L.
ces dictions. Tle, ptolemus, & Ae, tna. Semblablement deuant R. comme T N.
on peut veoir en mille dictions.　　T R.

IE ne veulx oublier a dire que Bramant nagueres grant maiftre Architecte Bramant
du Pape Iules Sixiefme, du quel Bramant iay veu la fepulture & Epitaphe
en lefglife de la Minerue a Romme, a faict le T. aux galeries dudit Pape Iules
qui font entre lefglife Sainct Pierre & Beluedere, pour le premier bras coupe a
ligne perpendiculaire, & pour lautre & dernier bras vng peu en biez & comme
coupe par deffoubz defcendant du point denhault vers le premier point de fa
patte derabas que iay enfuyuy en mes defeings, ne ignorant que es Arcs triû=
phans le T. a les deux bras coupes a ligne perpendiculaire.

LE dit Bramant eftoit le plus excellent Architecte, Ceft a dire Maiftre Ma= Louãges
con, de fon temps. Il eftoit celluy qui feit le proiect & modele au fufdit Pa= de Bra=
pe Iules pour faire neuue Lefglife de Sainct Pierre en Romme, & croy que fon mant.
opinion na pas efte fans caufe, qui eft pour vouloir ce faire, a dõner grace a la
ditte lettre. T. Faictez la ainfi quil vous plaira, Ie vous en laiffe voftre bõ choix.

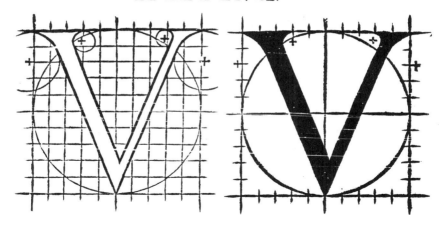

L A lettre V .cy pres defeignee & faicte de le I, feullemēt & auffi large ǵ haul∍
te , a en ſa facon quatre tours de Compas, pour leſquelz faire iay figne les
Centres es lieux ou le pied dudit Compas veult eſtre aſſis.

Martia∍
nus
Capella.

V. Dit Martianus Capella, ore conſtricto, labriſǵ prominulis exhibetur. "
Ceſt a dire. V .veult eſtre pronūce dune voix eſtroicte au commancemāt,
& bouche ſerree, puis celle voix veult amplement yſſir par les leſures vng peu
eſtandues & ouuertes comme ſa figure le demonſtre. La figure & deſeing de ce∍
ſte lettre cy, V, eſt totallemēt ſemblable a la lettre Grecque nommee Lambda,
qui eſt a dire L. Grecǵ, mais il ya differéce, car le V .a cōme voyez la poīte en

Lambda
Priſcian.

bas , & eſt ouuert en ſus.& Labda au cōtraire eſt en pyramide, ceſt a dire epat∍
te deſſoubz & agu en ſus. V .dit Priſciā en ſon premier liure ou il traicte. De ac∍ "
cidentibus literæ, eſt de ſa premiere nature & vertus, vocale, mais bien ſouuant "
eſt Cōſone, & ce aucuneſfois, Cōſone ſimple, pareillement aux autres fois, Cō "

Γ, digam
ma æoli∍
cum.

ſone double en eſtant des Anciés vſurpe en la facon queſtoit. Γ. digamma æo∍ "
licum. Les mots dudit Priſcian ſont telz quil ſenſuyt. V. Vero conſonantis po∍ "
ſita, eandem prorſus in omnibus vim habuit apud Latinos quam apud Aeoles "
digamma F. Vnde a pleriſǵue ei nomen hoc datur quod apud Aeoles habuit "

Vau.
Varro,
Didym⁹
Cæſar.
⅃.
Aſtya∍
ges,

olim Γ. Digamma, Id eſt Vau. ab ipſius voce profectum, teſte Varrone & Di∍
dymo.quid id ei nomen eſſe oſtendunt. pro quo Cæſar. hanc figuram ⅃. ſcribe∍ "
re voluit, quod quamuis illi recte viſum eſt, tamen conſuetudo antiqua ſupera∍ "
uit. A deo autem hoc verum, quod pro Aeolico Γ. digamma, V .ponitur, quod "
ſicut illi ſolebāt accipere digāma F, modo pro conſonante ſimplici teſte Aſtya∍ "
ge, qui diuerſis hoc oſtendit verſibus, vt in hoc verſu. ορχομενοσ Γελεη ην ελι∍ "
κωπιδα. Sic nos quoǵ pro conſonante plerunque ſimplici habemus. V. loco. "
Γ. digamma poſitum. Vt. At venus haud animo nequaquam exterrita mater. "
Eſt tamen quando Iidem Aeoles inueniuntur pro duplici quoǵ conſonante di∍ "
gamma poſuiſſe. Vt. Νεστορα δε Γου παιδοσ.Nos quoǵ videmur hoc ſequi "
in præterito perfecto Tertiæ & Quartæ coniugationis in quibus I.ante.V.con "
ſonantem poſita producitur, eademǵ ſubſtracta corripitur . Vt Cupiui cupiȷ. "
Cupiueram, cupieram. Audiui, audiȷ. Audiueram, audieram, Inueniuntur etiā "

Acman.

pro vocali correcta hoc digamma illi vſi, Vt Alcinā. Και χειμα πυρτε δαΓιου. "
Eſt enim dimetrum iambicum, & ſic eſt proferendum F. Vt faciat breuem ſylla∍ "

bam.Noſtri quoq; hoc ipſum feciſſe inueniuntur, & pro conſonante V. Voca=
" lem breuem accæpiſſe. Vt Horatius Syluæ triſſyllabum protulit in Epodo hoc　Horati⁹.
" verſu.Niueſq; deducunt iouem,nunc mare,nunc ſyluæ. Eſt enim dimetrũ iam=
" bicum coniunctumpentineri hæroicæ quod aliter ſtare non poteſt,niſi Syluæ
" triſſyllabum accipiatur. Ceſt a dire.Pour vray ceſte lettre cy V. eſtant miſe en
lieu dune Conſone a eu radis en la langue des Latins en tout & par tout ſembla
ble vertus quauoit le ⌐.digamma en la langue Eolique. a la cauſe de quoy cel=
luy V,a eſte dit de pluſieurs & appellecomme le dit ⌐.digamma eſtoit appelle
des Eoliens qui le appellent Vau.ſelon ſa pronunciation, comme iont teſmoi=　Vau,
gne Varro & Didymus qui ont dit que celluy eſtoit nomme Vau, Pour le quel　Varro,
Vau, Cæſar volut eſcrire & figurer ceſte figure cy ⌐|. La quelle figure combien　Didym⁹
quelle luy ſemblaſt bonne pour le dit Vau,neaumoings la coſtume anciene le　Cæſar.
ſurmonta en le figurant & eſcriuant ainſi. V.Le dit V.a eſte ſi au vray mis en
vſage pour le ⌐, digamma Eolique. que tout ainſi que les Eoliens mettoiét au=
cuneſfois le dit ⌐ digamma pour vne conſone ſimple ainſi que Aſtyages la teſ=　Aſtya=
moigne en diuerſes allegatiõs de metres cõme en ceſtuy cy. Ο ϱ χ ο μ ε ν ο ς ⌐ ε λ ε η　ges.
" κ ν ε λ ι κ ω π ι δ α.tout ainſi L es Latins ont ſouuant pour ſimple conſone mis V.
" en lieu de le F,digamma.comme en ce metre cy.At venus haud animo nequa=
" quam exterrita mater.Il ſe rreuue auſſi que les Eoliens ont mis leur dict ⌐, di=
gamma pour double cõſone, cõme en ceſt exéple cy.Ν ε ο τ ο ϱ α δ ε ⌐ ο υ π α ι δ ο⁻.
" La quelle choſe les Latins ſemblent enſuyure es Preterits parfaicts des verbes
de la Tierce & de la Quarte Coniugations, eſquelz le I,eſtant mis deuãt le V.
conſone, eſt produyt en quantite de metre,& quant le dit V.en eſt ſubſtrait cel=
luy I,demore bref,comme en diſant. Cupiui,cupij, Cupiueram, cupierã. Au=
diut,audij. Audiueram,audieram Les Eoliens ont auſſi vſite leur ⌐, digamma
laiſſant la Vocale precedente breue, teſmoing le Poete Grec Alcman. ⌐ α ι　Alcman.
" χ ε ι μ α π υ ρ τ ε δ α ⌐ ι ο ν. Ceſt exemple en Grec eſt vng metre iambique qui veult
" eſtre prouſere, en ſorte que le ⌐,laiſſe la Vocale precedente, qui eſt , Alpha,bre
ue.Les Latins ont faict tout ſemblablement en laiſſant la Vocale breue deuant
le V.comme Horace,a faict quant il a mis Syluæ en trois ſyllabes.Sy,lu,æ.en　Horace,
ſes Epodes,quant il a dit, Niueſq; deducunt Iouem,nunc mare,nunc ſy,lu,æ.
" Ceſt exemple eſt vng metre iambique de deux meſures,cõ ioinctes par vne Pé=
timemere heroique qui ne peut eſtre faicte ſi laditte diction Syluæ neſt miſe en
trois ſyllabes.

IAv voluntiers allegue Priſcian bien au long pour amplement monſtrer la
bonne pronunciatiõ, & autre totalle vertus de le V.afin quõ en puiſſe vſer
comme il apartient,& pour monſtrer que les Alemansle pronuncent en conſo　Menſion
ne myeulx que nulle autre Nation que ie ſache pardeſſa.qui quant ilz veulent　des Ale=
" dire, Fiuat in æternum fundens mihi dulce falernum.Semblablement. FiFo,　mans,
pour viuo.Firtus pour virtus.Finum pour vinum,& mille autres ſemblables.
Les Italiens le pronuncent quaſi Vocale expreſſe apres le G. & apres Q.quãt　Menſion
ilz diſent Lingu/a,Aqu/a,& le diuiſent quaſi de le A, & le ſonent quaſi en o,　des Ita=
comme ſeroit Lingu⊃/a. A quo a,Nous nele pronunceons pas comme eulx,　liens.
qui nous eſt vng vice contraire a lart de Grammaire comme il ſemble a dau=
cuns.

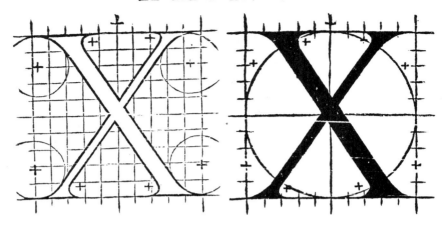

L A lettre X.cy pres deſeignee & faicte de le I, ſeullement compriſe en Huit centres & tours de Compas qui ſont ſignez es lieux de leur deſeing a ce re- quis & conuenables, eſt par embas plus large que haulte, car en chef neſt que de Huit corps & deux demys de largeur, comme clerement on le peut veoir au dit deſeing.

I Ay dit quelle eſt faicte voirement de le I, & eſt vray ſelon ma tradictiue, cõ- bien que Galeotus Martius Narnienſis aye dit quelle eſt faicte dun C. retor- ne & dũ Sigma grec, & la cauſe qui la a ce meu a eſte que X . vault autant en ſa vertus que C, & S. teſmoing lancien & bon Autheur nõme Martianus Capel- la, qui dit. X. quicquid C.& S. formauit exibilat. Ceſt a dire. X. vault en vertus & en pronunciation autant que C. & S. Prenez bien garde quant la deſigne- rez & leſcrirez, de ne luy faire ſon ouuerture ſi large en teſte quen pied , ou de luy mettre le bas en ſus: côme ien voy vng millier y errer car ſe ſeroit peruerty la lettre.

O Vltre la bonne doctrine du bon Autheur Martianus ia allegue, X, ſelon Priſcian en ſon premier liure ou il parle. De accidétibus literæ, vault au- tant que G, & S. quant il dit. X. duplex, modo pro, C.S. modo pro G. S. acci- pitur. vt Apex apicis, Grex gregis. X. dit il, lettre double, ceſt a dire vallât deux lettres, vault aucuneſfois C. & S. & aucuneſfois G. & S. côme on voit en la de- clinaiſon de ces noms & leurs ſemblables, Apex apicis. & Grex gregis. Au téps paſſe Les Latins auant quilz euſſen t pris des Grecs la lettre X. La quelle tou- teffois eſt differente en figure, car elle reſemble a Chi. & non pas a ξ. Ilz eſcri- uoient pour le dit X. leſdittes lettres. C S. & G S, en ceſte facon. Apecs apicis. Regs regis, Nucs nucis , & Gregs gregis. comme iay veu en Romme en dau- cuns Epitaphes Anciens , & peut on encores veoir au Liure des Epitaphes de lanciene Romme nagueres imprime en la dicte Romme ou pour lors ieſtois ha bitant.

Q Vant ceſte monoſyllabe prepoſition, EX. eſt compoſee auec dictions cõ- manceans par S. le dit S. ne veult point eſtre eſcript, ne ne veult eſtre p- nunce, pource que trois Conſones ne peuuent eſtre enſemble, comme en diſant, EX & ſequor, exequor, Priſcian en eſt teſmoing au ſuiſallegue pre- mier liure & lieu, quant il dit. Nunquam enim S. nec alia conſonans geminari poteſt alia antecedente conſonante, Iamais, dit il, ny S. nyautre Conſone ne

Galeot⁹,

X. Vault C, & S, ou G , & S. Martia- nus Capella.

Priſcian.

Menſion des An- ciés La- tins,

Ex en cõ poſition.

Priſcian .

peult eftre geminee apres vne aultre Confone. Parquoy doncques X. eftant   Efcriuais
double Confone ne peult fouffrir S.lenfuyuant. La quelle chofe mains efcrip= entendez
uains nobferuent pas, pour fau.te de y prendre bien garde.   icy.

»   IE voy maints hommes, qui errent en la deue pronunciation de le X. quant
»   en ces vocables Exaro, Exerceo, Ezequor, & en mille aultres efcripts par
»   cefte Prepofition Ex. Ilz difent yeux, en prononceant yeuxaro, yeuxcerceo,
» yeuxequor, qui eft vng grant vice en la langue Latine. Silz veulent apren=
» dre a bien prononcer en enfuyuant les reigles des bons Autheurs fufnommez,
ilz doibuent dire comme fil y auoit efcript Ecfaro, Ecferceo, & Ecfequor, & ilz
pronunceront trefbien.

IL ne leur deplaira, & a toutes les aultres Nations, fi ie dis leurs vicieufes   Acueil
  pronunciations: mais penferont que ce que ien fais eft pour faire feruice au   de beni=
bien public, & pour les auertir de eulx acoftumer a bien prononcer, qui eft vne uolence.
des chofes plus honneftes, quon peult veoir en tout langage, & en tout hom=
me parlant.

LEs Italiens auffi, foubz correction, me femblent y errer, car ilz   Menfion
  le pronuncent fi exile & mol, qui femble quilz pronuncent   des Ita=
vne S. entre deux Vocales, qui na fi grande vigueur que   liens.
a Sigma auffi entre deux Vocales. Silz veulent
»   dire, Vxor mea ficut vitis abundans, ou
»   Exequas patris exequar, ilz pronun
cent côme fyl y auoit en efcript,
»   Vfor mea, et Efequias
»   patris efequar,

M.j.

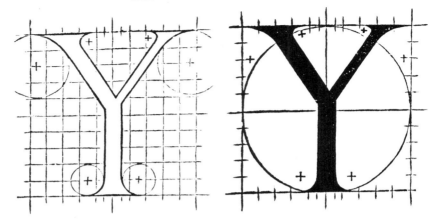

filon.

LA lettre Ypfilon cy pres defeignee, & faicte de le I, feullement, eft en chef
auffi large que haulte, & en pied de la iufte largeur du pied dudict I. Et a
eftre bien faicte requiert fix tours de Compas, pour lefquelz faire iay figné les
centres ou le pied dudict Compas veult eftre affis. Cefte lettre cy Υ. eft dicte
en Grec, Υψιλον. Ceft a dire en Latin y.tenue, & en Frãcois Υ.qui doit eftre
pronunce mol & doulx, & côme dit Martianus Capella, appreffis labris fpiri-
tuq; pcedés Ceft a dire, en pcedant & yffant entre les lefures, auec vng doulx
efperit de fon. Elle eft lře propremét Grecque, & les Latins lont vfurpee pour
efcripre les dictions Grecques feullemét, efquelles elle requiert eftre efcripte &
pronuncee. Nous l uons en vfage, non feullemét pour dictions quaués tirecs
du Grec, comme font Ypocrite, Ypocrifye. Phyfique, Metaphyfique, & mille
aultres femblables, mais l uons en noz dictions Francoifes comme en difant,
Enfans fans foucy, En efmoy ne font iamais. Et pourquoy?Bon têps les meyne, A tout ioyeulx foulas. Soucy, Efmoy, Quoy, Meyne, Pourmeyne, & ioyeulx. Pareillement innumerables aultres femblables dictions Francoifes font
efcriptes par Ypfilon, qui nous peult eftre vng manifefte argument que les lettres Grecques ont eu icy vigueur auant que les Latnes. Les Latins, comme
iay dict, nont vfe dudict Ypfilon, ne pareillement du Zeta, ne ne vfent encores, fi non es dictions quilz vfurpent des Grecs, Tefmoing Prifcian qui dit a
la fin du Chapiftre, De literarũ cõmutatione, en fon Premier liure. Ypfilon &
Zeta tantũmodo ponunt in Græcis dictionibus, quãuis in multis veteres hæc
quoq; mutaffe inueniunt, & pro Υ, V, Pro Z.vero quod pro ff. cõiunctis accipitur, vel pro S.& D pofuiffe Vt Fuga, Murrha, pro Φυγη, Μυρρα. Saguthus
Maffa, pro Ζακυνθοσ Μαζα. Odor quoq; απο του οζειν. Sethus pro Ζηθοσ
dicentes, & Medêtius pro Mezentius. Ergo Corylus & Lympha ex ipfa fcri-
ptura a Græcis fumpta nõ eft dubiũ, cũ per Ypfilon fcribant απο του κορυλου, και τησ λυμφησ. Ceft a dire. Ces deux lettres cy. Υ, & Z. font mifes tãt
feullemét es dictions Grecques, côbien quelles font trouuees fouuãt muees en
aultres lettres, comme en mettant V pour Υ. & deux ff.conionctes, ou S.& D.
pour Z.côme en ces dictions, Fuga, Murra, pour Φυγη & Μυρρα. Sagunthus
et Maffa, pour Ζακυνθοσ & Μαζα. Odor auffi eft dit απο του οζειν. Pareillement ilz difoient Sethus, pour ζηθοσ,& Medentius, pour Mezentius. Donecqs
ces deux dictions Corylus & Lympha felon lefcripture prife des Grecs, fans
doubte veulent eftre efcriptes par y.quant en Grec elles font dictes απο του
κορυλου, και τησ λυμφησ, ou il y a vng ypfilon.

ψιλον.
artia-
is Ca-
lla.

Notez
cy & en-
édez bié

Prifcian.

Υ.et Z.

AV commancement que les Anciens Latins eurent receu & pris en vsage le dict Ypsilon, les aucuns lescripuoient, & les aultres non, & ceulx qui ne le vouloient escripre/mettoient en lieu de luy vng V.vocale, comme en ces dictions Cymex, Cumex. Cypressus, Cupressus. Inclytus, & Inclutus. cóme on peult veoir es Oeuures du Poete Ancien nomme Lucretius, du quel nous prẽ drons seullement cest exemple qui est au commancement du Tiers Liure.   Lucreti

Tu pater es rerum inuentor, tu patria nobis
» Suppeditas præcepta, tuis quæ ex INCLVTE chartis
» Floriferis vt apes in saltibus omnia libant.

EN ceste façon beaucop de dictions Latines tirees du Grec ont mue icelluy Ypsilon en V.comme on peult cognoistre en ces sequentes dictions Ρωμυ
» λος, Rhomulus. Πυξος, Buxus. πορφυρεος, Purpureus. Συς, Sus. Μυς,
» Mus. Γονυ, Genu.& en mille aultres semblables, mais pour la plusgrande par
» tie il demore en son entier.

IE ne veulx icy oublier a dire que Ypsilon fut iadis inuente du noble Philo sophe natif de Lisle de Samos nóme Pythagoras, en la quelle lettre il figu   Pytha ra laage Dadolescéce estant au chemin pour tendre a Volupte / ou a Vertus,   goras. moralisant que Hercules, cest a dire Lhomme dispose a Vertus, au temps quil   Hercules estoit en son ieune aage de la dicte adolescence, allant vng iour pensif par les   en adole champs a lescard/vint a vng grant chemin qui forcheoit & se diuisoit en deux   scence. aultres chemins, desquelz lung estoit moult large / & laultre bien estroit, & au large veit vne femme nommee Volupte, qui luy tendoit la main pour le y faire   Volupte, entrer. Au chemin estroit estoit vne Dame nommee Vertus, qui pareil'emẽt le   Vertus, vouloit faire entrer & cheminer en sa voye. De la quelle chose ainsi moralisee,
» Cicero en son Premier Liure des Offices, ou il traicte De Temperantia, nous   Cicero, en a laisse memoire par escript, quant il a dict en allegant Xenophon & disant   Xeno
» ainsi. Náq; Herculem Prodicus dicit, vt est apud Xenophontem, cum primum   phon.
» pubesceret, quod tempus a natura ad delicandum quam quisq; viam viuédi sit
» ingressurus, datum est exiisse in solitudinem, atq; ibi sedentem diu secum mul
» tumq; dubitasse, cum duas cerneret vias, vnam Voluptatis, alteram Virtutis,
» vtram ingredi melius esset. Cest a dire, Lancien Grec nomme Prodicus, com   Prodicus me il est escript es Oeuures dung autheur aussi Grec, nomme Xenophon, dict iadis que Hercules en son ieune aage Dadolescence sen alla vng iour a lescard tout seul par les champs iusques a ce quil vint pensant pensif, & du sens passif, en vng chemin se diuisant en deux voyes. Lune de Volupte, & laultre de Ver tus, & la, doubta long temps en soymesnes la quelle voye seroit meilleure de prendre. Les Philosophes & Poetes Anciens, ont auise & conclud quil print la voye de Vertus qui estoit la plus estroicte, quát ilz luy ont chante a sa louã   La voye ge & descript tant de prouesses & difficultes quil endura pour surmóter & vain   de vertus cre les Monstres quil trouua en la dicte voye de Vertus.

A Propos de ceste lettre Pythagorique diuisee, comme est dict, en deux voyes, Lune de Volupte, & laultre de Vertus, Le noble Poete Mantuan   Virgile nomme Virgile, nous en a faict vne belle description & demonstrance, quant   cy ẽdroit il a dict en ses petits Oeuures.   descript
» Littera Pytagoræ discrimine secta bicorni,   la líe Py
» Humanæ vitæ speciem præferre videtur.   tagonq̃.

M.iʃ.

Nam via virtutis dextrum petit ardua callem, „

Difficilemq; aditum primum ſpectãtibus offert, „

Sed requiem præbet feſſis in vertice ſummo. „

Molle oſtentat iter via lata, ſed vltima meta „

Præcipitat captos, voluitq; per ardua ſaxa. „

Quiſquis enim duros caſus virtutis amore „

Vicerit, ille ſibi laudemq; decuſq; parabit, „

At qui deſidiam/luxumq; ſequetur inertem/ „

Dum fugit oppoſitos incauta mente labores, „

Turpis / inopſq; ſimul miſerabile trãſiget æuũ. „

CEſt a dire. La lettre de Pythagoras qui eſt diuiſee en deux cornes, nous demonſtre en figure la forme de noſtre vie humaine, entendu que la noble voye de vertus tent au coſte dextre, en ſorte que au commancement elle eſt eſtroicte & moult difficille, mais en fin, & au deſſus, elle ſe elargiſt & baille eſpace en repos. Laultre voye qui eſt large, preſente vng chemyn bien aiſe, mais au bout & en la parfin il ya trebuchemens par diuerſes pierres cornues, par gros cailloux, & par aſpres roches. Certes quicõques endurera chault & froit, et ſemblables choſes pour paruenir a vertus, icelluy acquerra toute louange et tout honneur. Mais celluy qui comme ignare ſuyura toute oyſiuete, & toute bobance, tandiſque ſans y penſer il fuyt endurer trauaulz & laborer, il eſt tout eſbahy quil demore infame, pouurre, & meſchant, & quil a miſerablement paſſe & mal employe ſon temps. Prenez doncques bien garde O vous Ieunes enfans en ce lieu cy, & ne laiſſez au derriere la cognoiſſance des bõnes lettres qui ſont le vray bouclier pour ſurmonter aduerſite & tous vices, & pour paruenir a la ſouueraine felicite de ceſte vie humaine, qui eſt parfaicte vertus. La quelle en fin nous donne le pris dhonneur, la Coronne, & la Palme, en laiſſant au derriere les pareſſeux & vicieux perir meſchantement en leur ordure / & vie abominable.

Ieunes enfãs En tendez bien icy.

POur vous bailler myeulx a cognoiſtre ceſte Pytagorique / & diuine lettre Ypſilon, ie la vous ay figuree encores cy deſſoubz
et Imagineres que la iambe droicte & plus large eſt la voye
de Adoleſcéce, Le bras de la dicte Lettre qui eſt plʰ
large, la voye de volupte. & le bras plus eſtroit/
la voye de vertus / afin quen facez vng Feſtin pendu en leſtude & contoir de voſtre bonne memoire, & vertueuſe contemplation.

COntemplez icy le gracieulx & beau Festi que ie vous ay faict, o ieunes & Sens mo
bons amateurs de Vertus, & y prenez bien garde commant a la pante ral de la
de la voye de volupte ie ay figure & atache vne espee, vng foit, lettre Py
des verges, vng gibet, & vng feu. pour monstrer quen fin de thagori=
Volupte dependent & sensuyuent tous miserables maulx & que.
griefz torments. Du coste de la voye de Vertus, ie y ay
faict vne aultre pante, ou iay mis & atache en de=
seing & figure, vng chapeau de Laurier, des Pal
mes, des Sceptres, & vne Corône, pour bail
ler a cognoistre & a entendre, que de
Vertus vient toute gloire pure,
tout pris, tout honneur, & tou=
te royalle domination.

IE vous ay aussi deseigne cy pres ensuyuant, vne aultre figure moralisee a
la maniere Antique, vous en ferez vostre proufit ainsi que vouldrez, pre=
nant en gre ma petite diligence a vous faire plaisir & honneste seruice.

M.iij.

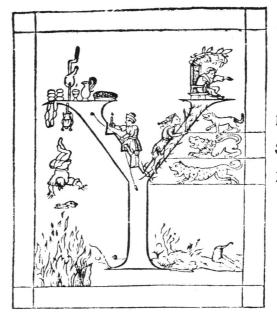

Inuidia.

Superbia.

Libido.

I En porrois dire beaucop daultres belles cho=
ſes, mais pour ceſte heure ie paſſeray oul=
tre, venant a deſeigner & deſcrire
noſtre derniere lettre Abecedai
re & Attique Zeta. Laquel
le Frere Lucas Paciolus
na pas miſe en ſa Di
uina proportione,
et la cauſe pour=
quoy il a omi=
ſe,ie ne le pu
is entēdre,
ne ne mē
ſoucye.

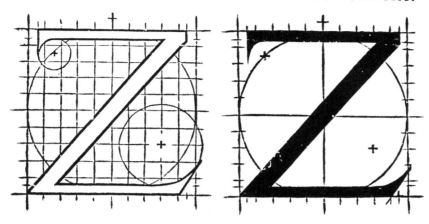

LA lettre Zeta cy pres deseignee, & faicte de le I, seullemēt, est en pied aus=
si large que haulte, & en chef de huit & deux demys corps seullement, & na
que deux tours de Compas, pour lesquelz faire iay signe le lieu du centre pour
asseoir le dit Compas.

,, ZEta, comme dit Galeotus Martius en son.II.liure De Homine interiori.
,, non est litera, sed duplex sibilus, Id est, duplex S S.& hoc eius figura bis   Galeot⁹.
,, intorta indicat.Cest a dire, Zeta nest pas lettre, mais est vng siflement double,
qui vault deux.SS.comme sa figure ayant deux tours le demöstre.Zeta voire=
mēt nest pas lettre Latine, mais Greque, Toutesfois les Latins lont vsurpee cō
,, me le Ypsilō.pour en escrire les Vocabies tirez du Grec & quilz ont pris en leur
langue, tesmoing Prisciā que iay allegue cy deuant ou ie tractoye du dit Ypsi=   Priscian.
,, lon.ou il ya. Ypsilon & Zeta tantumodo ponuntur in Græcis dictionibus. Ze=
ta est ditte lettre double en sa vertus comme le.X.en la sienne, Car tesmoing
le dit Prisciā a la fin de son premier liure, & pareillement vng peu plus auant,
Il estoit mis des Anciens Latins, pour deux SS. & pour S. & D. quant il dit.   Zeta,
Zeta vero pro SS. coniunctis accipitur, vel pro S.& D. Vt Massa pro Μα(α,   pour
& Medentius pro, Με(εντιοσ. Et vng peu au dessus de la fin du dit premier li=   deux SS.
,, ure & lieu allegue, Quin etiam S.simplex habet aliquam cū supradictis cogna=   & pour.
,, tionem, vnde sæpe pro Zeta eam solem⁹ geminatam ponere.Vt Patrisso, pro   S.& D.
,, Πατρω(ω.Massa, pro Μα(α.Cest a dire, Et semblablement S. a quelque affi=   Priscian.
nite & cognation auec les dessus dictes lettres X. & Zeta, parquoy souuant de
nostre coustume geminons la dicte S.pour Zeta comme en ces dictions Patris=
so, pour Πατρω(ω, & Massa pour Μα(α.Martian⁹ Capella ne dit point quel=   Martia=
le soit lettre Latine, ne Greque, ne nenseigne point comme elle doibt estre pro   nus
nuncee, si non quil dit seullement que Appius Claudius lauoit en detestation   Capella.
pource que quant elle est exprimee en pronunciation, elle resemble aux dents   Bon no=
,, dung homme mort, qui a de coustume les auoir de trauers.Il dit donques.Zeta   table.
,, vero iccirco Appius Claudius detestatur, quod dentes mortui dum exprimitur,   Appius
,, imitatur.Elle veult estre pronuncee, comme qui vouldroit exprimer S.& D. ou   Claudi⁹.
deux. SS. La quelle chose semble estre bien obseruee a Bourges au quel lieu,
quant ilz la veullent pronuncer, Ilz disent Esd, & aprochent fort des Anciens   Mension
qui en Lieu de dire Gaza, pronunceoient, & bien souuant escriuoient Gasda.   de Bour=
Celius Rhodiginus au.XVIII.Chapitre du.VII.Liure de ses lecons antiques   ges.

escript que Zeta nest seullement le nom d'une lettre, mais est / & signifie le lieu des Iuges & maistres de la chambre aux Comptes iadis en Athenes, quãt il dit *Sicut Zeta dici valet locus in quo Zetetæ obuersantur, erant enim eo nomine Athenis Magistratus quidam ad quos referebantur qui Reip.aliquid deberent/ nec soluerent.* Cest a dire, Ainsi, dit il, que Zeta signifie le lieu au quel les maistres & iuges des deniers publiques estoient iadis en Athenes, deuant lesquelz estoient appellez & contraincts a venir ceulx qui estoiét en reste, & ne tenoient compte entier.

Celius
Rhodi=
ginus.
Zeta,
Zetetæ.

Sens mo
ral.

DOnques a ce beau propos ie puis dire que les bons Peres Anciens secre=
tement & scientemét lont logee & constituee la derniere lettre en lordre
Abecedaire, pour denoter que ceulx qui ont lacomplicement & parfaicte co=
gnoissance des bonnes lettres, sont inquisiteurs & souuerains iuges du reuenu
& du scauoir des Sept Ars liberaulx, & des Neuf Muses, sans la cognoissance
desquelles hôme ne peut estre dit scauant ne parfaict . Et pour môstrer a loeuil
& treseuidamment, que ceste noble lettre Zeta est si bien proportionee, quel=
le côtient en elle tout signe de perfection, Ie lay deseignee cy pres en sorte que
les dits Sept Ars liberaulx , & les Neuf Muses auec leur Apollo y sont lo=
gez par singuliere proportion & ordonnance, si bien quon peut co=
gnoistre manifestemét que la mesure que iay tenue & baillee pour
faire & deseigner toutes noz precedentes lettres Attiques est
plus raisonable & meilleure, que nest celle de ceulx qui
les veulent faire, de Sept, ou de Huit, ou de Neuf
corps de haulteur seullement, & non pas de
Dix, comme auez veu & bien entendu
que iay faict tout par tout cy
deuant. Le dit deseing
est tel quil sensuyt.

Raison
tres nota
ble pour
la confir=
matiõ de
la Tradi=
tiue de ce
present
Ouure
de Let=
tres Atti
ques.

EST SVA CVIQVE SIBI
VIRTVS PVLCHERRIMA
MERCES.

VEla le beau de=
ſeing de noſtre
derniere lettre Zeta
qui demonſtre clere=
ment laccord tant ſe=
lon Larithmetique q̃
ſelon la Geometrie
être les ſuſdites Sept
Ars liberaulx, & les
Neuf Muſes auec le=
ur Apollo, deſquel=
les toutes iay ample=
mēt eſcript cy deuāt
au Segōd liure quāt
ie parlois du Flageol
de Virgile, & de la
Chaine dor Homeri
que.Ie veulx cy enco
res dire dauantage, q̃
ceſte ditte lettre Ze=
ta, eſt ſi bien faicte, q̃
en ſon gros traict qui
eſt de bies, & ſeſtant
en âgle oublique, ya
ſi bonne diſpoſition
en montant du pre=
mier âgle deinbas au
dernier dẽhault, quil
ſe y treuue en bonne
pſpectiue racourcye
Neuf Marches deſ=
cheles & degres que
iay ſignez ſelon lac=
cord des petits Quar=
res & corps cōtenuz
au grãt Quarre au q̃l

NON PLVS

SIC VT

VEL VT

Vrania.	Apollo.
Calliope.	Muſica.
Polymnia.	Aſtronomia.
Melpomē.	Arithmetica.
Clio.	Geometria.
Erato.	Rhetorica.
Terpſico.	Dialectica.
Euter.	Grammatica.
Tha.	

Neuf mar
ches.

eſt faicte la dicte lettre. Auyſez les bien & prenez garde commant ilz vont di=
minuant de point en point iuſques au coulde roigne, qui eſt au dernier angle
du hault du dict Grãt quarre, Ces marches & degres la, nous ſignifiēt en Sens 　Sens mo
moral, la voye, & laſcendant a beatitude, que peuuent auoir facilement ceulx 　ral.
qui ont la cognoiſſance & perfection des bonnes lettres, Ars, & Sciences. A p̃
pos de quoy iay deſigne au deſſus de la lettre vng petit eſperit diuin eſtã ſus ſes
pieds prō̃pt ou a dōner la Corōne, le Sceptre, la Palme, ou le Chapeau de lau=
rier, a tous ceulx qui bien & diligentement ſe euerturont a acquerir Science, en
mōtant de degre en degre iuſques a la perfection dicelle ou giſt tout acomplice=
ment dexcellent prix, & glorieux honneur.

IE porrois cy honneſtement faire fin a mon Oeuure mais pource que ie voy maiſts eſcripuans en lettre Attique ne y ſcauoir deumêt bien faire les poits & diſtinctions qui y ſont neceſſaires ſelon le diuers ſens qui y eſchet en eſcripuant, ien bailleray vng petit deſeing des plus requis, & les deſcripray breuemêt ainſi que les bons Peres Anciens en vſoient au temps paſſe.

ES points qui ſont plus requis entre Lettres Attiques ſont le point Triangulaire, Le Crochu, & le Quarre. Le Triangulaire, veult eſtre deſeigne & faict de deux tours de Compas, & dune Lingne droicte ioincte au deſſoubz diceulx deux tours de Côpas. Le poit Crochu ſera biê faict de deux tours de Côpas auſſi auec vne ligne trauerſeant en bies quaſi par la tierce partie du plus grant tour, & adherent au petit tour de Compas. Le point Quarre eſt iuſtemêt faict de quatre tours de Compas equidiſtamment aſſis, & en faiſant les deux de deſſus vng peu plus petits que ceulx de deſſoubz comme pouuez veoir en la Figure qui ſenſuyt.

NOtez bien la ſituation dung chacun point entre les deux extremes lignes du quarre, car les vngs veulêt eſtre aſſis plus hault que les autres. Le point quarre, veu't eſtre aſſis preciſement ſus lextreme ligne dé bas, ſus la quelle toutes les lettres Attiques veulêt eſtre aſſiſes pour eſtre eſcriptes & ,p=ceder lune apres lautre en ligne equilibree. Le point Crochu veult eſtre aſſis vne ligne plus hault que le point Quarre, ceſt a dire ſus la deuxieſme ligne en montant. Et Le point Triangulaire veult eſtre eſcript & ſitue ſus la troſieſme ligne, comme il apert cy ioignât au deſeing ou ilz ſont tous trois biê faicts.

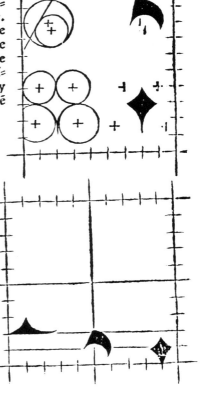

POurce quen lettre Attique on vſe ſouuant dabreuiatures, Ie vous ay cy pres en ceſte figure & deſeing faict trois ſortes de points ſeullement pource quilz ſont plus generaulx & plus vſitez que nulz autres points ne diſtinctiôs, Et auant q̃ ien traicte plus oultre, Ie veulx dire & diffinir, que ceſt que Poit en eſcripture. Ie dis ainſi ſelon Conſtantin Laſcaris qui a laiſſe par eſcript en ſa Grammaire greque. Στιγμη ιστι διανοιας τελειας σημειον. Punctũ, eſt ſententiæ perfectæ ſignum. Ceſt a dire. Le point eſt le ſigne dune ſentence perfecte. Et celluy point veult eſtre quarre De ce

Point quarre font faicts les autres points qui font ditz & appellez Points im=　Point
propres & imparfaicts.& ceulx font,point Crochu,& point Triangulaire.Se=　quarre,
tence imparfaicte,eft fignee du point Crochu.Sentence pendente,& qui veult　Point
quon procede en auant & oultre,eft figne du point Triangulaire ayant le der　crochu.
nier angle dembas vng peu plus longuet que les deux autres. Ie defcrips cy &　Point
defeigne ces trois fortes de points feullemēt,felon la maniere des Anciens, &　Triangu
felon que a lettre Attique apartient ne ignorant que les Autheurs Grammai=　laire.
riens en Lāgue Latine traictent de plufieurs autres points.entre lefquelz Au=
lus Antonius Orobius en allegue vnze fortes differentes, qui font. Punctum　Aulus
Sufpenfiuum / Geminum punctum:Semipūctum, Hypopliroma , Comma:　Antoni⁹
Colon·Periodus Interrogatiuum⸍Refponfiuum ; Admiratiuum ⸜.& Paren=　Orobius
thefis ().Cest a dire Point fufpēfif,Point double,Demypoint,Point crochu,
Point incifant,Point refpirant,Point concluant,Point interrogant, Point　Vnze
refpondant,Point admiratif, & Point interpofant.Lefquelz tous en nombre　points
de vnze/militent pour moy fecretement & diuinement que iay a bonne raifon　differens.
diuife mon quarre a faire lettre Attique,en vnze points,qui eft figne manifefte
que ie ny ay erre,mais feurement & ftudieufement entendu le fecret du nom=　Belle cō⸱
bre Per,& Imper. Geft a dire,de vnze points comprenans entre eulx equidi=　clufion &
ftamment dix corps y requis felon la diuine,& neaumoings quafi par cy deuāt　tres nota
incogneue , opiniō des bons Anciens. Ie puis veritablement dire & conclure,　ble.Rai=
fans me venter , que iay tire ce dit fecret ancien de tenebres,& lay premier de　fon.
tous Autheurs modernes mis en clere veue , & par efcript, pour en faire deuot
& cordial feruice au Bien public, auquel me fuis toufiours detoute ma petite
puiffance dedye,& dedye encores de bon cueur,faifant fin a mon Oeuure, &
louant noftre feigneur Dieu me y auoir infpire & ayde fi bien que ie fuis parue=
nu a la perfection de la deue Proportion de noz bonnes lettres Attiques,& au
point dicelles.

LA FIN DE CE TROISIESME
ET DERNIER LIVRE.

L euſt peu ſuffire, O deuots amateurs de bônes Lettres ? q̃ ie vous euſſe eſcript, & baille par Reigle la deue & vraye Proportiõ des Lettres Attiques, & de les vous auoir faictes & deſeignees par Nõbre & Meſure de Pointz, de Lignes, & de tours de Compas. Mais voyant que ie vous porroye faire de rechef quelque honneſte & humble ſeruice, iay pence quil ſeroit expedient & vtile de preſentement adiouxter a la fin de noſtre tout al Oeuure deſdictes Lr̃es Attiques pluſieurs ſortes dautres bõnes & belles Lettres. Ie les vous ay faictes ſeullement ſans les deſeigner par nombre de Lignes/ne de Points, comme leſ ſuſdictes Attiques, penceant que ſil vos plaiſt enſuyure ma traditiue que ie vous ay cy deuant baillee par eſcript bien au long, au moings en y conſiderant bien la difference quil peult eſtre des vnes enuers les aultres, vous les porrez mettre & faire par certaine Reigle/ & aſſeurce Meſure. Ie vous en baille, diſie, Diuerſes ſortes & facons, afin quen puiſſiez vſer ou des vnes/ou des aultres a vr̃e bon & vertueux plaiſir. Au Prim temps nouueau que les fleurs & violettes ſõt en leur vigueur & beaulte, ie voy que en vng Iardin les vngz cueillent pour leur plaiſir, ou vne belle Roſe vermeille, ou pareillement vne blanche, les Aultres cueillent vne Gyroflee, ou vng bel Oueillet, les Aultres des Pencees, ou des Marguerites, & les Aultres des Encholyes, des Soucyes, ou des Abeſoings, & ce, ſelon que la fleur rend bõ odeur, ou q̃lle a belle couleur au plaiſir de ceulx qui la cueillent & aymẽt auoir a leur gre. Ainſi porrez vous les vngs honeſtemẽt vſer des Lr̃es Hebraiques, ou des Grecques, ou des Latines, quon dit vulgairemẽt Romaines, & q̃ iay dict en leur vray nom Attiques, ou auſſi porres vſer des lettres Francoiſes
" cõme il vous plaira. Ie ſcay quil eſt eſcript en Prouerbe Poetique. Velle ſuum
" cuiq; eſt, nec voto viuit vno. Chaſcun a ſon vouloir, & ne vit on pas en vne ſeulle volunte. Parquoy doncques en prenant en gre ma petite diligence, vſerez de ce les qui vous plairont le plus, ou voirement de toutes, en penceant que ce que ien faiz eſt pour méployer a faire quelque bien qui ſoit Teſmoing que ie naye eſte toute ma vie inutile, & que ie ſerois treſaiſe que ie peuſſe en tendre & cognoiſtre que prendriez plaiſir a quelque choſe que ie peuſe auoir aulcunement faicte. Si ie puis cognoiſtre que ie vous aye faict choſe agreable, ce me ſera Reueil & Eſguillon, auec la bonne aide de noſtre ſeigneur Dieu, de me euertuer a faire myeulx, ſi ie puis.

Belle Cõ paraiſo i et Simili tude.

Pource que la Saincte Eſcripture eſt en Hebreu, en Grec, & en Latin, & que ces trois Langues a cauſe de la dicte Saincte Eſcripture, ſont appellees Sainctes, Et auſſi que le Tiltre de la Croix de noſtre ſeigneur Ieſus, que iay veu en Romme dedans leſgliſe de Saincte Croix, eſt eſcript en Hebreu, en Grec, & en Latin, ie vous ay cy enſuyuant mis leſdictes Trois ſortes de Let tres. Ceſt a ſcauoir. Hebreu, Grec, & Latin les Premieres, & dicelles Trois, la Lettre Hebraique au commãcement: pource quelle eſt la plus Ancienne ſe dit on: & que les Premiers hõmes, cõme teſmoignent les Hiſtoriens lont inuétee.

La Sain cte Eſcri pture eſt en Trois langues Reiglees

Apres icelles Trois, ſera la Lettre Francoiſe/ pour le moings en Quatre facons. Ceſt a ſcauoir en Cadeaulx, en Forme, en Baſtard, & en Torneure. Oultre toutes ces diuerſes ſortes & facons/ ſeront les Lettres Chaldaiques, et conſequentement les Arabiques, les Fantaſtiques, les Imperialles & Bullatiques, & finablement les Eutopiques, & Fleuries, auec la maniere de faire Chifres de lettres Entrelacees, cõme porrez clerement veoir cy pres les vnes apres les aultres en leur ordre & ſituation.

DECLARATION DES LETTRES HEBRAIQVES.

Entêdez bien icy. Doncques pour venir a noz Premieres Lettres qui sont Hebraiques, il vo* fault auant toutes choses Noter & Scauoir quelles veulent estre leuues au con traire des Grecques, des Latines, & des Francoises. Car il les fault lire a Gau Beaulx notables. che,& en retrogradant. Cest a dire. Il fault commācer a lire a la fin dune chas cune ligne, & proceder iusques au commancement dicelle. Il fault cognoistre et entendre que les Hebreux ont. XXII. Lettres en Prolation, mais en Figu re ilz en ont. XX.VII. Car il y en a Ciq desdictes. XXVII. qui sont Doublees Et iacoit quelles ayent & gardent vng mesme son en pronūciation, touteffois si sont elles figurees en diuers Characteres. Par icelles Cincq, le Commance ment, le Mylieu, & la Fin des dictions en est diuersement escript. En oultre, il Poincts en He breu sont Vocales. fault noter que toutes les lettres Hebraiques sont Consones, & pour signifier noz Cinq Vocales, qui sont A, E, I, O, & V, les Hebreux vsent de Douze sor tes de Poincts, quon dict en Latin Apices, siue Puncta. au moyen desquelz & desdictes. XXVII. lettres toute la Lāgue Hebraique est faicte en son entier. Doncques en la dicte lāgue Hebraique ya Vingt & deux Lettres qui ont leur Apices. Puncta. Nom & Apellation comme il sensuyt.

Aleph, Beth, Gimal, Daleth, He, Vau, Zain, Heth, Teth, Iod, Caph, La med, ᷒em, Nun, Samach, Aain, Pe, Sadic, Coph, Res, Sin, Tau.

Aleph, est le Nom de le A. Beth, du B. Gimal, du G. Daleth, du D. He, de laspiration H. Vau, de le V. Zain, du Zeta. Heth, de Ch. Teth, du T. Iod, de le I. Caph, du C. Chaph, du Ch. Lamed, de le L. Mem, de le M. iceptiue. et laultre Mem, de le M. finalle. Nun, de le N. inceptiue. & laultre Nun, de le N. finalle. Samach, de le S. mediane. Aain, de le A. Pe, du P. Phe, du P. & h. Sadic, de le S. mediane. Sadic, segond aussi de le S. mediane. Coph, du C. Res de le R. Sin, de le S. aulcuneffois inceptiue, & aulcuneffois mediane, & pareil lement aulcuneffois finalle : selon quelle a sus la premiere ou derniere partie delle Vng des deux Poincts nommez, lung Seboleth. & laultre Ceboleth. Cō F. Fran cois Ci menez de Cisneros, Cardinal Despaig ne, Arce uesque de Tolete, et Chan celier de Castille. me on peult clerement veoir & Lire au commancemant de la Grammaire de F. Francois Ximenez de Cisneros, Cardinal Despaigne, Arceuesque de To lete, & Chancelier de Castille.

De cesd ctes. XXVII. lres, cōme iay desia dict, en ya Cinq qui sont Dou bles en Figure, Cest a scauoir. Sadic, Phe, Nun, Mem, & Chaph. & par ainsi toutes les lettres Hebraiques sont Vingt & sept en Figure diuerse. Cesdictes Cinq lettres Doubles seruent pour tousiours estre mises a la fin des dictions, et les aultres Cinq qui sont semblables en Nom, & differentes en Figure, ser uent pour estre mises au Commancemēt, & au Mylieu des dictions, sans pou uoir estre mises aulcunement a la fin.

Pronun ciation des lres Hebrai ques. Quatre lres quasi seblables a aultres Quatre. Des cesdictes. XXVII. lres, en ya Quatre qui veulent estre prouferees des Lefures, & icelles sont Beth, Vau, Mem, & Pe. Il en ya Cinq qui veulēt estre pronuncees des Dents, & icelles sont Zain, Samach, Sadic, Res, & Sin. Il en ya aultres Cinq qui veulent quon les proufere de la Langue : & icelles sont, Daleth, Teth, Lamed, Nun, & Tau. Oultre en ya Quatre qui veulent estre pronuncees du Palaix, & icelles sont Gimal, Iod, Caph, & Cof. Il en ya aussi Quatre aultres qui desirent quon les pronunce du Gouzier : & icelles sont Aleph, He, Heth, & Aain. Notez en oultre q̃ entre lesdictes. XXVII. lettres en ya Quatre qui sont semblables en Figure a Quatre aultres, & pource deb ues bien prendre garde de ny estre abusez ne deceuz en leur resemblance.

Doncques icelles Quatre font. Beth, Gimal, Vau, & Mem, qui refemblēt a Caph a Nun, a Res, & a Samech. Lefquelles iacoit quelles font aulcune=ment diferentes en Nō & Prolation, fi toutesfois ont elles cefte difference ē=tre elles pour leur dicte figure. Car les Quatre Premieres declinent & tendent a Quadrangle & Démy quadrangle, & les aultres Quatre declinēt a figure Cir culaire/& Demye circulaire.

Les Noms des Points cy deuant menfionnez, qui feruēt de Vocales, font telz quil fenfuyt. Pathach, Cames, Hatheph pathach, Cere, Cegol, Seba, Hatheph fegol, Hiric, Holem, Hatheph cames, Surec pmier, & Surec fegōd. Ilz font Douze en diuers Nom/& diuerfe Figure, mais il y en a Trois qui fer= uent de le A. & ce font. Pathach, Cames, & Hatheph pathach. Il y en a Qua tre qui feruent de le E. Cefta fcauoir. Cere, Cegol, Seba, & Hatheph fegol. Il y en a vng feul pour le I. & celluy eft Hiric. Holem, & Hatheph camez font pour O. & les deux Surec pour V. cōme porrez veoir en la Figure cy pres ē= fuyuant mife/apres les. XXVII. lettres.

Nōs des Poits fer uās pour Vocales,

Es Hebreux en oultre ont vne aultre maniere de Point / qui eft dict en fon Nom Dagues, lequel eft mis au Mylieu & au Ventre de cer= taines Lettres. Et alors icelles Lettres ayant en elles ce dict Point, fōnent fi fort en pronunciation quil femble quelles foyent Doubles ou Geminees. Et quant icelles Lettres font efcriptes fans le dict Point nomme Dagues, elles font prouferees doulces & exiles. Il ya tout pareillemēt vng aul= tre Point nomme Raphe qui eft tout femblable au Point Vocal nomme Pa= thach. & ceftuy Raphe eft mis fus femblables Lettres / dedans lefquelles Da= gues peult eftre affis. Icelles lettres pour tous deux font Beth, Gimal, Daleth, Caph, Pe, & Tau. Il ya en oultre Cinq Lettres qui ne recoiuent point en el= les le dict Point Dagues, & font celles qui fenfuyuent. Aleph, He, Heth, Aain, & Res. Mais touteffois cefte lettre cy Res, recoit en elle aucunef= fois vng Point, & alors fonne plus fort en pronunciation: & icelluy Point neft pas nomme Dagues, mais Mapich. comme vous porrez amplement veoir en la Grammaire du fufal'egue Chancelier de Caftille. Tout pareillement en la Grā maire de Auguftin Iuftinian Euefque de Nebie, et trefabundamment en celle que le trefca= uant Reuclin a faicte pour le treffingu lier proufit des bons eftudiens.

Dagues,

Raphe,

Res,

Mapich,

Augufti Iuftinian

Reuclin,

א בּ ג ד נ ה ח

ו ז ח ט ם י

כ ר ל מ ם נ

כ ן ס ע פ ץ

וּ צ ץ ק ר

שׁ תּ ◆

——	Pathach,	A
	Camez,	a
	Hateph pathach,	a
	Cere,	e
	Cegol,	e
	Seba,	e
	Hateph fegol,	e
	Hiric,	i
	Holem,	o
	Hateph camez,	o
	Surec,	v
	Surec,	v

N,iij,

Maniere de faire Syllabes de Lres/ & Points

Et pource que des susdictes lettres, & des susdicts Points, qui seruent de Cinq Vocales, les syllabes sont faictes, vous noterez la maniere de assembler lesdictes Lettres : & ce sera en mettant exemple en la Lettre Beth, & faisant discours par tous les Signes & Points seruans a Vocales.

Entédez bien icy.

Doncques Beth ayant soubz luy le Point nomme Pathach, vault autãt que ceste syllabe cy, Ba. Et aussi quant il a soubz luy Cames, tout pareillemét vault autant que Ba. Quant il a dessoubz luy Hateph pathach, il sonne enco res Ba. Quant il a Cere soubz luy, il vault autant que Be. Tout ainsi est il de Cegol, de Seba, & de Hateph segol, estãs escripts dessoubz le dict Beth. Icel luy Beth ayant soubz luy lung diceulx / sonne & vault autant que Be. Quant il a Hiric soubz luy, il vault autant que Bi. Quant il a Holem / ou Hateph camez soubz luy, il vault Bo. Et quãt il a soubz luy le premier Surec, ou apres luy le segond Surec, il vault Bu. Ce sera doncques discursiuement Ba. Ba. Ba. Be. Be. Be. Be. Bi. Bo. Bo. Bu. & Bu. Et par ainsi pouuez faire & dire des sus dictz Points par toutes les aultres lettres. Sinon quãt Dagues, Raphe, & Ma pich, sont en leur lieu assis: comme ie vous ay cy deuant dict. Des Syllabes on faict les Dictions, & des Dictions Loraison, comme porres veoir amplement aux susdictz bons Autheurs que iay alleguez, & en plusieurs aultres.

Lettres Hebraï= ques ser= uent de Nôbres en côpte

Notez en oultre que les Hebreux font leurs Nombres en Côpte par leurs Lettres Abecedaires. & ce, aultrement que les Latins & Francois ont coustu= me de faire. Car iceulx Latins & Frãcois escripuét & mettét Vng I. pour Vng, en nombre. Ilz mettent Deux. II. pour Deux. Trois. III. pour Trois. Quatre IIII. pour Quatre. Et le. V. qui est la Cinquiesme vocale pour Cinq. Mais les= dicts Hebreux escripuent & mettent Aleph pour Vng en Nombre. Beth pour Deux. Gimal pour Trois. Daleth pour Quatre. He pour Cinq. Vau pour Six. Zain pour Sept. Heth pour Huit. Teth pour Neuf. & Ioth pour Dix. Caph pour Vingt. Lamed pour Trente. Mem pour Quarante. Nun pour Cinquan= te. Samach pour Soixante. Aain pour Septante. Pe pour Huitante. Sadic pour Nonante. & Coph pour Cent. Res pour Deux Cens. Sin pour Trois Cens. & Tau pour Quatre Cens.

Aulcuns escripuent & mettent en Nôbre Cinq Cens. Six Cens. Sept Cés. Huit Cens. & Neuf Cens par les Cinq lres Finalles. Cest a scauoir. Cinq Cés par Chaph. Six Cens par Mem. Sept Cens par Nun. Huit Cens par Phe. & Neuf Cens par Sadic. Mais ceste maniere de nombrer par lesdictes Cinq lres Finalles nest pas tenue ne obseruee de tous. Car le Cômun vsage est de assem= bler les lettres Abecedaires les vnes auec les aultres en ceste facon. Pour Cinq Cens/ ilz mettent Tau, & Cof ensemble. Car Tau vault seul Quatre Cens, & Cof Cent. Ainsi fault faire des aultres lettres/ les adiouxtant les vnes aux aul= tres selon le Nombre quil vous plaira faire ou escripre.

Pour Cause de breuete ie passe oultre: & viens aux Lettres Grecques. Des= quelles diray superficiellement, comme iay cy deuant dict des Hebraiques.

Es Grecs ne lisent pas a Gauche ne retrogradãt côme les Hebreux. mais a droict en procedãt de la partie de la main Gauche / a la main Droicte. Comme font les Latins/ & les Francois.

Noms de lettres Grecqs.

En la langue Grecque y a. XXIIII. Lettres, desquelles les Noms sensuyuent. Alpha. Vita. Gãma. Delta. Epsilon. Zita. Ita. Thita. Iota. Cap= pa. Lambda. Mi. Gni. Xi. Omicron. Pi. Rho. Sigma. Taf. Ypsilon. Phi. Chi. Psi. & Omega. Les Figures desdictes. XXIIII. lettres sont côme il sensuyt en

Maiufcules. A. B. Γ. Δ. E. Z. H. Θ. I. K. Λ. M. N. Ξ. O. Π. Ρ. Σ. T. Υ. Φ. Χ. Υ. Ω.
Et en lettres Menues quon dict Lettre courant. α β. γ. δ. ε. ζ. η. θ. ι. κ. λ. μ.
ν. ξ. ο. π. ρ. σ. τ. υ. φ. χ. ψ. ω. Defquelles la Valleur & Declaration eft cōme
il fenfuyt. Alpha vault autant que vng A. Vita vault vng B. & aulcuneffois
vng V. Confone. Gāma vault vng G. Delta vng D. Epfilon eft vng E, qui
veult eftre pronūce doulx. Zita eft vng Efd, Ceft a dire vne telle lettre qui fen=
fuit. Z. Ita vault vng I. long en quantite de fyllabe metrique, & fouuant eft mue
& change de Grec en Latin pour E long en quantite de fyllabe metrique. Thi=
ta vault vng Th. Iota eft vng I. toufiours vocale en Grec. En Latin & en Frā=
cois la Lettre I. eft aucuneffois Cōfone. Cappa. Vault vng K. aucuneffois vng
C. & aucuneffois cefte lettre Q. Lambda vault la lettre L. Mi. Vault M. Gni.
vault N. Xi vault la lettre. X. Omicron vault O bref en quantite de fyllabe me=
trique. Pi vault vng P. Rho vault R. Sigma vault S. Taf vault T. Ypfilō vault
le I. doulx & mol a pronūcer. Car il veult eftre pronunce beaucop plus doulx &
mol que I. Vocale latine. Phi vault Ph. Chi vault Ch. Pfi vault Pf. & Omega
vault O long en quantite de fyllabe metrique.

Les fufdittes XXIIII. Lettres font tout Premierement diuifees en deux
parties. en Vocales, & en Confones. Les Vocales font Sept en nombre nom=
mees & efcriptes comme il fenfuit. Alpha. Epfilon. Ita. Iota. Omicrō. Ypfilō.
& Omega. A. E. H. I. O. Y Ω. Les Confones font en nombre Dix & fept. Ceft
a fcauoir. Vita. Gamma. Delta. Zita. Thita. Cappa. Lambda. Mi. Gni. Xi. Pi.
Rho. Sigma. Taf. Phi. Chi. & Pfi. Β Γ. Δ. Ζ. Θ. Κ. Λ. Μ. Ν. Ξ. Π. Ρ. Σ. Τ. Φ. Χ. Υ.
& en lettre Menue & courant. β. γ. δ. ζ. θ. κ. λ. μ. ν. ξ. π. ρ. σ. τ. φ. χ. & ψ.

Des fufdittes Sept vocales en ya Deux longues de leur primitiue nature
en quantite de fyllabe metrique. & celles font Ita & Omega. Η. Ω. η. ω. Il y en
a Deux Breues. & celles font Epfilon Ceft a dire e / tendre & fec qui neft point
afpire. & Omicrō Ceft a dire o bref. E. O. ε. o. Il y en a auffi Trois Communes,
qui peuuent aucuneffois eftre longues en prolation de fyllabe / & aucuneffois
breues. & celles font. Alpha. Iota. & Ypfilon. A. I. Y. α. ι. υ. Defquelles Sept
Vocales Six Diphthongues Propres peuuent eftre faictes. Car de Alpha & de
Iota eft faicte cefte Diphthongue Propre. AI. αι. De Alpha & Ypfilon eft
faicte auffi cefte Diphtgongue propre A Y. αυ. De Omicron & Iota eft faicte.
OI. οι. De Epfilon & Ypfilon. EY. ευ. De Ypfilon & Iota. EI. ει. & de Omicrō
& Ypfilon. O Y. ου. Lefquelles Difphthongues propres fonnent en pronuncia=
tion. AE. AF. EF. I. & O. Oultre ces dittes Cinq Diphthongues propres en
ya Quatre Impropres. & font dittes Impropres pour ce qūlles ne font pas efcri=
ptes chafcune a part foy de deux Vocales entieres. mais la derniere Vocale en
icelles eft aucunemēt diminuee de fa figure / ou chāgee de lieu. Cefdittes Diph=
thongues Impropres font Quatre en nombre / & font faictes comme il fenfuit.

H. Ω.

E. O.

A. I. Y.

Six
Diph=
thōgues
Propres.
AI. αι.
A Y. αυ.
OI. οι.
EI. ει.
EY. ευ.
O Y. ου.
Quatre,

La premiere eft faicte de le Alpha entier / & de Iota la moitie plus petit en
haulteur que le dict Alpha. Et en Lettre courant elle eft faicte du dict Alpha
entier & de Iota conuerty en vng point biē petit, & affis tout au mylieu du def=
foubz du dict Alpha. en cefte facon. AI. α. & cefte Diphthongue ainfi faicte
eft pronunce comme. A.

La Segonde Diphthongue Impropre eft faicte en lettre maiufcule de Ita HI. η.
& de Iota fubfequent la moitie plus petit en haulteur que Ita. En lettre courant
Iota conuerty en vng petit point eft tout droit affis foubz le mylieu du dict Ita.
en cefte facon. HI. η. & cefte Diphthongue ainfi efcripte, veult eftre pronuncee
comme I. long en quantite de fy" be metrique.

La Tierce Diphthongue Inpropre en lettre maiufcule eft faicte de Ome=

ga & de Iota subsequent la moitie plus petit que le dict Omega. En lettre courant le Iota conuerty en vng petit point veult estre assis droit soubz le mylieu

Ωι. ῳ. de le Omega. en la facon qui sensuit . Ωι. ῳ. & ceste Diphthongue Impropre
veult estre pronuncee comme O long en quantite de syllabe metrique.

La Quatriesme & derniere Diphthongue Impropre en lettre maiuscule,
Υι. ῳ. est faicte de le Ypsilon & de Iota la moitie plus petit que le dict Ypsilon. Mais
en lettre courãt le Iota veult adherer a le Ypsilõ par derriere, & auoir sa queue
pendant & plus basse que le Ypsilon na sa pense dembas. en ceste facon. Υι. ῳ.
Et ceste Diphthongue Impropre sonne en pronunciation comme. Υ. a moitie
proufere doulx & solide.

Le reste des lettres Grecques, comme est dit cy deuant, sont toutes Con-
Cõsones sones & sont en nombre. XVII. Desquelles ya Huit Semiuocales. Zita. Xi.
Semiuo- Psi. Lambda. Mi. Gni. Rho. & Sigma. qui sont ainsi figurees. Z. Ξ. Ψ. Λ. M. N.
cales. P. & Σ. Desquelles Semiuocales. en ya Trois Doubles. Z. Ξ. & Ψ. & Quatre Li
Doubles quides. Λ. M. N. & P. Les autres Consones qui restét sont Mutes. & icelles sont
Liquides Neuf en nombre total. B. Γ Λ. K. Π. Θ. Φ. & X. Desquelles en ya Trois nõ aspi-
Mutes. rees K. Π. & T. Trois aspirees. Θ. Φ. & X. Et Trois moyennes, Cest a dire, qui
sont a demy non aspirees, & a demy aspirees. B. Γ. & Λ. Desquelles toutes sus-
dittes. XXIIII. lettres cy deuant declarees & faictes en leur figure, Les Sylla-
Constan bes peuuent estre faictes. & des Syllabee les Dictions, & pareillement
tin Lasca des Dictions Loraison. comme pouuez veoir amplement en la
ris. Grammaire de Constantin Lascaris. de Chrysoloras. du
Chry- docte & elegant Vrban. de Theodose Gaze, & de
soloras. maints autres nobles & bons Autheurs
Vrban. tant, Anciens que Modernes.
Theodo
se Gaze.

CY APRES SENSVIVENT LES

LETTES GRECQVES EN FI-

GVRES MAIVSCVLES:

ΑΒΓΔΕΖ

ΗΘΙΚΛ

ΜΝΞΟΠ

ΡΣΤΥΦ

ΧΥΩ⁏

Notez bien icy que ceſt Des Lettres Latines,

A Pres les Lettres Grecques viennent les Latines que iay cy deuant en noſtre toutal Oeuure touſiours dictes & appellees Attiqs. & ce/ à bonne raiſon. Car la pluſgrande partie des Lettres quon dit vul‑ gairement Lettres Romaines ſont en valleur & Figure purement Grecques.côme pouuez veoir & entendre ſi vous y voulez bien prendre garde. Les Romais ont pris des Grecqs Le Alpha, le Vita, le Gamma, du quel ilz ont faict leur Lettre. L. en tournant le ſummit au bas. Ilz ont pris Epſilon. Le Zeta. La vocale Longue nommee Ita. & en ont faict leur aſpiration. Ilz ont pris Iota. & Cappa. Ilz ont, diſie, pris Lambda, & en tornant le Chef au pied en ont faict leur Cinquieſme Vocale V. Ilz ont pris Mi, & Gni. Omicron, & Rho.du quel ilz ont faict leur Lettre P. Ilz ont pris Taf. Ypſilon & Chi. du quel abuſiuemét ilz on faict leur Lettre. X. Deſqlles Lettres toutes ſuſnômees les Figures ſôt côme il ſenſuit. A.B.Γ.aiſi retorne. L.E.Z.H.I.K.Λ.aiſi torne V.M.N. O. P. T. Y. &. X.qui ſont en nombre XVi. Parquoy de Lettres pu‑ remét Latines ny a q̃.C.D.G.&. La lettre F.encores neſt elle pas Latine, mais

Menſion des Lettres Frã coiſes.

Eolique/ & conſecuiutemét Grecque. Car les Eoliens qui lont inuétee ſont vne Noble Nation en Grece.Ilz lont faicte comme iay dit ia par pluſieurs fois de Gamma aſſis ſus vng autre Gamma. La lettre. R. tout pareillemét eſt faicte de la lettre Grecque nommee Rho,en luy adiouxtát a la pãſe vne iambe a de‑ my couchee.Par ainſi pouuons conclure que les Latins nont que Cincq Let‑ tres própres.C. D. G. Q. & S. Noz lettres Francoiſes ne ſont pas ainſi priſes ne des Grecques ne dez Latines mais pluſtoſt ſont en leur Figure icy Natiues & Domeſtiques.On porroit toutesfois penſer quelles ont quelque reſemblan‑ ce en Figure/aux Hebraiques,pource que pour la pluſgrande partie elles acce‑ dent a L art & Forme dicelles,comme porrez veoir cy pres enſuyuant aux Ca‑ deaulx de Lettre Francoiſe,& en la Lettre de Forme,tout pareillement en la Baſtarde & en la Torneure.

XXIII. Lettres VI. Vo‑ cales. XVII. Côſones Entédez bien icy.

Les Latins doncques tant en Lettres empruntees que propres en ont en total Nombre vingt & trois.A.B.C.D.E.F.G.H.I.K.L.M.N.O.P.Q. R.S.T.V.X.Y.Z.Leſquelles tout premieremét ſont diuiſees des Grammai‑ riens en Six Vocales. A.E.I.O.V. Y.& Dix ſept Conſones.B. C.D.F.G. H.K.L.M.N.P.Q.R.S.T.X.Z. Les Vocales ſont diuiſees en Deux nom‑

Vocales Prepoſi‑ tiues & Subiun‑ ctiues.

bres.En Vocales Prepoſitiues & en Subiúctiues.Les Prepoſitiues ſont Trois A. E.O. Les Subiúctiues auſſi Trois.E.V.I.Le Ypſilon demore ſans eſtre pre‑

V. Diph thôgues.

miſe ne ſoubz miſe en Diphthongue Latine,Mais en Diphthongue Francoi‑ ſe,elle eſt bien ſouuant / & en pluſieurs manieres Subiunctiue, comme porrez

Menſion de la Lã gue Fran coiſe.

cognoiſtre facilement en liſant Liures en Langage Francois.

Les Vocales ſont dictes Prepoſitiues & Subiúctiues pource quelles peu‑ uent les aucunes,comme eſt dict,eſtre premiſes & ſoubz miſes aux autres pour en faire Diphthongues,qui ſont en nôbre Cincq.AE.OE.AV.EV.FI. pour la Langue Latine Mais pour la Langue Francoiſe en ya oultre & auec ceſdit‑ tes Cincq plus de Sept autres,comme porra veoir celluy qui y auiſera bien.

VII. Se‑ miuoca‑ les. VIII. Mutes. IIII. Li‑ quides. II. Dou‑ bles. K, & S,

Les.XVII.Conſones ſont diuiſees en Sept Semiuocales.L.M.N.R.S. X.Z.& en Huit Mutes.B.C.D.F.G.P.Q.T. Les dittes Semiuocales ſont di uiſees en Quatre Liquides. L. M.N.R.& Deux Lettres Doubles.X.Z. Ces deux Lettres cy K.& S.ſelon Alde,& autres bons Autheurs,demorét ſimples & pures Côſones. Des Lettres on faict les Syllabes, des Syllabes les Dictiôs & des Dictions Loraiſon.Faictez en voſtre debuoir.

SENSVIVENT LES DITTES LETTRES QVON DICT LATINES ET ROMAINES,

ABCDEF

GHIKLM

NOPQR

STVXY

Z ؛ IHƎ .

Nous auons en noftre vfage commum de France plufieurs manie=
res & facons de Lettres. Nous auons Cadeaulx qui feruent a eftre
mis au cõmancemant des Liures efcripts a la main & aux commã=
cemant des Verfetz auffi efcripts a la main. Iceulx Cadeaulx veul=
lent eftre plus haulx que leur Lře Lineaire qui les fuyt / dun quart de haulteur.
& pource font ilz dits Cadeaulx quafi cõme Quadreaulx, quilz doibuent qua=
drer & accorder dũ quart a leur lettre Lineaire & Textuaire. Les Maiftres De=
fcripture les agencent & enrichicent de fueillages, de vifages, doyfeaulx, & de
mille belles chofes a leur plaifir pour en faire leurs monftres. Sigifmunde Fan=
te noble Ferrarien en fon liure intitule. THESAVRO DESCRIT=
TORI. Les a faicts de bonne ordonnance / finon quilz font trop meifgres &
affamez. Ie les vous baille cy enfuiuant en leur ordinaire ordonnance , & fans
les auoir dechiquetez. Si les voulez enrichir, faictes en a voftre bon plaifir.

Notez
pour
quoy fõt
dits Ca=
deaulx.

Sigifmũ=
de Fante

Tout pareillemẽt nous auons Lettre de Forme. qui veult eftre Cincq
fois auffi haulte que large en iambe courte, comme en le I. & autres
iambes qui font faictes du idct I. Les Lettres Longues / cõe font.
b. d. f. h. k. l. p. q. f. t. ɣ. ʒ. veullent eftre fept fois auffi haultes que lar=
ges, La quelle chofe le fufdict Sifgifmunde Fante na pas affez bien obferue en
fon dict liure. Car il la faicte trop lõgue & meifgre.

Vltre la Lettre de Forme nous auons la Lettre Baftarde qui eft qua=
fi de mefme art que la fufditte Lettre de Forme finon quelle eft plus
meifgre, & quelle veult eftre faicte quafi comme Lettre Courãt. Le
fufdict Sigifmunde la voulu faire en fon dict liure par Quarres & par
k onds, mais il fe y eft abufe, en la faifant trop afamee & meifgre , & en fendãt
en deux poinctes le Summit des Lettres longues, & la Queue auffi defdittes
Lettres longues.

Nous auons dauãtage Lettres de Torneure defquelles les Anciés efcrip=
uoient Epitaphes fus les Tumbes des trefpaffes. Ilz en efcripuoient auffi en vi=
ftres , en tapifferies, comme on peut veoir en beaucop de vieulx Monafteres,
mais auiourdhuy les Imprimeurs en font Les Commãcemans de leurs Liures
& des Chapiftres diceulx. En Impreffion y a maintes diuerfes manieres de Let
tres . Cõme Lettre de Forme, quon dict Canon. Lettre Baftarde de la quelle
on a toufiours par cy deuant Imprime liures en Francois. Il y a Lettre Ronde.
Lettre Bourgeoife, Lettre de Sõmes. Lettre Romaine . Lettre Grecque Let=
tre Hebraique, & Lettre Aldine qui eft ditte Aldine pource que Alde le Noble
Imprimeur Romain demourant & imprimãt nagueres en Venife a mis en vfa=
ge. Elle eft gratieufe pource quelle eft meifgre comme eft la lettre Grecque cou
rant,/ & non Maiufcule.

Lettre
de Tor=
neure.

Diuers
Noms de
Lettres
Dimpref
fion.
Alde.

Apres ces Quatre fufdittes Lřes Frãcoifes. Ceft a fcauoir. Cadeaulx. Forme
Baftade. & Torneure. Ie vous ay faict les Lettres que le fufdict Sigifmũde dict
qui feruẽt aux Perfes, aux Arabes , aux Aphricains, aux Turchs & aux Tarta=
res. Car il dict ainfi foubz celles que iay enfuyuies apres luy. Quefto Alphabet
to ferue a Perfi. a Arabi. Aphricani, Turchi & Tartari . Ceft a dire en langage
Frãcois. Ceft Alphabet & A. B. C. fert aux Perfes, aux Arabes, aux Aphricaĩs
aux Turcs, & aux Tartares. Icelles lřes veullẽt eftre leuues a gaucge cõme les
Hebraĩqs. & leurs nõs font cõe il fenfuit en cõmanceant toufiours a la fin dune
chafcũe ligne. Aliph. Be. Te. The. Zim. Che. Chi. Dal. Zil. Iz. Xe. Sin. SSin.
Sat. Zat. Ty. Zi. Hain. Gain. Fe. Caph. Eiep. Lam. Mim. Nim. Vau. Eliph.
Lam. Ge. Nulla. Elles font Trẽte en nombre, & y en ya qui font nõmees com
me les Hebraiques, touteffois elles font differentes en Figure.

Sigifmũ
de
Fante.
Lãgage
en vulgar
Italien.
Lettres
perfienes
Arabic=
ques.
Aphri=
caines.
Turques
& Tarta
riennes.

Ay aussi ensuyuy ledict Sigismunde Fante es Noms & figures des Lettres Caldaiques qui sont en Nombre Vingt & deux. Et veullēt aussi estre leuues a Gauche comme lessusdictes Hebraiques, & Arabiques. Desquelles les Noms sōt en la maniere qui ensuyt. Aleph, Beth, Gimel, Daleth, He, Vau, Zain, Heth, Theth, Iod, Caph, Lamed, Mem, Nun, Samech, Hain, Pe, Zadi, Cof, Ress, Scin, Tau. Le dict Fante dit q̃ les Hebreux en vsoient au tēps de Moyse estãs aux deserts. Ses propres mots sont en la forme qui ensuyt. Questo soprascritto Alphabeto e Caldeo el quale vsauano li Hebrei nel tempo di Moyse nel deserto. Cest a dire. Cest Alphabet est Caldean, du q̃l vsoient les Hebreux au tēps de Moyse au desert.

Lettres Caldaiques.

Nōs des Lr̃es Caldaiq̃s.

Moyse.

Vis apres les Lettres Caldaiques vien̄ēt en leur ordre les Lettres Goffes & Lourdes, que Sigismunde Fante appelle Lettres Imperialles & Bullatiques, mais ie les appelle Goffes & Lourdes, pour ce quelles demorerent en Rōme du temps que les Goths la subuerti sent & misent en cendre/auec toutes bonnes Sciēces & Lettres, tellemēt q̃ ce neussent este les volumes des Digestes/toute la langue Latine fust perie & ani chilee. Doncques les miserables Romains apres leur destruction en despit des susdicts Gotz, quant ilz vouloient dire que que chose estre lourde, ilz lappel loient Gotte : & par succession de temps en corrumpant le vocable Goffe, du q̃l vocable Goffe, pour chose lourde & mal seyāte ilz vsēt encores auiourdhuy.

Lettres Goffes.

Ettres Phantastiques viennēt apres en leur Ordre, lesq̃lles ie vous ay figurees apres vng Exemple q̃ iay aporte de Rōme. Ie scay bien quil y en aura des Moucqueurs, mais ie les lairray patientemēt dire, me contentãt prendre plaisir faire hōneste seruice a ceulx qui aymēt bonnes choses. Sil ya quelcun qui les blasme, les bons les loueront & estimerōt tant pour lancienete dicelles /que pour ce q̃ ie les mets en veu publique.

Lettres Phantastiques.

Les Egyptiēs en leurs Cerimonies escripuoiēt par Images cōme lãcien Autheur nōme Orus Apollo le descript moult bien au long en Grec. On le treuue en Latin aussi, & ie lay trāslate en Frãcois/pour en auoir faict vng p̃sēt a vng myen bon seigneur & amy. Les dicts Egyptiens, comme iay dict escripuoient par Images:afin q̃ le rude Peuple ne peult entēdre leurs Cerimonies/sãs auoir cognoissauce de profunde Philosophie. Car leurs escriptures quilz faisoient/ estoiēt excogitees en la nature des bestes, doyseaulx, de poissons, de mouches, et de mille aultres choses semblables, cōme porres veoir facilement & ample mēt on dict Orus Apollo Iay veu de ces escriptures la/p Images dedãs Rōme en vng Porphire qui est en la grāde Place deuāt le front de nr̃e Dame la rōde, et en vne Esguille & Pyramide qui est pres lesglise des Cordeliers In ara cœli: pres le Capitole, & en vne aultre Esguille qui est pres la Minerue, pareillemēt en vne maison qui est pres le Palais du Mont Iordan, ou il ya en painture, cō me ien ay aporte le double, vne teste de Beuf / ayant pendu aux deux Cornes deux Houes, puis vne Grenoille, & au dessus delle vng Oueil, en apres vne Chauferette plaine de feu, vng Visaige dhōme, vng vaisseau vuydāt de leaue, des Violettes en vng Pot, vng Oueil sus vne sole de Soulier, vne Ancre de na uire, vne Grue tenāt vne pierre de lung de ses pieds, & v̄ng Daulphin sus vne Lampe qui est tenue dune main. En ceste facon la, cōme iay dict, les Egyptiēs escripuoient par Images:cōme le porres veoir & entēdre au susallegue Ancien Auther Orus Apollo, qui dict tout au cōmancemēt de son Oeuure. Aeuum si gnificãtes, Solē & Lunā describūt, eo φ sint hi Planetæ æui elemēta. Aeuū aliter scribere volētes, Serpentē pingunt cāudā reliquo corpore tegentē.eū vo cant Aegyptij Vreum, id est Basiliscū:quo quidē aureo formato Deos circun

Orus Apollo.

Aeuum.

Vreus.

Basilisc̃

serpens.

dant.Aeuum auté dicunt Aegyptij per hoc aial significari, qm cũ sint tria ge‑ ❧
nera serpentũ, cætera quidẽ moriunt. Hoc solũ est imortale. Hoc & quodlibet ❧
aliud aial solo spũ afflans/absq; morsu interimit. Vnde cũ vitæ & necis potesta ❧
té habere videat, propter hoc ipsũ Deorũ capiti imponũt. Lexposition en lan‑ ❧
gage Frãcois est cõe il sensuyt. Les Egyptiés voulans signifier le Aage perpe‑

LeAag: tuel, font en Painture ou deseing vng Soleil/& vne Lune, pource que ce sont

Nature deux Planetes qui sont de treslongue duree. Voulant escripre aultremẽt icelluy
Aage/ilz deseignẽt vng Serpẽt ayant sa queue musiee dessoubz son corps. &

Le ser‑ celluy Serpẽt est dict & apellé des dicts Egyptiens Vreus. Cest a dire, Basilisc.

pent Ba‑ Ilz le font dor, puis le mettrẽt entour leurs Dieux, & disent q̃ le Aage est signi‑

silisc fie par ce dict Serpent/ pource q̃ iacoit quil y aye trois manieres de Serpens,
si touteffois cestuy seul est imortel, & est de telle nature / q̃ de son sifflemẽt sans

Basilisc morsure quelconque/il tue toute aultre beste & chose viuant.

immortel Ie reuiens doncques a noz Lettres Fantastiques, & dis que a limitation &
maniere des escriptures Egyptiénes/elles sont faictes par Sinacles & Images,
mais elles ne sont pas faictes par raison de Philosophie naturelle/cõe lesdictes
Egyptiennes. La Premiere est vng A. signifie par vng Compas ouuert. La Se‑
gõde est vng B. signifie par vng Fusy. La Tierce vng C. signifie par vne Anse
Et ainsi consequentemẽt de toutes les aultres. Si vous auez desir den veoir a la

Poly‑ maniere des Egyptiens/ vous en trouuerez en Polyphile de belles & bien fai‑

phile. ctes en beaucop de bons passages.

E voulãt plaindre mes peines a vo⁹ faire gratieux seruice, ie vous

Lettres ay aussi en oultre adioulxte les Lettres Vtopiques que iapelle Vto‑

Vtopiqs. piques pource que Morus Lãglois les a baillees & figurees en son

Morus Liure quil a faict & intitule. Insula Vtopia. Lisle Vtopique. Ce sõt

Lãglois Lettres que pouuons appeller Lettres voluntaires/& faictes a plaisir : comme

Lr̃es vo‑ sont celles que les Chyfreux & Dechyfreux font en telle figure & forme quilz

lũtaires. veulẽt/pour en mãder nouuelles quon ne puisse entẽdre sans auoir le A.B.C.
desdictes Lettres voluntaires.

N faisant fin a nostre total Oeuure, & louant nostre seigneur Dieu,
pareillement en prenant humble & gratieux conge de vous, ie vous
ay mis auec toutes les susdictes diuerses sortes de Lettres, des lettres
qui sont Fleuries, cest a dire enuirõnees de Fleurs & Feuilles Anti‑
ques pour en vser a faire Lr̃e dor/ou de couleurs en beaulx Liures, tãt escripts
a la main/que faicts en Impression.

Maniere La maniere de faire Chyfres quon a de coustume faire en Bagues dor, en

de faire Tapisserie, en Vistres, en Painture, & plusieurs autres manieres/ pour en signi

Chyfres fier les Noms & Surnoms du Seigneur & de la Dame, est quil fault prendre les

eu Ba‑ Premieres Lettres desdicts Noms & Surnõs: & les entrelacer dune alliãce qui

guez dor soit bien conuenable. Car il ya des Lettres qui accordẽt myeulx les vnes auec

et aultre‑ les aultres q̃ daulcunes, & quãt laccord se treuue bel & plaisant a loueil, sachez

ment. que secretemẽt ces diuines Lettres la/denotẽt quelq̃ infusion de grace cõuena
ble entre ceulx de qui tel Chyfre est faict. Mais notez q̃ les meilleurs Chyfres
ne veulẽt estre q̃ de Deux Lettres, ou de Trois, ou de Quatre au plus. Sil y en
a dauãtage/cest merueilles silz rencõtrẽt bien. Car trop des Lettres ensemble/
nont grace emplus q̃ vng faisseau despines, entẽdu q̃ les vnes estans sus les aul‑
tres font vne confusiõ quon ne scait de tout que cest. On ne scait si ce sont Let‑
tres, ou espines, ou doibsie dire vng Nyd de Pie. Faictez les du moings de lr̃es
que vous porrez:& vous reiglez sus ceulx q̃ ie vo⁹ ay cy ensuyuant bien faictz.

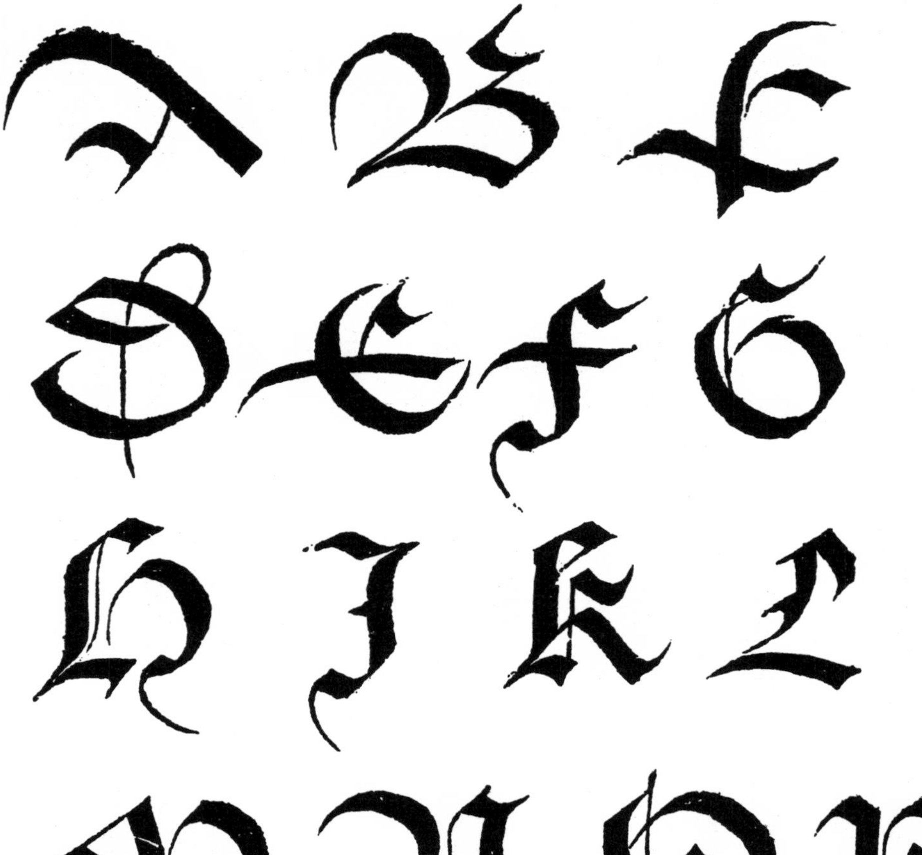

A a b c d e f

g h i k l m n n

o p q r z s t

v u x y z t g

honneur et

seruice a dieu

a b c d e f g

h i k l m n o

p q r z s t u

v y z . 9 . ꝯ .

Assez demande

qui bien sert

O.iij.

A B C D

E F G H

I K L M

N O P Q

R S T U

X y ʒ

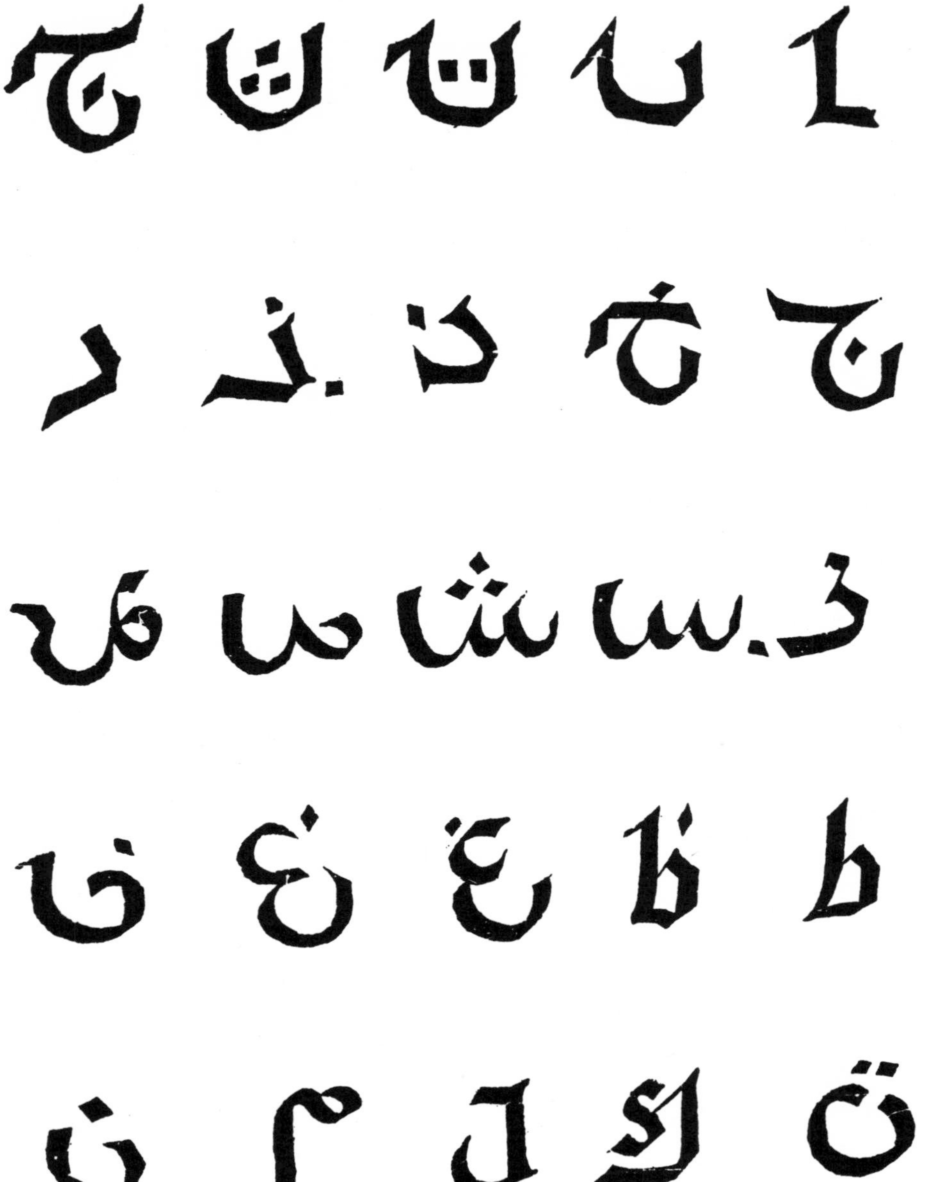

LETTRES CALDAIQVES.

Et ainſi des ſequentes.　　　　Gimel.　　　　Beth.　　　　Aleph.

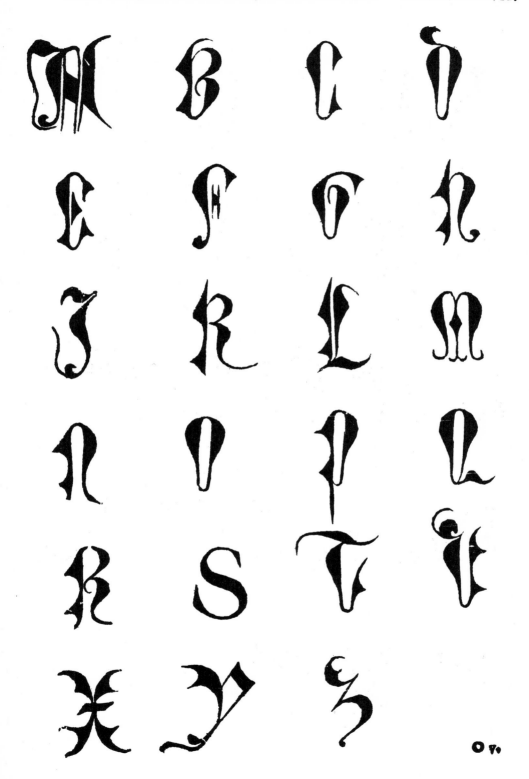

O v.

LETTRES FANTASTIQVES.

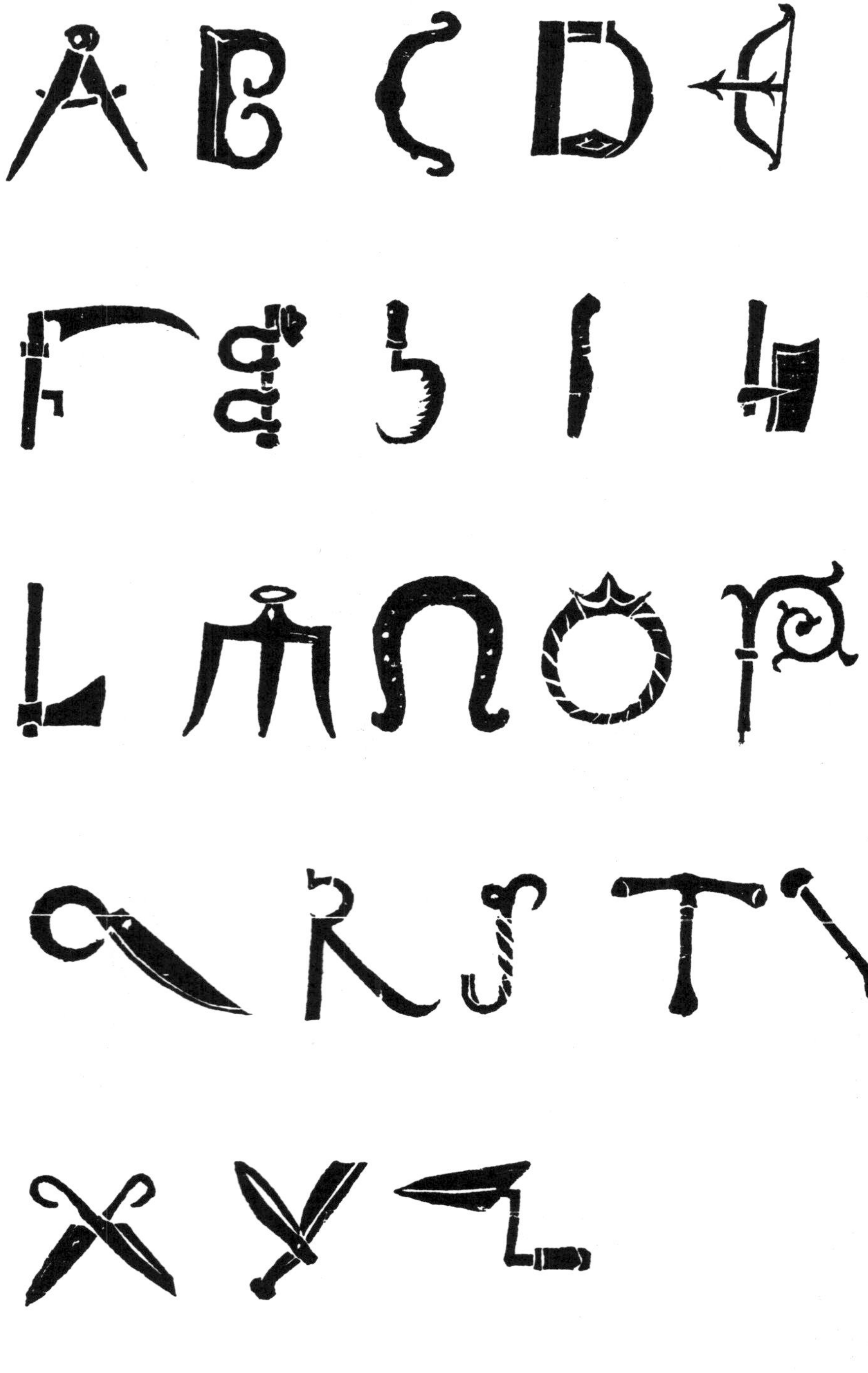

182

A   b   c   d

e   f   g   h

i   k   l   m

n   o   p   q

r   ſ   t   u

x   y   z

Diuersi-
te de vo-
luntez.

Lettres
sōt si No-
bles &
Diuines
quelles
ne veul-
lent estre
mutilees.

Tresbel-
le & bon-
ne Com-
paraison.

Autre
belle &
bonne
Compa-
raison.

ŌN porroit faire Chifres aussi des Lettres Grecques / en les alliant & entrelaceant les vnes auec les autres. Si porroit on biē faire de main-tes autres diuerses sortes de Lettres selon que le plaisir du Seigneur ou de la Dame, ou de tous deux/le vouldroit choysir. Diuerses Per-sonnes les veulent en diuerses facons. Ien voy daucūs qui les ordōnent & font assez bien, & ce sont ceulx, comme iay deuant dict, qui les font de Deux Let-tres ou de Trois entieres. Ien voy dautres qui adiouxtent tant de Lettres les vnes auec les autres, quil ny a pas vne desdittes Lettres qui demeure en son en-tier, & qui pis est, Ilz en font les vnes Manques/les autres Mutilees, & les au-tres la moitie pluspetittes, qui est cōtre lart de toute bonne Lettre, Il vous cō-uient Noter que Les Lettres sont si Nobles & Diuines quelles ne veullent au-cunemēt estre contrefaictes, mutilees, ne changees de leur propre Figure. Car comme iay dict & resmoigne tresabūdamment en plusieurs Lieux de tout no-stre Oeuure & Liure, elles ressemblent au corps humain, sus la Proportion du quel ie vous ay deseigne Les Attiques. Qui osteroit le Bras, la Iābe, ou la Te-ste dun Hōme, Il ne seroit plus Hōme, mais resembleroit plustost a vne Soche, ou a vng arbre trunque. Aussi pareillemēt qui mutile vne Lettre de quelque fa-con quelle soit, elle nest plus Lettre, mais Grimace, ou chose si meschante quō ne luy scauroit bailler assez competent Nom, qui ne vouldroit dire que ce fust Vng Monstre. Dautre part / mettre & assembler trop de Lettres emsemble, ne peuuēt estre cogneues ne discernees en plus que seroient cogneuz & discernez Quinze ou Vingt Hōmes estans tous les vngz sus les autres en vng tas. Quāt on voit Deux Hoinmes sus pieds lun pres de lautre, ou Trois, ou voyremēt Quatre, on peut bien discerner Lun de lautre, Mais encores au nōbre de Qua-tre en ya il quelcun qui ne peut estre bien veu en son entier, pour lempesche que celluy qui est deuant luy/luy faict. Et pourtant mes bons Seigneurs? & de-uots Amateurs de Bōnes Lettres? quāt il vous plaira faire Chifres en Bagues dor/ou autremēt? faictez les de Deux, de Trois, ou de Quatre Lettres, sans en corrumpre/ne diminuer vne de sa Figure, & vous ferez tresbien.

Ie vous en ay cy deuant faict de Dix facons seullemēt, Les vngz de Deux Lettres, Les autres de Trois, Les aucūs de Quatre, & les autres de plus, mais iay faict ceulx de plus/non pas pour vous induyre & persuader a debuoir ainsi tousiours faire, mais pour vous monstrer que la trop grande multitude de Let-tres les vnes sus les autres/se confundent entre elles. & nont pas si bonne grace ensemble que ont Deux ou Trois, ou Quatre au plus. Ie vous en eusse peu fai-re de Cincq Cens ou Mille diuerses belles & bonnes facons, mais sil vous agree vous y esbatre en ferez tant/& si peu quil vous plaira. Le passetemps est treshō neste a vous y exercer, pour ceste heure feray fin a Nostre Liure louant Nostre Seigneur IESVS me y auoir de sa grace aide, & le priant vous donner son Amour a vostre bon desir.

LA FIN DE LINSTRVCTION
POVR FAIRE CHIFRES.

MENTI BONAE
DEVS OCCVRRIT

SIC   VT

VEL   VT

OMNIS TAN=
DEM MARCE=
SCIT FLOS.

Cy finiſt ce preſent Liure, auec Laddition de Treze diuerſes facōs de Lettres,
Et la maniere de faire Chifres pour Bagues dor, ou autrement. Qui fut acheue
dimprimer Le mercredy.xxviij.Iour du Mois Dapuril.Lan Mil Cincq Cens.
XXIX. Pour Maiſtre Geofroy Tory de Bourges, Autheur dudict Liure,&
Libraire demorāt a Paris, qui le vent ſus Petit Pont a Lenſeigne du Pot Caſ=
ſe.Et pour Giles Gourmont auſſi Libraire demorant au dict Paris, qui le vent
pareillement en La Rue Sainct Iaques a Lenſeigne des Trois Coronnes.